本书为教育部社会学专业虚拟教研室成果

花溪社会学教程

花溪

社会问题导论

袁迎春 编著

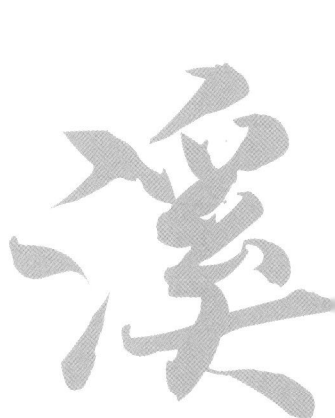

中国社会科学出版社

图书在版编目（CIP）数据

社会问题导论 / 袁迎春编著. —北京：中国社会科学出版社，2023.6
（花溪社会学教程）
ISBN 978-7-5227-2067-8

Ⅰ.①社… Ⅱ.①袁… Ⅲ.①社会问题—研究—中国 Ⅳ.①D669

中国国家版本馆 CIP 数据核字（2023）第 106965 号

出 版 人	赵剑英
责任编辑	张　潜
责任校对	冯英爽
责任印制	王　超

出　　版	中国社会科学出版社
社　　址	北京鼓楼西大街甲 158 号
邮　　编	100720
网　　址	http://www.csspw.cn
发 行 部	010-84083685
门 市 部	010-84029450
经　　销	新华书店及其他书店
印　　刷	北京明恒达印务有限公司
装　　订	廊坊市广阳区广增装订厂
版　　次	2023 年 6 月第 1 版
印　　次	2023 年 6 月第 1 次印刷
开　　本	710×1000　1/16
印　　张	20.25
字　　数	308 千字
定　　价	108.00 元

凡购买中国社会科学出版社图书，如有质量问题请与本社营销中心联系调换
电话：010-84083683
版权所有　侵权必究

《花溪社会学教程》编委会

主　　编　周晓虹　包智明

执行主编　龚德全

编　　委　（按姓氏拼音音序排列）

　　　　　　曹群勇　范　可　高鸿纲　康红梅
　　　　　　刘玉连　卢云峰　李建军　李　黎
　　　　　　毛刚强　阮　极　王晓晖　卫　松
　　　　　　吴晓萍　肖远平　周　怡

总　序

贵州民族大学的社会学学科建设，可以追溯到 20 世纪 80 年代末。1988 年 6 月，贵州民族大学建立社会学专业，是我国继上海大学、中山大学、北京大学和南开大学等十所高校后，建立的第十一个社会学本科专业，也是当时我国西部地区唯一的社会学本科专业点。贵州民族大学前身贵州民族学院的建立与著名社会学家费孝通先生有着密切的关系。1950 年，费孝通先生与时任贵州省民族事务委员会副主任欧百川先生共同提议创建贵州民族学院。1951 年贵州民族学院正式成立后，历经 70 多年的风雨，如今的贵州民族大学已发展成为贵州省重点建设高校、贵州省人民政府和国家民委共建高校，并在学术研究、人才培养和学科建设诸方面取得了令人瞩目的成就，成为西南民族地区一颗光彩夺目的文化教育"明珠"。而费孝通先生毕生殚精竭虑的社会学学科也已成为今日贵州民族大学的重点学科和立校之本。

贵州民族大学高度重视社会学学科的发展、社会学院师资和软硬件建设。2021 年 10 月学校整合校内师资和学科资源筹建社会学一级学科学院，并在花溪校区为社会学院配备了 5200 平米的独栋教学办公大楼，使其成为国内为数不多的拥有独栋教学办公大楼的社会学教学科研机构之一。2023 年社会学院搬迁至大学城校区后，教学办公条件将得到进一步改善，教学办公面积达到 15000 平米，教学办公条件在国内外同类机构中名列前茅。

自 1988 年社会学专业建立以来，尤其是进入 21 世纪后，贵州民族大学社会学学科取得了快速发展。2002 年社会学学科被确定为校级重点学科；2003 年建立社会工作专业并开始招生；2006 年获批建立社会学二级学科硕士学位授权点，同年社会学学科被贵州省教育厅批准为省级重点学科；2008年社会学专业被教育部批准为第三批全国高等学校特色专业建设点；2010年"民族地区社会学专门人才培养教学团队"被贵州省教育厅批准为省级教学团队；2011年获批建立社会学一级学科硕士学位授权点。尤为重要的是，2012年社会学专业经教育部批准，建立"服务国家特殊需求博士人才培养项目"博士点，并随后开始招收和培养社会学专业博士研究生，实现了贵州省文科博士招生零的突破。2017年社会学学科被遴选为贵州省区域内一流学科，同年获批建立社会工作硕士（MSW）专业学位授权点；2019年社会学专业入选教育部首批"双万计划"国家级一流本科专业建设点；2020年社会工作专业入选贵州省一流本科专业建设点；2022年"社会学专业虚拟教研室"入选教育部首批虚拟教研室建设试点名单。贵州民族大学社会学学科建设能够取得上述成就与贵州民族大学的同仁们三十多年的艰苦奋斗和国内外学界同仁的大力支持和帮助是分不开的。

我国西部地区不仅在经济发展上相对落后，学科建设也相对滞后。贵州民族大学地处西部，社会学学科建设虽然取得了上述成就，但与东部地区社会学学科强校相比，还有相当大的差距，这需要我们奋起直追，不断提升中青年教师的科研能力和教学水平，补齐短板，缩小差距。科研和教学是学科建设的两翼，缺一不可。没有高水平的科研成果支撑，学科建设便无从谈起；没有高质量的教学，同样无法培养符合专业标准和社会经济发展需求的人才。

2021年，在贵州民族大学建校70周年和筹备成立社会学院之际，为鼓励社会学院教师产出更多的科研成果，以及编写适合包括我校在内的西部地区高校社会学类专业采用的教材，在我校特聘教授、本院学术委员会主任周晓虹教授的建议和推动下，在中国社会科学出版社的大力支持下，学校决定出版"社会学文库"和"社会学教程"两套系列丛书：前者作为专著系列，资助出版社会学院教师撰写的学术著作；后者作为教材系列，资助出版社会学院教师编写的社会学类专业教材。周晓虹教授应允与我共同担任丛书主编，并为丛书每部著作和教材的策划、写作和修改提出了诸多宝贵的意见和建议。

2023年秋季学期，我校花溪校区将整体搬迁至大学城新校区，花溪校区从此将成为贵州民族大学的历史。但为了纪念和接续社会学学科在花溪校区筚路蓝缕的 35 年发展，我们将这两套系列丛书分别定名为"花溪社会学文库"和"花溪社会学教程"。我们相信，贵州民族大学社会学学科的未来发展，也将如汩汩溪水在花间美景中一路向前。

在本丛书学术著作和教材付梓出版之际，我为本系列丛书撰写总序，回顾贵州民族大学社会学学科的发展历程，感谢为我校社会学学科发展做出贡献的校内外社会学同仁，也希望本丛书的每部著作和教材出版之后，能够得到学界同行的关注和认可，进一步提升我校社会学学科的学术影响和教学水平，为我国西部地区的社会学学科发展添砖加瓦。

包智明
2023 年 9 月 1 日新学年开学之际

序

人类社会的历史,就是一部不断解决面临的各种问题的历史。人类社会文明的进步,就是理性认识社会问题,科学解决社会问题,不断完善社会规范与提升自身素质的过程。社会学就是为了解决社会问题应运而生的。社会问题是社会学的重要研究领域。目前,社会问题不仅成为高校社会学和社会工作专业人才培养中的重要课程之一,也成为经济学、政治学、法学等其他社会科学的修读课程之一。在快速变迁的现代社会,讲授社会问题课程对于培养大学生分析和理解现代社会的社会现象与社会问题有相当重要的作用。因此,撰写作为社会问题课程基础的专业教材就成为一项非常重要的工作。

2002年,我主持出版了《社会问题概论》,这在当时是国内高校中第一本社会问题教材。《社会问题概论》是为社会工作专业学生准备的教材,因而所论述的社会问题主要是与社会工作的对象有关的社会问题,即所谓的"社会病人",如异常群体、越轨群体、弱势群体等。后来,我在这本概论的基础上作了较大修改,补充了新的数据,重新写作了一半的内容,并新增了"边缘群体"的相关内容,出版了《当代中国社会问题》(2008)。这两个版本的教材共印刷了10多万册,被许多高校的社会学和社会工作专业作为教材。10年后,恰逢我所在的南京大学社会学院要统一出版自己的系列教材,因此我在《当代中国社会问题》的基础上做了更新,更替、补充了新的数据,并更名为《社会问题》(2018)。作者当时是我的科研秘书,参加了本书的修订工作,在实践中掌握了大量关于社会问题的文献资料,为本书的写作积累了经验与知识储备。因此,作为作者的博士生导师,看到自己的弟子能够写作、出版社会问题相关的教材当然是喜悦的，这既是一种学术传承，也是一种青出于蓝的超越。

撰写社会问题教材，不能仅仅局限于更新数据资料，而应当面对社会环境的变化，在继承和发展前人理论知识体系基础上提出新的观点、新的视角和新的思路。就这一点而言，本书作者的努力是值得肯定的。第一，本书围绕"是什么""为什么""怎么办"这三个基本问题，对社会问题提出新的定义，即"相当数量的社会成员认为是非所欲求的（undesired），危害到社会成员正常生活且需要通过社会制度层面的行动加以应对和解决的社会状况"，以此尝试综合社会问题的主客观两个方面，并将社会性、危害性和建构性作为社会问题的基本特征。第二，本书尝试将社会问题划分为价值型社会问题和利益型社会问题两大类，以此来呈现社会成员不同社会现象的认知和判断，这是对国内较为主流分类（即结构型社会问题、变迁型社会问题和越轨型社会问题）的一次突破性尝试。第三，本书专门列章着重介绍了有关"社会问题的演化"的国内外重要学者的观点，对于弥补社会问题自然史这一研究领域提供了有益的补充。第四，本书在纷繁复杂的社会问题理论视角中理出一条主线，将形成了社会问题的"一般理论"和"专有理论"的划分，并在此基础上尝试将社会问题理论视角分为两大范式，即结构主义范式和建构主义范式。第五，本书在搜集相关写作资料上花费了相当大的力气，梳理了自20世纪20年代，一百余年以来国内外相关学者关于社会问题的观点，这也为我们理解作者所提出的"社会问题社会学"的展望提供了较为扎实的基础。

作为青年学者，能在社会问题研究领域持续耕耘和不断推进，是值得肯定的。同时，我也想说，作为青年学者，在出版自己的相关著作时，尤其是出版面向大学生的教材时一定坚持仔细、慎重、认真的写作态度，坚持严谨治学的态度，写出让读者满意的作品。最后，作为导师和读者，期待作者能够顺利完成"运用社会问题的相关理论视角对具体社会问题进行详尽的分析"的下一步写作目标，不断推出新的社会问题相关成果。

朱 力

2023年6月于南京

目 录

第一章 导论：社会问题二三事 (1)
 第一节 "是什么"：社会问题是社会状况或社会活动 (3)
 第二节 "为什么"：社会问题的理论、范式与自然史 (6)
 第三节 "怎么办"：解决社会问题是一个复杂的过程 (12)
 第四节 本书的章节安排 (16)

第二章 社会问题是什么 (19)
 第一节 社会学与社会问题 (20)
 第二节 社会性：个人困扰与公共论题 (24)
 第三节 危害性：客观状况与主观评判 (31)
 第四节 建构性：社会成员与社会学家 (40)
 第五节 我们时代的社会问题 (57)

第三章 社会问题的演化 (65)
 第一节 自然史论 (66)
 第二节 集体定义论 (73)
 第三节 宣称—回应论 (78)
 第四节 公共领域模型 (87)
 第五节 社会化模型 (99)
 第六节 国内学者的观点 (105)
 第七节 社会问题演化的再思考 (113)

第四章　社会问题的分类 (120)
第一节　社会问题分类的概况 (121)
第二节　社会解组与越轨行为 (130)
第三节　结构、变迁与失范 (139)
第四节　社会问题分类的再思考 (144)

第五章　社会问题的理论视角 (153)
第一节　一般理论 (154)
第二节　专有理论 (163)
第三节　基本范式 (192)

第六章　社会问题研究的方法 (201)
第一节　方法论 (202)
第二节　研究过程 (207)
第三节　具体研究方法 (215)

第七章　社会问题的解决 (228)
第一节　行动的主体及解决方式 (229)
第二节　条件与原则 (235)
第三节　合理的对策 (248)

第八章　结语：迈向一种社会问题的社会学 (261)
第一节　社会问题研究的发展史 (262)
第二节　社会问题建构论的兴起 (266)
第三节　社会问题社会学的展望 (273)

附录　20世纪20年代以来中外部分学者对社会问题的定义 (285)

参考文献 (298)

后　记 (313)

第一章
导论：社会问题二三事

从人类历史进程的角度来看，社会问题是人类社会普遍存在的现象，这是很多人的共识。无论是在传统社会，还是在现代社会，虽然社会问题的形式和内容千差万别，但是社会问题却始终是不容回避的社会事实。比如贫困问题从古至今都存在，但贫困问题的定义、形式、类型、治理却是古今不同。如今，我们身处转型时期，尤其是身处个体化不断发展的"风险社会"之中，社会问题不仅"对局限于民族国家框架内的社会学想象力提出了挑战，也迫使我们调整思路以理解个体与社会之间的直接性，而知识政治重要性的突显，要求我们重新审视当代社会问题建构过程中的复杂性"①。因此，当代社会问题的类型、特征、形成机制及其后果理应成为我们的重要议题之一。从社会学一百八十余年的发展历程来看，社会问题一直是其中重要的研究领域之一。从涂尔干所关注的社会转型期的自杀问题，到我们现在关注的中国社会转型过程中所面临的教育、家庭、婚姻、医疗等一系列难题，社会问题始终没有离开社会学家们的研究视野。略有遗憾的是，直到目前，社会学内部并未形成明确的社会问题社会学的分支，"社会问题社会学"也非高频术语。虽然有国外学者提出了社会问题社会学的基本理论框架，也开展了一定的经验研究，但是这一新的研究取向却内部仍有分歧，外部面临争议，达成共识仍是"前路漫漫"。

---

① 成伯清：《"风险社会"视角下的社会问题》，《南京大学学报》（哲学·人文科学·社会科学版）2007年第2期。

社会问题导论

1977年，美国社会学家马尔科姆·斯柏科特（Malcolm Spector）和约翰·基特苏斯（John I. Kitsuse）在合著出版的《建构社会问题》（Constructing Social Problems）的导论中明确提出，"在社会学中，关于社会问题没有一个充分的定义"，而"我们的目标就是提供一个充分的定义，并为社会问题的经验研究奠定基础"。① 在对关于社会问题的既有理论的批评的基础上，他们提出将社会问题定义为一种社会成员表达不满的活动（activity），这是一种将某种状况定义为有害的、讨厌的、不公平且需要得到纠正的活动。正是在这两位学者的推动下，社会问题的建构主义路径得到了广泛的采用。如果我们把目光聚焦于20世纪初以来的社会问题研究，就可以发现，大量的社会学家在社会问题研究的道路上各尽所能，也取得了多样化的成果。

我们清楚地知道，对于"社会学是什么"，目前并没有一个统一的答案。正如德国学者汉斯·约阿斯（Hans Joas）和沃尔夫冈·克诺伯（Wolfgang Knöbl）所言："自19世纪人们建立了社会学并使之成为一门科学性的学科以来，对于这个学科的研究对象和研究任务从来没有一个完全坚定的共识。甚至对于核心概念，人们也从来没有意见一致过。"② 同样，对于"社会问题是什么"，其答案亦是如此。"在研究社会问题时要注意以下两点：第一，社会学家还没有对社会问题的定义达成一致。第二，对研究的对象一直存在争议，研究重点在个体还是社会系统？如果是后者，那么又有了数字的问题，究竟多少人受到影响才算是社会问题？"③ 正因如此，关于社会问题的定义成了一个重要议题。尽管学者的定义各异，但是我们可以在总结基本立场、主要观点的基础上进行归类，也可以从经典的社会学理论中找到各自归属，同时女性主义、后现代主义、风险社会等当代社会学理论也在社会问题研究中发挥了越来越突出的作用。这些都为我们理解

---

① Malcolm Spector and John I. Kitsuse, *Constructing Social Problems*, New York：Routledge, 2017, p. 1.
② ［德］汉斯·约阿斯、沃尔夫冈·克诺伯：《社会理论二十讲》，郑作彧译，上海人民出版社2021年版，第5页。
③ ［美］D. 斯坦利·艾兹恩、玛克辛·巴卡津恩、凯利·艾岑·史密斯：《美国社会问题全彩版》，电子工业出版社2016年版，第8页。

和分析社会问题提供了多元化的理论视角。总体而言，在社会问题研究上，社会学家们主要关注三个问题：（1）什么是社会问题；（2）为什么会有社会问题；（3）怎么解决社会问题。

第一节 "是什么"：社会问题是社会状况或社会活动

"什么是社会问题"，这是每一个研究社会问题的学者都必须首先回答的问题。围绕这个问题，我们可以总结出定义方法：状况定义法和活动定义法。所谓的状况定义法，是社会学家将社会问题定义一种社会状况，这种社会状况是有害的而令人讨厌的、影响了很多人正常生活的、破坏了社会秩序稳定的、影响社会进步发展的，同时是需要被解决也能够被解决的。可以说，遵循这种定义方法的中外社会学家是有相当数量的。当我们翻看社会问题的教材或者社会学的概论性教材，我们将看到社会问题是一种"社会失调现象""公共问题""生活问题""劳动问题""不受欢迎的社会状况""公共论题"等。在采取了状况定义法的社会学家内部，也会存在分歧，即社会问题是客观的状况，还是主观判断的结果。认为社会问题是客观的状况的社会学家们，他们的观点是，社会问题是一种客观的有害状况，是社会中切实存在的严重问题，不会因为我们没有发现、没有看到而不存在，而社会学家们的任务就是发现它们、找到它们、分析它们，并且告诉我们这种社会状况为什么会是社会问题，这种社会状况的严重程度、危害后果、具体成因以及解决方案。为了证明某一社会状况是社会问题，社会学家们会采用大量的资料，尤其是数据资料来论证其强度和烈度，引起广大社会成员的重视，并呼吁改变。而认为社会问题是主观状况的社会学家们，他们的观点则是，社会问题是社会成员或部分社会人士认为背离了其所珍视的价值观念，违反了他们所奉行的社会规范、造成了他们不愿意接受的结果，甚至会是不同社会群体因为价值观念不同而对同一社会状况的危害性定义不同。社会问题的主观性，也是其文化性的体现。遵循这一定义方法的社会学家，更多地从社会大众或者某些社会重要人士对特定社会状况的态度来看待社会问题，认为人们在价值观念的引导下将某些社会状况定义为社会问题。正因为如此，同样的社会状况在某些社会中会被视为社会问题,而在其他社会中则不会。甚至,某些社会学家会将社会问题直接定义为"只要人们认为是社会问题的状况就是社会问题"。为了弥合客观和主观的分歧,有的学者试图将二者综合,将社会问题定义为社会成员对客观状况的价值判断或态度立场,客观状况和价值判断或态度立场都重要,不应该偏向某一方。因而,社会问题成为客观存在与主观判断统一的社会状况。无论是客观性还是主观性,或者主客观统一的方法,都是比较传统的社会问题研究的基本立场和主要特点,也是当前许多社会学家的基本做法。

但是,当时间进入20世纪70年代,情况发生了变化,形成了活动定义法。所谓的活动定义法,就是将社会问题定义为一种社会成员表达不满的活动,而非关注客观状况是否真的存在,在表达不满的过程中,不同社会群体的价值判断也在其中显现出来。这一定义法,由斯柏科特和基特苏斯开创。早在1973年春,他们便将社会问题定义为"不同群体或团体的成员通过表达不满和做出权利宣称,将某一推定的状况定义为社会问题的过程"[①]。随后,在当年的秋季,在《迈向一种社会问题的社会学:社会状况、价值判断和社会问题》一文中,他们将社会问题定义为:"不同群体就某些推定的(putative)状况向各类组织(organizations)、机构(agencies)和制度(institutions)表达不满和权利宣称的活动(activities)。"[②]这个定义成为其关于社会问题的最终定义,并在他们汇编成书的著作《建构社会问题》中被再次强调——"必须摒弃社会问题是一种社会状况的概念,而应该支持社会问题是一种活动的观点",所以"社会问题的出现取决于那些声称需要根除、改善或以其他方式改变某些状况的活动是否被组织起来。社会问题理论的核心问题就是解释权利宣称(claims-making)和回应活动的出现、性质和维持。这种社会问题理论应该解决任何团体为改善行动、物质报酬、缓解社会的、政治的、法律的或经济的劣势而向他人

---

① Malcolm Spector and John I. Kitsuse, "Social Problems: A Re-Formulation", *Social Problems*, Vol. 21, Issue 2, Autumn 1973, pp. 145 – 159.

② John I. Kitsuse and Malcolm Spector, "Toward A Sociology of Social Problems: Social Conditions, Value-Judgments, and Social Problems", *Social Problems*, Vol. 20, Issue 4, Spring 1973, pp. 407 – 419.

做出权利宣称的活动"①。根据这二位学者的定义，社会问题不再是一个静态的客体或对象，而是一个动态的主体或过程。当然，将社会问题定义为一种由不同群体或团体的成员所发起的、表达诉求和获得回应的活动过程，容易让人们想起政治社会学中的社会运动（social movements）与利益群体（interest groups）等概念。

当我们将社会问题定义为一种表达不满和获得回应的活动时，利益和价值观都在发挥影响。参与表达不满的活动的群体成员既可以是因为认为自身利益受损而发起抗议，也可以是与自身利益无关却触犯了所认同的价值观而开展行动，还可以是认为利益和价值观都受到侵犯而表达自己的诉求。由此，我们也可以在他们建构社会问题的行动中发现他们的话语焦点、行动目标和具体行动策略。事实上，社会问题的定义从一种社会状况转向一种社会活动，可以说是社会问题的主观性定义不断得到认可、强化的鲜明表现。遵循这一定义方法的社会学家们，想要告诉我们的就是谁可以定义社会问题，谁在尝试定义社会问题，谁最后成功定义了社会问题。因此，如何定义社会问题，变成了一个不同社会群体成员为了维护自身利益或价值观而争夺话语权的过程，而真实的社会状况到底如何有时候反而显得没那么重要了。话语权争夺的结果就是某些状况成为社会问题，进入议事日程，并有可能成为社会政策所要解决的内容，而有些状况则没有成为社会问题，被搁置一旁。

事实上，关于社会问题的定义，很大程度上可以被视为一个话语权的问题。谁可以定义社会问题，他们所定义的社会问题有哪些？因此，社会问题的定义总带有不同群体、不同阶层的立场的烙印。本书的立场更倾向于将社会问题视为一种不为多数社会成员或者某些社会重要人士不想接受的社会状况，而非视为一种社会活动。本书认为，将社会问题视为一种社会活动，仍然是一种不同群体争夺社会问题定义权的过程，而起点就是哪些社会状况被确定为社会问题。至于关于社会问题的成因、对策的提出与博弈，则是进一步的话语权争夺问题了。综上，本书将社会问题定义为：

---

① Malcolm Spector and John I. Kitsuse, *Constructing Social Problems*, New York: Routledge, 2017, pp. 96, 99.

相当数量的社会成员认为是非所欲求的（undesired），危害到社会成员正常生活且需要通过社会制度层面的行动加以应对和解决的社会状况。同时，本书尝试根据特定社会状况的后果将社会问题划分为价值型社会问题和利益型社会问题。价值型社会问题，是指被视为对社会公认的价值体系有害的社会状况；利益型社会问题，是指被视为损害了特定范围的社会成员或全体社会成员的现实利益的社会状况。关于社会问题的定义与类型，在本书的第二章和第四章有更为详细的阐述。

第二节 "为什么"：社会问题的理论、范式与自然史

现有的大量理论都会回答这个问题：为什么会有社会问题？我们可以将这些理论分为两类：一般理论和专有理论。社会问题研究的一般理论，一部分属于米尔斯所定义的"宏大理论"（The Grand Theory），一部分则是微观理论。一般理论的适用范围极大，可以用以解释社会学领域内的许多问题，也是社会学不同分支学科的重要思维工具。其中比较具有代表性的理论有结构功能论、社会冲突论、符号互动论。在结构功能论看来，社会问题的出现源于社会结构内部的功能失调；在社会冲突论看来，社会问题的出现源于不同社会群体、不同利益集团之间因为利益、价值等稀缺资源的争夺；在符号互动论看来，社会问题的出现则是源于不同社会主体之间的互动与建构。除此之外，近些年兴起的女性主义（Feminism）和后现代主义（Post-modernism）也逐渐成为社会问题相关教材或著作中所介绍或使用的理论流派。在女性主义看来，现实世界存在严重的性别不平等，作为社会问题的性别不平等问题无疑是父权制及其社会文化制度的产物。在后现代主义理论看来，需要对现代社会学理论提出质疑和进行反思，进而寻找到社会问题背后的社会脉络和权力谱系。[①] 在这些一般理论之下，形成了多元化的专有理论，为探究社会问题的成因提供了更具有针对性的视角。这些专有理论，往往是默顿所定义的"中层理论"（The Middle-range Theory）。那么，在建构专有理论方面，目前学界形成了哪些具体的理论

---

① 何雪松：《社会问题导论：以转型为视角》，华东理工大学出版社2007年版，第17页。

呢？这个问题似乎没有完全达成共识。

通过梳理相关文献，我们发现以厄尔·鲁滨顿（Earl Rubington）、马丁·S. 温伯格（Martin S. Weinberg）所编撰的梳理社会问题研究的理论视角的作品比较具有代表性。他们相继出版了梳理社会问题研究的理论视角的著作，将视角从五类扩展到七类：社会病理学、社会解组论、价值冲突论、越轨行为论、标签论、批判视角和社会建构论。① 这些理论视角从更加具体的层面来看待社会问题为何会存在的问题。社会病理学将社会问题视为社会有机体的疾病，而疾病的原因是个人的生物性特征或者是社会环境的不利；社会解组论将社会变迁作为社会问题出现的结构性原因，"文化堕距"即是其中的典型观点；价值冲突论将社会问题视为不同社会群体成员之间的价值分歧或矛盾的结果，同时也包括那些背离了主流的社会价值性规范被认定为社会问题的情形；越轨行为论将那些违反社会规则或社会规范的行为视为社会问题，而这些越轨行为的出现则往往有结构性的原因；标签论将社会问题的出现归结于某些社会现象或社会成员被贴上了负面的社会标签，而贴标签者和被贴标签者之间存在一定的权力不平等；批判视角继承了马克思主义理论的传统，将资本主义社会中的矛盾、冲突视为社会问题，将资本主义制度视为各类社会问题的根本性原因；社会建构论则将社会问题视为一个社会建构的过程和后果，是不同群体争夺定义权的互动过程及其后果。这些理论给我们提供了看待社会问题的多元化视角，在不同理论的比较中更为深刻地发现社会问题的肌理。

基于这些理论视角，我们可以进一步归纳社会问题研究的范式。1975年美国社会学家乔治·瑞泽尔（George Ritzer）将既有的社会学理论划分为三种范式：社会事实范式（social fact paradigm）、社会释义范式（social definition paradigm）和社会行为范式（social behavior paradigm）。社会事实范式，最重要的两个理论是结构功能主义（或系统理论）和冲突理论。社会释义范式，有三个重要的理论：行动理论、符号互动理论和现象学。社会行为范式，其范例是心理学的行为主义研究传统，典型代表是斯金纳的

---

① Earl Rubington and Martin S. Weinberg (ed.), *The Study of Social Problems: Seven Perspectives Sixth Edition*, New York Oxford: Oxford University Press, 2003.

相关作品，其兴趣在于个体之间的关系及其所处之环境。① 这一划分得到了相当程度的认同，但却忽略了先由马克思开创、而后由德国法兰克福学派推进的社会批判理论同样具有成为理论范式的基本资质。② 基于此，2002年周晓虹在瑞泽尔的基础上将社会学的理论分为四种范式：社会事实范式、社会行为范式、社会释义范式和社会批判范式。③

要进行社会问题研究的理论范式划分，我们也许需要考虑两个问题：一是社会学理论范式的划分与社会问题研究的主要理论视角；二是社会问题的主观和客观方面。从本书所重点介绍的七种理论视角出发，笔者尝试将社会问题理论视角分为两大范式：（1）结构主义范式。这一类范式是指将社会问题视为客观存在的事物或现象，有待人们去发现、理解和分析，而无论是否被人们发现，问题始终都是存在的。这一范式包括社会病理学、社会解组论、越轨行为论、批判视角等，是社会问题研究中的客观派。（2）建构主义范式。这一类是指将社会问题视为主观建构的事物或现象，是社会成员通过话语、行动等方式来定义问题的存在、严重性，并在寻求解决方案的过程中不断进行讨价还价。这一范式包括价值冲突论、标签理论、社会建构论和越轨行为论等，是社会问题研究中的主观派。值得注意的是，主客观的划分并不是绝对的，当我们将其中某一理论视角与另一理论视角结合起来分析社会问题时，问题就变得更加有趣了。当然，关于社会问题研究的理论范式的划分还比较粗糙，还有待进一步的完善、深化。关于社会问题的理论和范式，具体参见本书第五章。

在社会问题的主观主义得到越来越多的重视的时代，我们能否找到一个具有典型性的分析框架呢？我想应该是有的，其中最为典型的就是社会问题的"自然史"模型。在20世纪早期，社会学家就认识到社会问题往

---

① George Ritzer, "Sociology: A Multiple Paradigm Science", *The American Sociologist*, Vol. 10, No. 3, August 1975, pp. 156–167. 关于"social definition paradigm"的翻译，有其他学者翻译为"社会定义范式"，本书遵从周晓虹的翻译。

② 周晓虹：《西方社会学历史与体系 第1卷 经典贡献》，上海人民出版社2002年版，第30页。

③ 周晓虹：《西方社会学历史与体系 第1卷 经典贡献》，上海人民出版社2002年版，第448—449页。

往存在一系列阶段或阶段式发展，他们称之为自然史的方法。① 所谓社会问题的自然史，"就像生涯分析或价值累加分析一样，即一个既定的现象经历许多不同的阶段而发展起来。每个阶段都有不同的动力（dynamics）或过程，不同的角色类型，不同类型的活动和困境。然而，这种发展不一定是线性的，但可以被认为是这样一个过程：从一个阶段到下一个阶段的发展受到各种各样的因素的促进或阻碍。自然史模型的效用可以通过适当的阶段识别和影响这些阶段发展的突发事件来评估"②。换言之，社会问题的自然史，即是社会问题的生命周期。在生命周期的不同阶段会有不同的特征，也会受到不同因素的影响，进而会塑造社会问题的最后命运。在建构社会问题自然史或演化模型方面，也涌现了一些代表性的成果：（1）1939年，美国社会学家理查德·富勒（Richard C. Fuller）和理查德·迈尔斯（Richard R. Myers）比较早地提出了"一个社会问题的自然史"的问题。他们将一个具体的社会问题发展历程分为四个阶段：引起注意、困难的定义和解决方案的提出、改革的组织、改革的管理。③（2）1966年，霍华德·贝克尔（Howard S. Becker）将某一社会问题的形成分为五步：某个人或某个群体认为一组客观状况有问题，某个问题获得广泛关注，获得某些组织或机构的关注和应对，号召社会成员集体关注这一问题的群体可能会失去兴趣，那些致力于解决这个问题的机构人员将围绕这个持续存在的问题来建立自己的生活和事业。④（3）1973年，斯柏科特和基特苏斯将社会问题的形成分为四个阶段：某些群体成员定义问题、某些官方机构的回应、提出诉求的群体对官方回应表示不满、表达抱怨的群体拒绝了官方的回应或者官方的机构没有作出回应而选择采取其他行动方案。⑤（4）1991年，单光鼎提

---

① William Kornblum, Joseph Julian and Carolyn D. Smith, *Social Problems 14th Edition*, New Jersey: Prentice Hall, 2011, p. 16.

② Malcolm Spector and John I. Kitsuse, "Social Problems: A Re-Formulation", *Social Problems*, Vol. 21, Issue 2, Autumn 1973, pp. 145 – 159.

③ Richard C. Fuller, "Social Problems", In Robert E. Park, *An Outline of The Principles of Sociology*, New York: Barnes & Nobl, Inc., 1939, pp. 5 – 6.

④ Howard S. Becker, "Introduction" In Howard S. Becker, *Social Problems: A Modern Approach*, New York: John Wiley & Sons, Inc., Wiley, 1966, pp. 11 – 14.

⑤ Malcolm Spector, John I. Kitsuse, "Social Problems: A Re-Formulation", *Social Problems*, Vol. 21, Issue 2, Autumn 1973, pp. 145 – 159.

出，一个社会现象在社会生活中被认为是"社会问题"，往往要经历一个较长时间的复杂认识过程：某种客观存在的社会现象引起人们的注意，专家、学者和有识之士的觉察和认识，社会舆论的作用，公众的认识，决策人物的认可和支持。①（5）1997 年以后，朱力将社会问题的认定概括为六个环节：利益受损集团的强烈不满和呼吁、社会敏感集团及社会上某些有识之士的呼唤、社会舆论集团及大众传播媒介的宣扬和推动、公众普遍的认识和接受、社会权力集团的认可与支持、解决社会问题开始。②（6）2018 年，美国社会学家杰弗里·亚历山大（Jeffrey C. Alexander）将社会问题的社会化模型概括为五个阶段：假设的"稳定状态"（steady state）（T1 时间点）、符号代码（semiotic code）的引发（T2 时间点）、严厉的监管干预（T3 时间点）、反击（T4 时间点）、稳定状态的回归（T5 时间点）。③ 在这些代表性观点提出以后，其他一些学者亦对其进行了丰富和完善。

这些关于社会问题自然史的理论模型，告诉我们社会问题的出现、发展的过程，而社会问题是否因被解决而消亡或者继续存在，则没有明确答案。事实上，在社会问题最开始的阶段，已是一个充满了话语权争夺的过程。哪一社会现象或哪些社会现象能够成为被公认的社会问题并纳入议事日程，往往是最关键的问题，因为它决定了其能否进入被解决的阶段。我们可以把这个过程称为社会现象的"问题化"（problematization）。关于社会现象的问题化过程，有学者作了比较清晰的说明："社会学倾向认为，一种社会现象，只有当它与一定的社会准则和社会规范相背，对某些人的社会生活产生了不利影响，并认为需要加以改进的时候，才被人们称之为

---

① 单光鼎：《社会问题和社会控制》，载陆学艺主编《社会学》，知识出版社 1991 年版，第 545—547 页。

② 朱力：《大转型——中国社会问题透视》，宁夏人民出版社 1997 年版，第 20—25 页。朱力等：《社会问题概论》，社会科学文献出版社 2002 年版，第 13—18 页。朱力：《当代中国社会问题》，社会科学文献出版社 2008 年版，第 10—15 页。朱力：《社会问题》，社会科学文献出版社 2018 年版，第 12—16 页。

③ Jeffrey C. Alexander, "The Societalization of Social Problems: Church Pedophilia, Phone Hacking, and the Financial Crisis", *American Sociological Review*, Vol. 83, No. 6, October 2018, pp. 1049–1078.

社会问题。也就是说，社会现象的'问题化'，既是一个客观事实逐步积累和演变的过程，也是一个主观判断和认定的过程。在这个过程中，原来一些不是问题的内容被当作问题提了出来，而有些原来认为是'问题'的内容，则被视为正常的现象。"① 其他学者也持类似看法："实际上，几乎无论任何时期，一种社会现象的问题化过程都是客观演化与话语建构双重机制交互作用的结果。"② 那么，社会现象的客观演化和话语建构，何者更加关键呢？笔者认为应该是后者。特定的社会现象随着时间的变化而不断积累或演化，却未必会被认为是社会问题。比如，在"多子多福"观念下，人口的大量增长及其造成的经济社会压力，在古代和现代的社会问题性质的认定是有差别的，而只有进入现代社会之后对人口的控制才更多地成为一项解决社会问题的措施。特定的社会现象在历史的长河中一直存在，只是表现形式有所不同，但却总是在人们所认定的社会问题的范畴之内。比如，贫困问题，从人类文明发展至今，在绝大多数国家或地区都会被视为社会问题。因此，正如有学者所言："组织关注问题，但问题的呈现并非完全由外部环境或者内部复杂性所导致。某个问题是否存在由社会所建构。换言之，如果它们被认定存在，则问题就存在。结果，任何规则变化的理论都包括问题确认（problem recognition）的建构论。这种理论源于这样的观察，正如在多数社会建构的例子中，某个问题的确认并不具任意性。某个问题的宣布必须被赋予可信性，并且这种可信性的协商经常需要一些显然的真实性。"③ 周晓虹以秦淮河污染治理的研究为例，也进一步告诉我们："社会问题的出现和公众主观上的认定过程有关，但公众对问题的意识以及他们用于解释问题的公共性框架的形成却直接受制于一个相对开放和理性的媒介环境……对秦淮河及其状况的讨论或曝光有关，同样和媒介提供的公共性的解释框架有关……在秦淮河污染的治理过程中，我

---

① 路学仁：《当前中国城市乞丐问题的基本内涵》，载邓伟志主编《社会学新视野》，上海社会科学院出版社2007年版，第129页。
② 孙志建：《模糊性治理：中国城市摊贩监管中的政府行为模式》，复旦大学出版社2016年版，第70页。
③ ［美］詹姆斯·马奇、［美］马丁·舒尔茨、周雪光：《规则的动态演变——成文组织规则的变化》，童根兴译，上海人民出版社2005年版，第59页。

们能够清晰地看到党或国家在不同时期的发展议题，怎样建构起了公众对社会问题的意识及其公共性的解释框架，其中确实充分体现出了国家的主导力量。"① 也就是说，"某一社会问题的产生尽管有其客观的事实基础，但它的浮现则是一个主观的建构过程。"② 如此强调社会现象问题化的主观性内容，并不是将其作为唯一的重要因素，而是更为关键的因素，否则就有陷入主观主义的风险。运用社会现象问题化的分析方法去看待社会问题的形成、发展和消亡，能够让我们更清楚地看到社会群体之间的复杂的互动过程，让我们触碰到更深刻的社会肌理。关于社会问题的自然史和分析框架，详见本书第三章。

第三节 "怎么办"：解决社会问题是一个复杂的过程

社会问题可以得到解决吗？关于这个问题，并不是所有的社会学家都作出了明确回答，或者这个问题不是某些社会学家重点关注的内容。作出明确回答的社会学家们认为，社会问题最终是可以得到解决的，只是不同的社会问题得到解决所需的条件有差别，导致被解决的顺序有所不同。比如，贫困问题是一个全球性的问题，也是伴随人类社会长期存在的问题，要解决这个问题就需要更长的时间。社会问题是可以得到解决的，这是很多社会学家的乐观立场。正如近一百年前劳伦斯·K. 弗兰克（Lawrence K. Frank）所说："社会问题产生于社会制度，且与科学和政治问题不同，所提出的解决方案依靠各种各样的手段来使得制度不顾困难地'发挥作用'（work）……社会问题的数据需要引入社会变迁研究，并建议在快速的社会变迁时要发现问题的解决方案……困扰我们的社会问题将消失，因为产生这些社会问题的生活习惯的冲突将被废止。"③ 但是，在社会问题建构论的视角下，对策的提出与实施也是一个充满斗争的过程，且更多地将

---

① 周晓虹：《国家、市场与社会：秦淮河污染治理的多维动因》，《社会学研究》2008 年第 1 期。
② 闫志刚：《社会建构论：社会问题理论研究的一种新视角》，《社会》2006 年第 1 期。
③ Lawrence K. Frank, "Social Problems", American Journal of Sociology, Vol. 30, No. 4, January 1925, pp. 462–473.

焦点放在斗争的过程，而非具体的对策内容是否能够有效地解决社会问题。因为针对同一社会问题，不同社会群体所提出的对策方案是有差别的，未必总能达成共识，甚至有可能因为分歧将社会问题的解决变成了悬而未决的事情。因此，社会问题解决对策的实质内容并不是这一研究取向的重点所在。

要解决社会问题，首先就得在特定的理论视角引导下，采用特定的研究方法，开展经验研究，从而寻找到有效的解决方案，进而开启社会问题的解决之路。如何研究社会问题，应该采取怎样的方法？要回答这个问题应该是不难的。我们有大量已经相当成熟的社会学研究方法，可以作为社会问题研究的方法参考。我们可以采取实证研究方法，通过搜集大量调查数据来分析我们的目标，分析社会现象，来告诉读者我们所关注的社会状况到底如何，为何这些社会状况会是社会问题。我们也可以采取质性研究方法，通过案例研究、实地观察等方法向读者呈现典型个案的状况，抓住典型个案所反映的社会事实，以小见大地呈现某一社会问题。当然，这些研究方法，在社会学研究的其他领域也得到了充分的利用，是社会问题研究的通用方法。关于社会问题的研究，学者们也为我们提供了大量的理论视角。这些理论视角，无论是一般理论还是专有理论，都是从抽象的学理层面告诉我们社会问题的定义、成因及其发展过程，但是对于社会问题的解决也更多的是一种方向性的指导，而非具体的操作方案，甚至社会建构论视角将社会问题的解决问题置于一边。但是，正如老一辈社会学家雷洁琼所言，"社会学的任务就是分析和解决社会问题"。① 因此，通过理论层面和经验层面对社会问题做出了完整、细致的分析后，下一步的任务就是解决社会问题。那么，社会问题可以被解决吗？美国学者乔尔·卡龙（Joel M. Charon）认为，相信社会问题能够被完全解决真的是一个神话（myth），这个神话有时候是有害的，因为有些社会问题永远都会存在。② 但是，本

---

① 雷洁琼：《社会学的任务就是分析和解决社会问题》，《中南民族大学学报》（哲学社会科学版）1994 年第 5 期。
② [美] J. M. 卡龙：*An Introduction to the Study of Social Problems*，载 J. M. 卡龙编《社会问题读本》（*Social Problems Readings with Four Questions*）影印版，北京大学出版社 2005 年版，第 10 页。

社会问题导论

书所持的立场是社会问题是可以被解决的，只是有些问题可以短期内得到解决，而有些则需要更长的时间，这取决于不同的社会问题的解决难度。我们要对解决社会问题充满信心，也要持续、谨慎地开展研究进而提出稳妥的解决之策。

社会问题的解决，首先需要明确行动的主体。按照我们对于社会问题的理解，理论上社会问题的解决需要全体社会成员的参与，但是实际操作过程中每位社会成员、不同的社会组织的角色是不一样的。社会问题是由人类的能动性而产生，而社会问题的解决也需要人类的能动性，需要各类社会行动者。确定社会问题中社会行动者的角色是理解社会问题的本质、内容和重要性的首要任务，原因有四：一是在利益多元化的社会中，对社会问题的看法会分化，社会行动者的利益也会分化；二是不同社会群体表达或维护其利益的权力是不同的，因为社会的权力结构通常是等级化的；三是社会问题带有政治性的色彩，关于社会问题的存在、规模和严重性的认知和概念是有争议的；四是在当今大多数社会中，公众对社会问题的认知通过大众媒体、公共关系专家和游说团体（lobbies）获得的。学术研究者和助人者（the helping professions）对社会问题的权威认知和理解是特别重要的，尤其当这些认知和理解被大众媒介接受和宣传的时候。[①] 可见，由于利益的高度分化，不同的社会行动者的社会问题的观点、解决社会问题的立场和对策是有差异的。尽管如此，找到"最大公约数"，全体社会成员共同解决社会问题仍是可能的。

解决社会问题是需要一定的条件的。因为社会问题的解决需要解决主体对问题认识和理解的深度和广度，也需要社会问题所处的环境所能提供的经济、政治、社会和文化等方面的支持及其力度。如前文所说，社会问题在理论层面的定义和现实层面的确定，受到多种因素的影响，是一个复杂的过程。同样，社会问题的解决也是如此。从行动者的角度我们可以将社会问题解决的条件分为两个层面。第一个层面是主观条件，即行动者对于解决社会问题的认识和态度，这决定了人们是否能达成解决社会问题的

---

① Adam Jamrozik and Luisa Nocella, *The Sociology of Social Problems: Theoretical Perspectives and Methods of Intervention*, Cambridge: Cambridge University Press, 1998, pp. 61 – 62.

共识；第二个层面是客观条件，即行动者在解决社会问题时所需要的外部环境和技术基础。同时，社会问题的解决是一个复杂的工程，也是一个长期的过程。因此，进行解决社会问题的具体实践之前，需要确立或遵循特定的指导方针与基本原则，作为解决实践活动的计划和方案制订的方向指导。

社会问题的解决是一个复杂的过程，也需要多元化的解决策略。所以，在确定好社会问题解决的主体、条件和原则后，接下来就是确定具体的应对之策。社会问题的应对之策应当是基于科学分析基础之上的科学措施，这是社会问题得以解决的最直接条件和关键条件。[①] 因此，社会问题的解决方案不是书卷气的理论罗列或故弄玄虚的统计游戏，也不是模棱两可的推诱之词或陈词滥调，更不是对权贵趋炎附势的迎合。社会问题的研究结论应当提出一种新的明确而易于理解的观念。在社会问题的解决方案中必须提供决策所需要的经验性证据。解决社会问题是一项社会工程，需要的不仅是新颖的观念而且必须有与之配套的可操作的工作程序，其中每一道解决社会问题的社会控制和社会管理的工序，都必须建立在经验的实证分析和检验的基础之上。并且，社会问题工程的方案在提出时可以多套预案供参考、比较和选择，但是在方案一旦实施的操作过程中出于维系政治威权的需要或出于提高解决社会问题的效率的需要，无论社会问题的研究者还是社会政策的应用者均应当支持某个特定的论点或拥护某种立场——意识形态的价值导向功用，以保障整个社会问题解决过程的顺利完成。[②]

因此，我们需要从多个角度来看待具体解决对策的合理性。首先，社会问题的层次不同，其解决对策的层次不同。其次，解决社会问题合理对策要具有合理性。最后，社会问题的解决是一个艰难而复杂的过程。"因为任何社会问题的形成不是一朝一夕的，而是长期累积的，是各种因素的结合，因此要解决它不能依靠一次性的突击，只能依靠逐渐地疏导来消融

---

① 雷洪：《社会问题——社会学的一个中层理论》，社会科学文献出版社 1999 年版，第 104 页。
② 黄忠晶、李弘毅主编：《当代中国社会问题研究》，宁夏人民出版社 2001 年版，第 15—16 页。

不利因素。"① 从具体对策实施过程来看，社会问题的解决过程具有反复性、持续性等特征。首先，社会问题解决对策实施具有反复性。一般而言，随着时间的变化，社会问题的内容会发生变化，而解决对策也会随之调整。而社会问题解决对策的反复性，表现为针对特定社会问题的解决对策随着时间的变化会得到重复的采用。例如我国对离婚问题的治理实践。其次，社会问题解决对策实施具有持续性。社会问题的解决不是毕其功于一役的短期工作，而是一个长期的过程。也就是说，社会问题的解决对策常表现出阶段性的特征。一般而言，社会问题的解决过程可以分为治标和治本两个阶段。在不同的阶段，所采用的解决对策是不同的。"在治标阶段，其目标是遏制社会问题的发展。在治本阶段，则是在阻止了社会问题恶化的基础上进一步治理社会问题。"② 从治标阶段到治本阶段，并不是一蹴而就的，而是有着极大的鸿沟，需要持续的努力。总而言之，"解决社会问题的社会实践活动需要一个整体的思考，社会问题的实际解决是一个完整的过程"③。关于社会问题的解决，具体参见本书第七章。

第四节 本书的章节安排

首先，要对本书的编写风格做出说明。总体而言，目前关于社会问题的相关教材主要有两种编写风格。第一种编写风格表现为采取不同的理论视角分析某一具体的社会问题，这也是目前社会问题教材的最主要的编写风格。采用这种编写风格的作者认为，特定的社会问题的成因是多样的，应进行多视角的解读。我们以"青少年犯罪问题"为例，就有国内学者在教材中将现代犯罪生物学理论、社会分化理论、亚文化理论、社会学习理论、差异交往理论、标签理论、社会控制理论运用于分析这一社会问题。④ 这种情况在国外学者编写的教材中也是有相似之处的。比如文森特·帕里

---

① 朱力：《当代中国社会问题》，社会科学文献出版社 2008 年版，第 49 页。
② 朱力：《当代中国社会问题》，社会科学文献出版社 2008 年版，第 49 页。
③ 雷洪：《社会问题——社会学的一个中层理论》，社会科学文献出版社 1999 年版，第 118 页。
④ 张翼：《青少年犯罪问题》，载许传新、祝建华、张翼编《社会问题概论》（第 2 版），华中科技大学出版社 2018 年版，第 265—270 页。

罗（Vincent N. Parrillo）等人在其所编写的《当代社会问题》中分析"酗酒和吸毒"问题时就从功能主义观点、价值冲突、冲突论观点和相互作用论观点进行了介绍和梳理，呈现出不同理论观点对于这一社会问题的不同看法。① 这种编写风格，可以让我们获得"横看成岭侧成峰"的体验，从多个角度去理解特定的社会问题，但是往往由于篇幅的限制，使得理论解释并不深入，甚至有些理论解释太过抽象，无法与具体的经验问题达成充分的对应性。

第二种编写风格表现为采取某一理论视角分析不同的社会问题，将具体社会问题的分析作为阐释特定理论视角的经验支撑。采用这种编写风格的作者认为，特定的理论视角可以分析不同的社会问题。其中，比较典型的教材来自厄尔·鲁滨顿（Earl Rubington）等人编写的《社会问题导论：五种视角》（*The Study of Social Problems: Five Perspectives*）（1971）和《社会问题导论：七种视角》（*The Study of Social Problems: Seven Perspectives*）（2003）。在这两本教材中，作者分别介绍了社会病理学、社会解组论、价值冲突论、越轨行为论、标签理论、批判视角和社会建构主义等理论观点，并在每一种理论观点的介绍之后都摘录了一定篇目的文章作为进一步的阐释支撑。这种编写风格，可以让我们获得"更上一层楼"的体验，从一个特定的理论视角出发，深入地分析具体的社会问题，从而训练看待社会问题的理论能力，但也可能带来视野受限的风险。因此，选择何种编写风格都有利弊得失。在查阅大量社会问题教材后，本书选择了与第二种编写风格相近的写法。同时，基于写作目标，本书选择主要从理论层面对社会问题的相关议题进行探讨，同时辅之以具体研究案例作为论证支撑，涉及的内容包括社会问题的定义、演化、类别、理论、方法和解决等，以期在理论上对"是什么""为什么""怎么办"三个问题作出回答。具体安排为：第一章，导论：社会问题二三事；第二章，社会问题是什么；第三章，社会问题的演化；第四章，社会问题的分类；第五章，社会问题的理论视角；第六章，社会问题研究的方法；第七章，社会问题的解决；第八

---

① ［美］文森特·帕里罗等：《当代社会问题》（第4版），周兵等译，华夏出版社2002年版，第88—92页。

章,结语:迈向一种社会问题的社会学。至于如何运用社会问题的相关理论视角对具体的社会问题进行详尽的分析,则是笔者下一步的写作目标。基于这种考虑,笔者本打算将书名定为《再看社会问题》。所谓"再看",有两层含义:第一层含义是,笔者通过梳理前人和今人对社会问题的大量文献,对社会问题研究中的"是什么""为什么""怎么办"三个重要问题重新做出整理,并提出一些自己的新看法,比如定义、分类、理论范式等。第二层含义是,笔者尝试花费较大的篇幅介绍"社会问题社会学"这一较为时新的分支学科,并将其穿插在本书的相关论述中,从研究和教学两个方面提出展望,因此也可以说是对社会问题的再次审视,即从"社会问题社会学"视角的"再看"。后思虑再三,觉得"再看"终究还是有些宽泛,再者"社会问题社会学"的理路也非一日可以建成,故最终将书名定为《社会问题导论》。

第二章
社会问题是什么

在现代社会,社会生活每天都在发生变化。全球化将我们变成了"地球村"的村民,我们共享着人类社会进步的成果,也共同面临着现存的风险和未来的挑战。我们会为生活福祉的改善而感到欣喜,会为各种生活困难感到挫败或沮丧,会为他人的不幸触发恻隐之心,也会为你我的共同不公遭遇而感到愤愤不平。身处大转型时代的我们,毫无疑问会对所生活的世界有着深刻的感悟和理解,既不可避免地经历着西方工业革命以来所遭遇过的困境或麻烦,也不可避免地亲身体验着中国社会特有的时代情境所引发的各类社会问题。作为芸芸大众的一员,我们对整个社会所存在的问题的感知也许是基于自身的真实经历,而更多的则是通过阅读文学作品、新闻报道、互联网络等媒介所传递的信息来达成一种情感性的共鸣和一般性的问题认知。下文引用了1988年出版的《旋转的中国——社会问题报告文学集》中名为《八十年代离婚案》章节中的司法判决案例。作者通过呈现这一个案件的始末,思考这对夫妻何以从"感情尚好"到分居,再到诉讼离婚。

案由:离婚
原告:杨某,女,三十七岁,汉族,某厂职工业余学校教师。
被告:黄某,男,三十九岁,汉族,某厂工人。
杨某与黄某于一九七四年经人介绍自主结婚,婚后感情尚好,生有一子。自一九七六年起,双方开始发生争执,发展到被告多次殴打原告，原告曾于一九七八年服药自杀，后经抢救脱险。自一九七九年八月起，双方分居至今。经本院调查核实，双方感情确已破裂，本院多次调解无效。根据婚姻法第二十五条规定，准予离婚……

××区人民法院

一九八二年×月×日①

从作者的分析当中，我们也看到了从社会问题的视角去看待单个问题现象时所遵循的社会结构的分析路径。离婚的个人各有其具体的经历、成因，而在大量的离婚家庭当中可以寻找到一般性的原因，即社会性成因。因此，我们开展社会问题研究的时候，经验资料可以是十分具体的个人，但是我们最后呈现的分析路径却是非个人性的，我们所看到的并非仅仅是个人的人生际遇而是许多人的共同挑战或困扰。这种分析路径也许是所有社会成员都会采用的，但是作为研究者则会更加关注这个方面，并进行更进一步的挖掘和分析工作。

第一节　社会学与社会问题

1838年，法国哲学家奥古斯特·孔德（Auguste Comte）在《实证哲学教程》第四卷中明确提出了"社会学"的概念，距今已经有一百八十余年。虽然我们要追溯"社会问题"最早的专门性研究相当困难，但是从社会学创立之初所面临的时代话题来看，可以发现对社会问题的关注和研究是与社会学的诞生和发展相伴而生、共同成长的。社会学是现代性的产物。正是在人类社会经历从传统社会向现代社会转型的时代巨变之时，社会学才得以诞生，各种社会问题才被发现和研究。孔德被誉为"社会学之父"。在孔德的社会学理论中，"社会静力学"和"社会动力学"是重要的组成部分，而其所追求的则是秩序的进步，在实现这个目标的过程中就需

---

① 周明、刘茵：《旋转的中国——社会问题报告文学集》，作家出版社1988年版，第393—394页。

要不断地解决现实的社会问题。正如雷蒙·阿隆（Raymond Aron）所说："奥古斯特·孔德像他的许多同时代人那样，认为现代社会处在危机之中，他在正在消逝的神学和尚武社会秩序与正在形成的科学和工业社会秩序的矛盾中找到了对社会动乱的解释……因此，奥古斯特·孔德思想的出发点就是研究他所处的那个时代内部神学和尚武型社会以及科学和工业型社会之间的矛盾。由于这个历史时期的特点是科学思想和工业活动已经相当普遍，所以解决这种危机的唯一方法是创立一种像过去神学思想体系支配社会秩序那样支配现时社会秩序的科学思想体系，以加速变革的进程。"① 孔德和他的同时代人以及后来的社会学家都在关注现代性所带来的问题，并走上了不同的解决问题道路。正如有学者所言："在 1800 年末期，社会学开始负起社会关系与研究社会问题这两项使命。从那时起，社会学对应该重视那一项使命便开始产生争执。为了解决这些争执，社会学者便不时地发展出新观点来研究社会问题。"② 当然，对所身处的现代社会做出一针见血的分析的社会学者们都在用自己的独特视角去呈现现代社会的各种制度安排与人的境遇。虽然，社会学家们对于特定时代的社会诊断有一定的分歧或差异，甚至相互对立，但是至少应该会有这样一个共识："社会学的任务就是分析和解决社会问题。"③

19 世纪 30 年代发轫于西方的社会学，是面对西方现代性而产生和成长起来的一门学科，也是关注西方的社会问题而慢慢发展起来的。最为典型的例子，是在社会学的发展史上以关注和研究城市社会问题而闻名的"芝加哥学派"。自社会学 19 世纪末被引入中国以来，有关社会问题的相关作品层出不穷。中华民国时期，正是社会学被引入中国的初期，从事社会学研究的一批社会学家形成了自己一套关于社会问题的定义，也进行了相关具体社会问题的实证分析。新中国成立以后的三十年间，社会学被取消，有关社会问题的理论研究和本土研究几乎是空白，相关文章和著作极

---

① [法]雷蒙·阿隆：《社会学主要思潮》，葛志强等译，华夏出版社 1999 年版，第 48、51 页。
② [美]鲁滨顿、温伯格：《社会问题导论：五种视角》，陈慧娟译，台北：巨流图书公司 1988 年版，第 18 页。
③ 雷洁琼：《社会学的任务就是分析和解决社会问题》，《中南民族大学学报》（哲学社会科学版）1994 年第 5 期。

为少见。① 直到改革开放后，社会学得以恢复重建，有关社会问题的相关成果才逐渐增多。

马克思曾说："人们的政治关系同人们在其中相处的一切关系一样自然也是社会的、公共的关系。因此，凡是有关人与人的相互关系问题都是社会问题。"② 这一关于社会问题的定义既非常简洁，也提供了一个广义的分析视角，将人的社会生活中的各类问题归入社会问题的范畴。从某种角度来看，"社会"是社会关系的集合，而身处其中的个人则是建构这些社会关系的行动者，因此基于社会关系而定义社会问题，必然涉及社会成员，这也使得其区别于自然问题。在日常生活中，社会问题既是一个熟悉的概念，也是一个不完全熟悉的概念。之所以说是一个熟悉的概念，是因为每个人在日常生活能观察、感受或者遭遇一些社会问题，同时能对社会问题有自己的一些判断，能列举具体的社会问题的类型和内容，也能提供相应的判断标准。正如罗伯特·默顿（Robert K. Merton）所言："几乎每个人都至少有一种关于'社会问题'的大略概念。"③ 之所以说是一个不完全熟悉的概念，是因为那些不从事社会问题研究的社会成员对社会问题的认识未必全面、完整和深刻，会存在一种说不清、道不明的感觉。④ 他们也难以给出一个学术性的概念界定，而往往受到社会热点事件的吸引，常常倾向于将其等同于社会问题。同时，即使是那些直接或间接从事社会问题研究的专业人士也未能在社会问题的概念问题上完全达成一致，各家学说存在一定的分歧。社会问题的定义呈现出一个多元化的形态，这也反映出研究者们多元化的研究立场和取向。琳达·穆尼（Linda A. Mooney）等人就认为，"关于社会问题，并没有一个普遍的、固定的或绝对的定义"⑤。或者如克拉伦斯·凯斯（Clarence M. Case）所言："这个词汇（社会问题），是一个大众频繁使用的词汇，结果却

---

① 朱力：《大转型——中国社会问题透视》，宁夏人民出版社 1997 年版，第 37 页。
② 《马克思恩格斯全集》第 4 卷，人民出版社 1958 年版，第 334 页。
③ [美] 罗伯特·金·默顿：《社会研究与社会政策》，林聚任等译，生活·读书·新知三联书店 2001 年版，第 52 页。
④ 朱力等：《社会问题概论》，社会科学文献出版社 2002 年版，前言第 1 页。
⑤ Linda A. Mooney, David Knox and Caroline Schacht, *Understanding Social Problem Seventh Edition*, Massachusetts: Wadsworth, Cengage Learning, 2011, p. 1.

难以做出准确的定义。"① 因此，一定程度上我们可以说，有关社会问题的统一定义是一个"悬而未决"的理论问题。也就是说，并不存在一个关于社会问题的统一定义。有关于社会问题的定义，林林总总，不一而足。纷繁复杂的定义，虽然可以反映出这一研究领域的繁荣，却也意味着这一研究领域存在"诸神之战"。这不仅增加了理论对话的难度，也给读者增加了阅读和理解的困难。如果有心人打算对既有的定义一一进行罗列，则不可避免地面临极大工作量，似乎也显得没有此种必要。② 因此，在正式展开社会问题的分析之前，有必要确立一种可行的定义。而有效地汲取前人和今人的智慧是一种成本最低、效益最大的方式，以一种高度概括的方式去看待这些现有定义则可能是可取的办法。

美国社会学家亚历克斯·英格尔斯（Alex Inkeles）提出，可以从历史的途径、经验主义的途径和分析的途径来勾画出社会学的内容，进而提出自己对于社会学定义及其研究主题的见解。③ 虽然这三条路径都各有利弊，但却为我们梳理社会问题的定义提供了非常有价值的参考。鉴于社会学的创始人并未直接就社会问题进行系统的研究，而是关注庞杂的社会现象，呈现的是资本主义社会所面临的总体性社会问题。因此，我们可以从现代社会学家的对社会问题的成果或作品来了解社会问题是什么。通过梳理和分析现有定义，我们可以在大量社会问题的定义基础上大致总结出其所具备的三个主要特征，即"社会性""危害性"和"建构性"。"社会性"意味着社会问题的产生、发展、后果和解决均具有公共性，而非个体性或私人性；"危害性"意味着社会问题是一种偏离了特定社会中"正常状态"的"异常状态"或"病态"，一种偏离了某种特定社会规范的状态，带有某种负面性的后果；"建构性"则意味着社会问题的确立，是按照某一或某些社会群体的标准进行诊断的，而不同的社会群体之间会因利益或价值

---

① Clarence Marsh Case,"What Is a Social Problem", *Journal of Applied Sociology*, Vol. 8, No. 5, 1924, pp. 268–273.

② 本书梳理了20世纪20年代以来中国和美国一些学者及其作品对社会问题定义具有代表性的观点，具体见附录一。

③ ［美］亚历克斯·英格尔斯：《社会学是什么？——对这门学科和职业的介绍》，陈观胜、李培茱译，中国社会科学出版社1982年版，第1—2页。

观的差异而使得定义和诊断结果有所不同，从而也使得不同群体所建构的社会问题类型有所不同。这三种特征的不同组合，构成了社会问题的不同定义。在接下来的三节中，本书会分别从"社会性""危害性""建构性"三个面向来勾勒出社会问题的定义。

第二节 社会性：个人困扰与公共论题

1959 年，美国社会学家查尔斯·赖特·米尔斯（Charles Wright Mills）出版了被称为其一生学术精华的集大成之作——《社会学的想象力》（The Sociological Imagination）。在这本影响深远的著作中，米尔斯首先深刻地描述了现代人的生活境况：

> 现在，人们经常觉得他们的私人生活充满了一系列陷阱。他们感到在日常世界中，战胜不了自己的困扰，而这种感觉往往是相当正确的：普通人所直接了解及努力完成之事总是由他个人生活的轨道界定；他们的视野和权利要受工作、家庭与邻里的具体背景的限制；处于其他环境时，他们则成了旁观者，间接感受他人。他们对超越其切身所处环境的进取心与威胁越了解——不管这种认识多模糊——就觉得似乎陷得更深。
>
> 现在，创造历史的进程超出了人们根据所珍视的价值调适自身的能力。那是些什么价值呢？甚至在未陷入恐慌时，人们也常感到旧的感觉与思维方式已经式微，而新的开端却缺乏明确的道德平衡。普通人感到适应不了他们如此突然就要面对的更广泛的世界；他们不能理解自己所置身的时代对自身的生活意味着什么；为了维护自我，努力使自己仍是完全独立的个人，他们在道德上变得麻木，这些有什么值得奇怪的？他们开始为一种滑入陷阱的感觉所笼罩，这又有什么值得奇怪的？[①]

[①] ［美］查尔斯·赖特·米尔斯：《社会学的想象力》（第 4 版），陈强、张永强译，生活·读书·新知三联书店 2016 年版，第 3—5 页。

面对生活的各种陷阱和自身的恐慌，出路在哪里呢？米尔斯认为，人们需要社会学的想象力，这是"一种心智的品质，这种品质可帮助他们利用信息增进理性，从而使他们能看清世事，以及或许就发生在他们之间的事情的清晰全貌"①。掌握和运用社会学的想象力，人们可以在自己置身的时代之中，理解自己的经历、把握自己的命运、知晓和明了自己的生活机遇、不断增强自己的理性，因而能在复杂的现代社会中过好自己的生活。

一 米尔斯的观点

在米尔斯看来，运用社会学的想象力所作的最有成果的区分是"环境中的个人困扰"（the personal troubles of milieu）和"社会结构中的公众论题"（the public issues of social structure），而这一区分也正是社会学想象力的基本工具。作为普通的社会成员，如何区分二者，如何看到个人困扰背后的公众论题，如何将个人困扰提升到公众论题则是运用社会学想象力的鲜明表现。

困扰产生于个体的性格之中，产生于他与别人的直接联系之中，这些困扰与他自身有关，也与他个人所直接了解的有限的社会生活范围有关。因而，表述及解决这些困扰就可能有赖于个人的生活经历是一个整体，有赖于他切身所处的环境——即个人经历和在一定程度上意志活动所直接接触的社会环境。困扰是桩私人事务：他感到自己珍视的价值受到了威胁。

论题涉及的事情则超越了个人的局部环境和内心世界。它们涉及许多处于类似处境的组织，这些组织进入到作为整体的历史社会的各种制度中；它们涉及不同的环境重合并相互渗透（以形成更宏观的社会和历史生活的结构）的方式。论题是件公共事务：公众感到他们所珍视的某种价值受到了威胁……事实上，一个论题往往包含了制度安

---

① ［美］查尔斯·赖特·米尔斯：《社会学的想象力》（第4版），陈强、张永强译，生活·读书·新知三联书店2016年版，第5页。

排中的某个危机，或是马克思主义者所说的"矛盾"或"对立"。①

个人困扰与公共议题的区分被许多学者认为是关于社会问题的最简洁的定义。根据米尔斯的观点，个人困扰是私人事务，与其性格和所处的社会环境有关系，而公众论题则不是私人事务，而是包含某种危机或矛盾的公共事务。因此，"社会结构中的公众论题"被不少学者认为是社会问题的意涵所在。从最一般的意义上讲，我们也比较乐于接受米尔斯的这一区分，也认为要更多地关注给多数人造成困扰的公众论题。同时，我们也能发现，米尔斯所谓的"社会结构中的公众论题"非常直接地体现了社会问题的"社会性"。那么这个所谓"社会性"具体应该怎么观察呢？我们可以这样认为，社会问题的发生、后果和解决均具有社会性，即社会问题的发生不能由个人或少数人负责，社会问题的后果影响的是多数人而非少数人或仅仅影响单个人，而社会问题的解决则需要多数人的参与或动员全社会的力量，非个人所能承担。因此，社会问题具有鲜明的社会结构性。关于这一点，我们可以借用米尔斯的例子来进一步理解社会问题的"社会性"。

> 当一座10万人口的城市只有一个人失业时，那么这是他个人的困扰，为了救济他，我们最好要了解这个人的品行，他的技能和目前存在的各种机遇。但是，如果一个有五千万雇佣大军的国家，却有一千五百万人失业，这就是个公众论题，我们也许不能指望在某个个人所能获得的机遇范围内找出解决办法。机遇的结构已经解体了。为正确地表述问题和找出可能的解决方法，我们必须考虑社会的经济和政治制度，而不仅仅是零星散布的个人处境和品行。②

遵循米尔斯的思路来定义社会问题，是国内外相当数量的学者的共同选择。例如郑杭生等人将社会问题定义为："在社会运行过程中，由于存

---

① ［美］查尔斯·赖特·米尔斯：《社会学的想象力》（第4版），陈强、张永强译，生活·读书·新知三联书店2016年版，第8—9页。
② ［美］查尔斯·赖特·米尔斯：《社会学的想象力》（第4版），陈强、张永强译，生活·读书·新知三联书店2016年版，第9页。

在某些使社会结构和社会环境失调的障碍因素,影响社会全体成员或部分成员共同生活,对社会正常秩序甚至社会运行安全构成一定威胁,需要动员社会力量进行干预的社会现象。"① 从这一定义来看,社会问题的发生原因是"社会结构和社会环境的失调",后果是"影响社会全体成员或部分成员共同生活,对社会正常秩序甚至社会运行安全构成一定威胁",而解决办法则是"动员社会力量进行干预"。再如,美国社会学家霍内尔·赫德(Hornell Hart)将社会问题定义为:"社会问题是这样一个问题,它以一种共同的方式切实地或潜在地影响大量的人,因此最好是将这一问题作为一个整体而采取某一措施或某些措施加以解决,而不是作为一个孤立的个案进行逐一处理,或许也需要有协调的或有组织的人类行动。"② 这一定义虽然没有提及社会问题的发生原因,但是强调了社会问题的社会性后果,即"影响大量的人",而解决方法依然是需要社会成员的共同行动。美国社会学家保尔·霍顿(Paul B. Horton)和杰拉尔德·莱斯利(Gerald R. Leslie)也持相似的观点,认为社会问题是"影响显著数量的人的一种状况,这种状况被认为是非所欲求的(undesired),同时被认为可以经由集体行动加以处理改善的"③。因此,社会问题的发生不是某个个人的责任,而社会问题的后果会在许多个人身上得到体现,而社会问题的解决则需要借助个体共同行动所汇聚起来的社会力量。正如米尔斯所强调的,"我们在各种特定环境中所经历的事情往往是由结构性的变化引起的。所以,要理解许多个人环境的变化,我们需要超越这些变化来看待它们。由于我们所置身的制度变得更为庞杂,彼此间的联系更为复杂,这种结构性的变化的数目和类型也在不断增加。要想对社会结构的观念有清楚的意识并敏锐地运用它,就要能在大量不同的环境中捕捉它们彼此间的联系。要想做

---

① 郭星华:《社会问题》,载郑杭生主编《社会学概论新修》(第5版),中国人民大学出版社2019年版,第416页。

② Hornell Hart, "What is a Social Problem?" *American Journal of Sociology*, Vol. 29, No. 3, November 1923, pp. 345–352.

③ Paul B. Horton and Gerald R. Leslie, *The Sociology of Social Problem Third Edition*, New York: Appleton-Century-Crofts Division of Mere Dith Corporation, 1955, p. 4.

到这样，我们就需要具备社会学的想象力"①。这就是我们需要社会学的想象力的原因所在，也是这种想象力的魅力所在。因此，当我们超越个人困扰看到其背后的社会结构性因素并进行了分析，理解和明了我们所处时代的公众论题，我们也就初步具备了社会学的想象力。

二 社会性的测量

行文至此，如果遵循米尔斯的基本观点和一些学者的定义，我们似乎可以从社会问题的原因、后果和对策三个方面来定义社会问题了。但是，进一步探究，确定一种社会状况是否具备社会问题的社会性特征会面临三个难题：一是如何识别社会问题的社会根源，也就是米尔斯所说的"社会结构"；二是如何判定社会问题的影响后果影响了全部社会成员或部分社会成员，即受某一社会现象影响的社会成员达到多大规模或者多大数量时，这一社会现象会被定义为社会问题；三是如何界定社会问题的解决主体，哪些群体、组织构成了社会力量？

对于第一个问题，研究者、评判者往往会因为立场、兴趣、价值观等的差异而给出不同的解释、做出不同的归因。虽然存在一定的分歧，但是我们可以在众多的分析中找到一些共识性的内容。至少，我们可以将"社会结构"这一极为抽象的宏大概念与日常生活中各项社会制度、文化体系、价值观念等联系起来。按照默顿的说法，"在某种意义上，确定其社会根源多余的"，因为"社会问题在形式上是难以断定的社会准则与社会现实之间的不一致"，而且在特定的意义上，"所有社会问题都有其'社会根源'，因为当现实状况被判定不能与社会（共有的）标准完全符合时，社会问题便出现了"，默顿甚至认为"社会问题由其结果而定，而不管其根源如何"②。根据默顿的这一看法，在具体研究中，结果社会性的分析的重要性高于原因社会性的分析，甚至原因也有可能是非社会性的。例如，在默顿看来，作为社会问题类型之一的越轨行为是由非社会事件引起，却有

---

① ［美］查尔斯·赖特·米尔斯：《社会学的想象力》（第4版），陈强、张永强译，生活·读书·新知三联书店2016年版，第11页。
② ［美］罗伯特·金·默顿：《社会研究与社会政策》，林聚任等译，生活·读书·新知三联书店2001年版，第56、58页。

社会破坏性后果的行为。当然，这种观点也是值得商榷的。单纯从越轨行为本身来看，其仅仅是个体违反社会规范的行为，但是从这一行为发生情境来看，却非是纯粹的本能性表现，而是有着"人在情境中"（person in situation）的特定社会机制的影响。

对于第三个问题，研究者们会根据问题的成因不同给出不同的对策，而被研究者们定义为应该行动起来的社会成员、社会群体或组织，也能在具体的对策中找到对应的目标。比如政府机关、社会组织、社区、家长、教师等。同时，我们也能在制定对策、实施对策的不同群体中进一步开展社会学的分析，发现另一社会问题的生成机制。

但是，对于第二个问题，回答的难度就比较大了。在众多的相关定义中，如何确定社会问题的后果所影响的人口规模，很多研究者似乎都采取了和米尔斯相似的分析思路。

> 在婚姻生活中，无论男人和女人，都会体验到个人的困扰，但当离婚比例达到婚后不满四年，每一千桩婚姻就有 250 桩解体时，就呈现出结构性论题的迹象，这个论题与婚姻制度、家庭制度以及其他与婚姻和家庭制度相联系的制度有关。①

以这个例子而言，在关于判断离婚是否构成公众论题的标准中，米尔斯设置了两个标准：一是婚姻维持的时间，二是离婚比例。事实上，这两个标准事实上并没有普适性。原因在于：在不同的社会中，婚姻维持的时间长短的判定标准是由不同的，无法判定四年到底是长还是短，是正常还是不正常；而 4% 的离婚率既无法判定是高还是低，也无法判定正常与否，更何况在不同的社会中对此也会有不同的标准。除此之外，在关于社会问题的大量定义中，影响"全部社会成员"或"相当数量的社会成员"或"部分社会成员"是常常用到的后果判断标准。当某一社会现象将全部社会成员卷入其中，可见其严重性，如战争。而"相当数量的社会成员"和

---

① ［美］查尔斯·赖特·米尔斯：《社会学的想象力》（第 4 版），陈强、张永强译，生活·读书·新知三联书店 2016 年版，第 10 页。

社会问题导论

"部分社会成员"却无法给出具体的数学标准的表达。因此，大多数社会问题的研究者并未就这个问题给出直接的回答。

有学者认为，"相当数量"（considerable number）一词是含糊的（vague），可以用来表示从绝大多数到极少数的任一数量规模。[①] 也有学者认为，仅影响少数人的现象不是社会问题，而这个"多数人"却并无过半数之意。[②] 或许没有过半的标准看起来比较好界定，实则还是有极大的选择范围，难以做出准确的界定。美国社会学家霍顿和莱斯利认为，"在一种社会状况没有成为社会问题之前，没有被影响的准确人数。但是，一种状况影响足够多的人以至于他们中的许多人注意到并开始谈论和写作，一个社会问题就存在了"[③]。二人也明确意识到，我们难以预先判定准确人数，只能通过被影响到的社会成员发出的声音才能判断。换句话说，我们无法预先判断离婚率多高才能构成一个社会问题，只能在具体离婚率水平影响了社会的运行时，才能提出可以接受的离婚率水平和不能接受的离婚率水平。

因此，关于社会问题的后果所涉及人口规模的标准不是绝对的，而是相对的，要依据不同的社会规范、不同的价值立场来进行选择。当然，这一标准虽因时空差别而不同，却也可以实现不同地区之间的基本共识。比如，对于一个社会或地区是否进入老龄化社会，联合国提出了"60岁以上老人达到总人口的10%"和"65岁以上老人占总人口的7%"的判断标准。当一个社会或地区达到了或者超过了这个标准，就意味着其进入了老龄化社会。这个标准得到了许多国家的认可和采用，作为评判人口年龄结构的重要依据。虽然我们无法给出一个社会问题之所以成立的人数规模或比例的一般性标准，但是对于某一具体社会问题的后果判断的依据则往往有着特定的、具体的、人为的标准（数字的或价值性的），成为研究者们、治理者们的参考依据。因此，社会问题的后果判定不是一个抽象的理论性

[①] Clarence Marsh Case, *Outlines of Introductory Sociology*, New York: Harcourt, Brace and Company, Inc., 1924, p.627.

[②] 孙本文：《孙本文文集 第6卷 现代中国社会问题 结论 家族问题 人口问题》，社会科学文献出版社2012年版，第16页注释9。

[③] Paul B. Horton and Gerald R. Leslie, *The Sociology of Social Problem Third Edition*, New York: Appleton-Century-Crofts Division of Mere Dith Corporation, 1955, p.4.

问题，而是一个具体的经验性问题。

抑或如默顿所言，当存在一种主导性的社会共识之时，数量标准就不再适用了，而应该将焦点转向那些给某一社会状况进行问题定性的社会成员们。这一观点以及与之相似的观点将在本章的第四节详细介绍。

> 社会学家常说，只有当社会中"许多人"或"功能上有显著数量的人"，甚至说"多数人"一定认为某一社会事态背离了他们的准则时，才可以判定这种事态为一社会问题。大致来说，这种表述形式可以适用于许多事例。当社会规范就是占主导性的共识时……就无需提出更精确的表述形式。但对于许多其他类型的社会行为和社会状况，仅仅是数量标准就不再适用了。因而对那些判定某些经常发生的事件或某一社会状况为社会问题的"众人"进行分析是必要的。①

第三节　危害性：客观状况与主观评判

一般而言，所谓问题，通常意味着麻烦或不正常，社会问题则是需要被解决的、不理想的社会状况。如果某一社会状况或社会现象被定义为是一种问题，那就意味着其偏离了我们通常所认定的"正常标准"，也意味着是身处特定社会中的成员所不愿意接受的状况。所谓的"正常标准"，取决于特定社会所制定的规则体系，而所谓不愿意接受的标准则取决于共享特定文化或规范体系的社会成员的态度。当然，社会规则或社会标准的内容会随着社会变迁而发生变化，导致社会问题的判定标准也随之发生变化。在一定的时期内，如果一种社会状况影响了社会中的大多数人，成为一种公众论题，进而被定义为社会问题，那么这种社会状况对于社会的大多数人而言必然是存在问题的，是一种不愿意接受的状况。这就是所谓社会问题的"危害性"。正如美国社会学家弗·斯卡皮蒂（F. R. Scarpitti）所言：

---

① ［美］罗伯特·金·默顿：《社会研究与社会政策》，林聚任等译，生活·读书·新知三联书店2001年版，第58页。

社会问题导论

可是，一个公共问题被称之为社会问题，必须具备两个方面的条件：第一，大部分人必须认为是社会问题，如果多数人都感觉到一种普遍存在的状况是生活中不可避免的事实——有如前几个世纪里的贫穷——那就不是社会问题；第二，大部分社会成员或者社会上一些重要成员必须相信这个问题可以通过社会行动加以解决。在一个能组织力量训练医生、开设医院并治疗病人的社会里，健康不良和婴儿死亡率高就会被认为是社会问题。而在一个这类条件十分可悲的社会里，除了对病人在家里加强看护，对高出生率束手无策以外，再找不到任何解决办法，那也就无所谓存在什么社会问题了。[1]

诚如斯卡皮蒂所言，社会问题成立的两个条件主要涉及大部分人对危害性质和解决难度的定性。纵观现代社会学家的定义，"危害性"的显现和判定往往与社会的价值标准、道德规范和风俗习惯等社会规则相关。只有当一种社会状况的出现违背了已经存在的社会规则时，才会成为一种社会问题。比如默顿将社会问题定义为"广泛持有的社会标准与现实的社会生活状况之间的根本不一致"[2]，并将其作为社会问题概念的首要和基本的构成要素。事实上，我们可以将社会问题的构成要素细分为主观要素和客观要素，或者换句话说，任何社会问题的认定都有主观和客观的两个方面或成分。主观要素指的是人们对社会状况的认知和评价，而客观要素则是社会状况本身。[3] 主观要素中的认知和评价涉及这种信念——特定的社会状况对社会或者社会的部分有害，且应该且能够被改变，而客观要素所涉及的社会状况可以通过个人自己的生活经验和媒体报道感知到。[4] 正如叶启政（1984：12）所言："任何社会问题都应当具有主观及客观两个层面；

---

[1] ［美］弗·斯卡皮蒂：《美国社会问题》，刘泰星、张世灏译，中国社会科学出版社1986年版，第2页。

[2] ［美］罗伯特·金·默顿：《社会研究与社会政策》，林聚任等译，生活·读书·新知三联书店2001年版，第53页。

[3] Robert K. Merton, "Introduction" in *Contemporary Social Problems* (Fourth Edition) Edited by Robert K. Merton, Robert Nisbet, New York: Harcourt, Brace and Jovanovich, Inc., 1976, p. 13.

[4] Linda A. Mooney, David Knox and Caroline Schacht, *Understanding Social Problem* (Seventh Edition), Massachusetts: Wadsworth, Cengage Learning, 2001, p. 1.

社会问题的成立首先必须要有一些既已发生的客存现象为基本条件。但是这只是先决条件而已,还须人们'主观的认定和界范'。"①

一 社会问题成立的标准

客观状况与主观评价构成了定义社会问题的关键性要素。那么,客观状况与主观评价何者更重要,哪一个要素更能确定社会现象的"危害性",进而将其界定为社会问题呢?围绕这些问题,社会学家们出现了分歧。老一辈社会学家孙本文在20世纪40年代就梳理了这种分歧,并将其分为三派:注重客观原素者、注重主观原素者、注重主观与客观的原素者(如表2-1所示)。②

表2-1 社会问题成立的标准的三派观点

派别	主要观点	代表人物
注重客观原素者	认为社会问题的成立,存在于客观原素;注重社会现象本身的性质(即文化或社会失调)或者注重社会现象的形式(即影响多数人)	乌格朋(Ogburn)③、季灵(Gillin)、狄德莫(Ditter)、赫德(Hart)
注重主观原素者	认为社会问题的成立,存在于主观原素;只有可以引起社会上许多人注意的情况,始成为社会问题;社会问题的成立与否,全在对于社会现象(人生状况及行为)的价值判断	恺史(Case)、华勒(Waller)
注重主观与客观的原素者	认为社会问题的成立,存在于主观客观原素;如果社会的情况,在社会上看来,不认为一种威胁,不认为一种危害,那便不成为问题	鲍萨德(Bossard)、范尔伯(Phelps)

资料来源:孙本文:《孙本文文集》(第6卷),社会科学文献出版社2012年版,第3—5页。

注重客观原素者,以奥格本的"文化堕距"(cultural lag)为典型代表。奥格本认为,"从物质文化和非物质文化的性质和变迁中可以看出,现

---

① 瞿海源、张苙云:《台湾的社会问题2005》,台北:巨流图书公司2005年版,第5页。
② 此处引用的是孙本文著作原文,遵循的是20世纪三四十年代的用法,而非今人用法,所以保留了"原素"二字,而非"元素"或因素,且表2-1也是完整保留孙本文原始文字,未做更改。
③ 现在国内通常翻译为"奥格本",故本书统一使用"奥格本"这一译名。

代的许多变迁都起源于物质文化，物质文化变迁又引起文化其他部分的变迁。人们认为，由于某些独特的力量和原因，非物质文化比物质文化变迁扩散得慢。因此在很多情况下都是物质文化变迁在先，所引起的其他变迁在后。有时，这种滞后时间很短，意义不大。有时，这种滞后引起的失调时间很长，成为重大的社会问题"①。因此，社会失调（maladjustment）即是社会问题。季灵（John Lewis Gillin）等人则直接认为，社会变迁导致的社会失调是社会问题产生的根源。②霍内尔·赫德（Hornell Hart）认为，"社会问题是这样一个问题，它以一种共同的方式切实地或潜在地影响大量的人，因此最好是将这一问题作为一个整体而采取某一措施或某些措施加以解决，而不是作为一个孤立的个案进行逐一处理，或许也需要有协调的或有组织的人类行动"③。其他学者也有相似观点。比如，孙本文在20世纪30年代就认为，"社会问题，简单说，就是社会全体或一部分人的共同生活或进步，发生障碍的问题"④；再如，袁方认为，社会问题是"社会中的一种综合现象，即社会环境失调，影响社会全体成员或部分成员的共同生活，破坏社会正常运行，妨碍社会协调发展的社会现象"⑤。可见，注重客观原素者，不仅看到了社会问题的社会性根源，也看到了其社会性后果，并将这种后果视为"危害性"的来源。

注重主观原素者中，恺史认为社会问题是指"引起社会中相当多有能力的观察者的注意，并呼吁通过社会的、集体的或者其他的行动来进行重新调整或补救的任一社会状况"⑥。在他看来，"社会问题"不是一个不属于特定社会群体的陌生人所能识别的纯粹的客观情境，也不只是一个在物质环境或社会环境中存在的不利的客观状况的问题。因此，社会问题一定程

---

① [美]威廉·费尔丁·奥格本：《社会变迁——关于文化和先天的本质》，王晓毅、陈育国译，浙江人民出版社1989年版，第144页。

② John Lewis Gillin, Clarence G. Dittmer and Roy J. Colbert, *Social Problems*, The Century Co., 1928, p. 38.

③ Hornell Hart, "What is a Social Problem?", *American Journal of Sociology*, Vol. 29, No. 3, November 1923, pp. 345-352.

④ 孙本文：《中国社会问题》，青年书店1939年版，第3页。

⑤ 袁方：《社会学百科辞典》，中国广播电视出版社1990年版，第21页。

⑥ Clarence Marsh Case, *Outlines of Introductory Sociology*, New York: Harcourt, Brace and Company, Inc., 1924, p. 627.

度上是一种社会心理（social mind）状态，带有鲜明的社会心理（socio-psychological）特征。另一位学者华勒则认为，社会问题这一术语不仅表示一种被观察到的现象，而且也表示观察者的心理状态。在他看来，社会问题是道德问题，而任何重要的社会问题都是个人中的道德冲突和群体中的社会冲突的结果。道德涉及价值判断，所以没有价值判断就没有社会问题。因此，"价值判断是社会问题形式上的原因"，所以"用科学家来处理社会问题的各种尝试都被证明是无用的，因为它们只处理了社会问题的客观方面，但没有包括构成社会问题的态度。态度、价值判断是社会问题的主观方面，其存在使得任何对社会问题的纯粹客观解释毫无意义"[1]。对此，默顿也持相似的观点——"问题的首要形式以包含价值为条件的"[2]。与上述学者的观点相似，在不少的学者的定义中也非常强调主观原素的重要性。比如，孙本文在20世纪20年代就认为，"凡是社会上许多人，认明是必须调整的任何社会状况，都成为社会问题"[3]；而理查德·富勒（Richard C. Fuller）和理查德·迈尔斯（Richard R. Myers）的定义则更加简洁，认为"社会问题是人们所认为的问题"（social problems are what people think they are）[4]。这两个定义将社会问题的主观性置于极高的地位，作为判定社会状况危害的之一标准，可以视为注重主观原素的典型代表。可见，注重主观原素的学者是从遭遇或面对特定社会状况的社会成员的态度出发来界定其危害性，而社会成员的态度同时也可以以社会规则的形式表现出来，即特定的社会规范或价值体系。正如霍顿和莱斯利所言，"价值观可以定义任何状况为一个社会问题或者阻止任意特定的状况成为一个问题"[5]。

---

[1] Willard Waller, "Social Problems and the Mores", *American Sociological Review*, Vol. 1, No. 6, December 1936, pp. 922–933.

[2] ［美］罗伯特·金·默顿：《社会研究与社会政策》，林聚任等译，生活·读书·新知三联书店2001年版，第53页。

[3] 孙本文：《社会问题》，世界书局1927年版，第6页。

[4] Richard C. Fuller and Richard R. Myers, "Some Aspects of A Theory of Social Problems", *American Sociological Review*, Vol. 6, No. 1, February 1941, pp. 24–32.

[5] Paul B. Horton adn Gerald R. Leslie, *The Sociology of Social Problem Third Edition*, New York: Appleton-Century-Crofts Division of Mere Dith Corporation, 1955, p. 5.

社会问题导论

在注重主观与客观的原素者中,詹姆斯·鲍萨德(James H. S. Bossard)认为社会问题涉及四个构成要素:(1)存在一个或一系列客观的社会情境,其是社会力量的产物;(2)这些社会情境涉及大量的个人;(3)这些社会情境被视为是一种威胁(menace);(4)这些社会情境是在人类的控制范围内的。[①] 范尔伯(Phelps)则认为,社会问题是社会关系中的异常现象(abnormality)。当生活于群体之中的人们认为这些现象是危险的和不可忍受的,且必须被消除来保护社会的时候,那么社会问题就会显露出来。同时,范尔伯认为所有的社会问题的共同要素是:(1)多元因果关系;(2)普遍发生;(3)连锁性;(4)相对性;(5)不可避免性和持久性;(6)狡猾性和隐秘性;(7)灾难性后果;(8)道德性,取决于道德习俗。[②] 上述二位学者将社会问题的诊断进行了十分细致的梳理,确立了一系列的判断要素标准。与此相似,其他一些学者或在定义中强调主客观要素,或进行细致的要素标准划分。比如,陆学艺等人认为,"凡是影响社会进步与发展,妨碍社会大部分或一部分成员的正常生活的公共问题就是社会问题。它是由社会结构本身的缺陷或社会变迁过程中社会结构内出现功能障碍、关系失调和整合错位等原因造成的它为社会上相当多的人所公认,需要运用社会力量才能消除和解"[③];再如,赵子祥认为,一个社会现象必须同时具备四个条件才能成为社会问题:第一,它作为一种社会现象,起码违背了某些公认的良好的社会规范和价值,触犯了很多人的利益;第二,这种社会现象的存在及其所发生的作用能给社会带来一定的影响,其严重性能持续相当长的一段时间;第三,这种社会现象被社会中的有识之士发现后使大多数人认识到其危害,并有积极改善的愿望和想法;第四,要消除或减少这种社会现象的作用和影响,必须借助和发动社会团体与群众的力量,才有可能得到解决。[④] 童星则认为一个社会问题的构成

---

① James H. S. Bossard, *Social Change and Social Problems*, New York: Harper & Brothers, 1938, pp. 1-2.
② James H. S. Bossard, *Social Change and Social Problems*, New York: Harper & Brothers, 1938, p. 3.
③ 单光鼐:《社会问题和社会控制》,载陆学艺主编《社会学》,知识出版社1991年版,第544页。
④ 赵子祥:《中国社会问题评价》,辽宁人民出版社1989年版,第7页。

必须同时具备以下五个条件：（1）这种社会情境属于一种超常状态；（2）这种超常状态对社会全体成员或相当一部分人有害或不利；（3）这种超常状态的危险性虽然首先由少数人发现，但已成为相当一批人的共识；（4）多数人具备了影响这种超常状态使之得到改善的愿望，并且这种愿望能够得到实现；（5）这种愿望的实现需要借助于社会和群众的力量。① 朱力认为社会问题的界定有五个条件：（1）客观性的事实依据。社会问题是社会生活中确实存在的某种具体的客观事实，而不是存在于人们头脑中的臆想；（2）影响相当数量人的公共麻烦；（3）违背社会的主导价值原则和社会规范；（4）社会问题的产生与人的道德抉择有关；（5）社会问题具有可改变性。② 可见，注重主观与客观的元素的学者，通常既考虑到客观状况的社会性成因，又相当看重人们对这些客观状况的主观评价。因为这些主观评价决定了社会问题是否成立的关键标准。正如何雪松所说："客观条件只是社会问题构成的前提条件，主观评价及其行为反应则是构成社会问题的必要条件。因为从一种客观状态的存在到成为一个社会问题，依赖于社会成员对待问题的态度。"③

二　社会问题主观性的转向

在如前文所言，事实上，社会问题的"社会性"特征一定程度上具有主观性色彩。我们可以从社会问题的成因、后果和对策来进行简单的分析。首先，社会问题的社会性根源需要社会成员来寻找和判断，因此才会形成不同的理论命题、观点和结论；其次，社会问题的社会性后果需要参照某种人为制定的判断标准，所以某一社会状况所涉及的具体的人口规模是依据一定的社会性共识而确定的；最后，社会问题的解决方案是基于成因和后果分析所提出来的，因而对于同一社会问题会存在不同的对策，对于不同的社会问题则会存在相似的对策，而具体对策的选择需要经过不同利益群体的评判和筛选才能得到实施，这也是社会问题

---

① 童星：《世纪末的挑战——当代中国社会问题研究》，南京大学出版社 1995 年版，第 2—4 页。
② 朱力等：《社会问题概论》，社会科学文献出版社 2002 年版，第 7—11 页。
③ 何雪松：《社会问题导论：以转型为视角》，华东理工大学出版社 2007 年版，第 7 页。

的"文化性"的体现。同时,"社会性"中也蕴含着"危害性",即从社会问题的社会性后果来看,需要社会成员来判定何种后果是有问题的、需要被解决的不良状况。

关于社会问题的主客观方面,虽然孙本文将之划分为三派,但三派之间并非决然对立,而是存在一定的交叉之处和对话的基础。但是,如果过分强调某一方面可能存在一定的风险。

乔尔·贝斯特(Joel Best)认为,将社会问题定义为有害的社会状况,这种社会状况成了关注的焦点和改革努力的目标,持这种定义的社会学家被称为客观主义者。虽然这一客观主义方法跨越了许多的社会学的经典理论分支,但是也至少面临三种严重挑战:

第一个挑战是它们必须是非常宽广的(broad),因而是模糊的(vague)。社会问题的清单倾向于包括不同的现象,这种差别就像个体的行动和经历(比如自杀和精神疾病)与全球现象(比如全球化或者全球变暖)之间的差别那样。任何一个定义所面对的挑战是明显的:自杀和全球变暖——更不用说犯罪和种族主义以及典型社会问题教材中所有其他章节的主题了——到底有什么相同之处?它们共同的客观性质是什么?

第二个挑战是历史的(historical):社会问题的清单是变化的。1970年以后,少有社会问题教材敢忽略性别主义,但是更早的教材则很少关注性别问题。同样,我们可以预见,在不久的将来所出版的教科书中将有关于全球化的一章。如果社会问题可以根据客观标准被定义,那么为什么社会问题的清单会变化?

第三个挑战是实践上的(practical):对于社会学分析来说,社会问题并未被证明是特别有用的概念。准确地说,因为分类太多样化,也因为其所包含的各种现象之间共性很少,所以社会问题很少成为理论作品的焦点,也很少成为经验研究的焦点。这个观点看起来似乎很荒谬。毕竟,有大量的社会学著作在研究犯罪、种族主义等其他被视为社会问题的话题……

但是,这些观点不得要领。可以肯定的是,社会学家就很多被视为是社会问题的现象撰写了大量的作品,但是他们很少写一些关于社会问题的作品,或者甚至可以说很少写一些关于作为社会问题的那些社会现象的作品。①

同时,自 20 世纪 70 年代以来,在社会问题的研究中,社会学家们虽然依然保持对客观的社会状况的关注,但是却将注意力越来越多地放在了主观性内容的方面,甚至有学者提出,"对社会问题的主观要素的解释——群体成员或社会成员将一种假定的状况定义为问题的过程——是社会问题社会学独特的主题"②。如果我们如此强调社会问题的主观性,则需要进一步了解和分析。总体而言,社会问题的主观性涉及两个方面的内容:一是主观评价的标准,即社会规则或社会规范的具体内容;二是主观评价的主体,即社会问题的界定主体及其界定权。对于主观评价的标准,我们知道在一个社会中既会存在一套主流的或主导性的规则体系,也往往会存在由不同群体所共享的亚规则体系。那么,在判定社会问题是否成立的时候,所依据应当是主流规则体系还是亚规则体系?当然,在大多数社会学家看来,应该采用主流规则标准。但是,各种亚规则体系的存在则使得社会问题的诊断变得复杂,因为社会诊断所折射的是不同利益群体的利益和价值观。对于主观评价的主体,我们知道这涉及社会问题界定的话语权问题。也就是说,面对某一社会状况,谁或哪一社会群体有权界定其是否为社会问题呢?这或许要涉及复杂的权力关系和话语霸权,③ 而这两者有时候也许会成为社会问题研究中一个关键性的问题。虽然社会问题的主观成分得到越来越多的重视,但是社会学大师默顿也提醒我们要注意主观主义的风险:"当(主观性的)充分性被如此转变为必要性时,社会学的谬误便取代了社会学的洞见。"④ 因

---

① Joel Best, "Theoretical Issues in the Study of Social Problems and Deviance", In *Handbook of Social Problems: A Comparative, International Perspective*, George Ritzer eds., Thousand Oaks, Calif.: Sage Publications, 2004, pp. 15 – 16.

② Malcolm Spector, John I. Kitsuse, "Social Problems: A Re-Formulation", *Social Problems*, Vol. 21, Issue 2, Autumn 1973, pp. 145 – 159.

③ 何雪松:《社会问题导论:以转型为视角》,华东理工大学出版社 2007 年版,第 7 页。

④ [美] 罗伯特·金·默顿:《社会研究与社会政策》,林聚任等译,生活·读书·新知三联书店 2001 年版,第 276 页。

此，将主观要素和客观要素结合起来进行分析，应当成为当前的社会问题研究中的主流取向。正如默顿所言："强调社会现实的主观因素和客观因素之间的相互作用仍然是有意义的。"①

第四节　建构性：社会成员与社会学家

前节提到社会问题的诊断涉及价值判断的问题、权力关系和话语霸权的问题，那么应当以哪一价值作为诊断标准，谁掌握了社会问题诊断的权力和话语权呢？这是本节需要讨论的问题。事实上，在一些学者的定义中可以引出这两个问题。比如，何雪松将社会问题定义为："偏离社会主流价值所公认的正常状态，影响到社会成员的正常生活，并需要在整个社会制度层面予以回答的一种社会状态。"② 那么，社会主流价值所公认的正常状态是什么，谁可以对这种偏离状态进行问题定性呢？这个问题在理论上回答起来并不容易。首先，我们必须先回答谁有界定权。关于这个问题，学界形成了两条分析路径。一条路径将社会成员作为界定主体，另一条路径将少数"有识之士"或者"有势之士"作为界定主体。那么由此就可以引出三个问题：（1）作为界定主体的社会成员之间能就社会问题的诊断达成共识吗？（2）作为界定主体的"有识之士"或者"有势之士"之间能就社会问题的诊断达成共识吗？（3）社会成员和"有识之士"或者"有势之士"之间能就社会问题的诊断达成共识吗，而当二者发生分歧之时，我们应该采用谁的界定？

一　社会成员对社会问题的认定

要理解社会成员对社会问题的认定，就要看到其相对性。詹姆斯·M.汉斯林（James M. Henslin）认为，社会问题是相对的。一些人认为的社会问题，另一些人却看作是一种解决途径。从人们对堕胎问题的不同立场中可以

---

① ［美］罗伯特·金·默顿：《社会研究与社会政策》，林聚任等译，生活·读书·新知三联书店2001年版，第278页。
② 何雪松：《社会问题导论：以转型为视角》，华东理工大学出版社2007年版，第5页。

看出，人们判断一种现象是不是社会问题，主要取决于他们的价值观。价值观可以定义为关于事物是好是坏的一种观念。比如，在对堕胎的主观关注上（如表2-2所示），可以看到，人们对于堕胎是赞成还是反对，影响到他们对于堕胎相关的一切评价。因而，对于社会问题的主观关注，可以将人们分到这种相互对立的世界中，它使得人们彼此之间的交流变得困难。

表2-2　　　　人们对于堕胎的定义如何影响到他们的看法

	观点（定义）		
	赞成堕胎的人	反对堕胎的人	实际堕胎的人
什么是堕胎？	妇女的权利	谋杀	我工作的一部分
堕掉了什么？	胚胎	婴儿	胚胎
谁是那个妇女？	一个执行她权利的个体	一个母亲	顾客
堕胎的行为是什么？	对妇女的一项服务	杀害一个婴儿	一个医疗程序
那个帮助堕胎的人是谁？	一个熟练的技术人员	一个杀手	一个专业人员

资料来源：[美]詹姆斯·M. 汉斯林：《社会学与人类生活：社会问题解析》（第11版），风笑天等译，电子工业出版社2019年版，第7页。

此外，就这个问题而言，克莱顿·哈蒂恩（Clayton Hartien）的观点比较具有典型性。哈蒂恩从客观状况与主观评价两个维度将社会问题的可能建构方式分为四类（如表2-3所示）：（1）确然的问题。即当令人厌恶的客观状况存在，且社会成员认为这种客观状况认为有必要应该加以改变时。（2）可能的问题。即当令人厌恶的客观状况存在，但是社会成员认为这种客观状况无须付诸行动加以改变时。因此，这就使得任一社会状况都有可能成为社会问题，而所有的人类活动可能会被定义为问题，或者转化为确然的问题。甚至，人们可以将不存在的社会状况定义为社会问题。（3）设想的问题。即当令人厌恶的客观状况不存在，但是社会成员需要付诸行动加以改变时。这类问题与第Ⅰ类问题有着社会学意义上的关联性。也就是说，是社会成员的价值判断为社会学定义社会问题提供了可行的（viable）标准，而不是客观状况本身及其本身的特性。（4）不是问题。即当令人厌恶的客观状况不存在，同时社会成员也认为无须付诸行动加以改变时。① 可见，第Ⅰ类和第Ⅳ类是显而易见的情况，而其余两类问题则不那么明显，需要进一步识别。

这四种情况，我们也可以在日常生活中找到对应的情况进行描述。以人口生育现象为例，我们可以说：(1) 当前的人口生育率下滑是事实，我们也认可这是一个问题，因此这是一个确然的社会问题；(2) 过去我们认为"人多力量大""多子多福"以及其所导致的快速增长的人口规模不是问题，但是后来却又不得不采取"计划生育"的政策来控制人口过快增长，因此这个不限制人口生育的状况在当时就是一个可能的社会问题；(3) 我国的生育率持续下滑，虽然第七次人口普查显示我国的人口规模仍保持低速增长，但是我们还是认为我国的人口发展面临危机，需要通过进一步的政策调整加以改变，这就是一个设想的问题；(4) 随着人口政策的调整，从"提倡一对夫妻只生一个孩子"到"全面实施二孩政策"再到"实施一对夫妻可以生育三个子女政策及配套支持措施"，曾经被视为超生、且要接受处罚的生育二孩或三孩，如今已经不再是一个社会问题，而成了被鼓励的正面现象。

表2-3　　　　　　　　　　　社会问题的类型学

		对改变是否有必要的主观评价	
		肯定	否定
客观状况	存在	Ⅰ 确然（Pure）的问题	Ⅱ 可能的（Possible）问题
	不存在	Ⅲ 设想的（Pssumed）问题	Ⅳ 不是（No）问题

资料来源：Clayton A. Hartjen, *Possible Trouble: An Analysis of Social Problems*, New York: Praeger Publishers, 1977, p.9.

按照哈蒂恩的观点，社会成员是社会问题的界定主体。或者说，社会问题的确立需要经历一个社会成员的社会建构过程。② 但是，"社会成员"

---

① Clayton A. Hartjen, *Possible Trouble: An Analysis of Social Problems*, New York: Praeger Publishers, 1977, p.9.
② 何雪松：《社会问题导论：以转型为视角》，华东理工大学出版社2007年版，第7页。

的所指是抽象的，既无法判定是全体社会成员还是部分社会成员，也难以提供社会成员做出态度和行为反应的直接证据，至少在经验研究上面临不少的困难。况且，社会成员之间是有分化的，有阶层之别，因此证明其具备共识同样是困难的，况且社会中处于不同地位的人对同一问题也有可能做出不同的定义。① 杨国枢也持此相同观点："持有不同规范、价值观念或意识形态的团体或人士，对于同一社会条件或状况是否为社会问题或是否为不同社会问题，可能会有截然不同的看法。"② 因此，哈蒂恩的观点所强调的社会问题的界定主体可以说是不够准确和清晰的。与此相似，默顿也认为，对于社会问题严重性的界定缺少全体社会成员的一致性基础，而只能是通过占据不同社会地位的人的价值来形成一个总的基础。

  除了关于社会问题统计的这些技术上的不足外，另外的困难就是如何恰当地测量社会标准与社会现实之间的不符程度……对于极不相同的社会问题，我们想比较它们的大小程度自然是更难做到。如1978年美国的凶杀案受害人数是20000，而同年死于车祸的人数约为50000人，我们能说凶杀案这一社会问题的程度是车祸的五分之二吗？……简言之，我们尚缺乏一致的基础去对不同的社会问题的相对严重程度进行严格的评价。最终只能是由那些在社会中占有不同地位的人的价值，形成了有关社会问题的相对重要性的总的基础……这有时会导致对不同社会问题的社会重要性的严重的歪曲认识，即使它们是由占统治地位的社会价值所决定的。③

  当然，这个基础既是抽象的，也未必是准确的。同时，社会成员是存在分化的，会因为利益、价值观的差别形成不同的利益群体，因此社会成员之

---

① Howard S. Becker, "Introduction" In *Social Problems: A Modern Approach Edited By* Howard S. Becker (ed.), New York: John Wiley & Sons, Inc., Wiley, 1966, p. 6.
② 杨国枢：《绪论（代序）》，载杨国枢、叶启政主编《台湾的社会问题1991版》，台北：巨流图书公司1991年版，第8—9页。
③ [美]罗伯特·金·默顿：《社会研究与社会政策》，林聚任等译，生活·读书·新知三联书店2001年版，第54—56页。

间未必总是能对社会问题的定义达成共识。这一点也得到了默顿的承认。

> 当社会高度分化为极不相同的社会地位,并形成了特定的利益和价值时,对于判定何者特别构成了社会问题,将会有不同的回答,而且常常有尖锐的冲突……在一个复杂的、分化的社会中,人们仅仅对有限范围的机制、利益和行为准则具有完全的或明显的共识,所以我们必须认识到,同一社会状况或行为,在一些人看来属于社会问题,但在另外的人看来则是可接受的适宜的事情。对后者来说,的确,只有当前类人提出了所谓的矫正措施时,问题才可能表现出来。①

二 社会学家对社会问题的认定

就第二个问题而言,所谓的"有识之士"或者"有势之士"往往是社会中的少数人。叶启政(1991)认为,作为"有识之士"的知识分子的角色是:"(1)指明、(2)判定、(3)界范、(4)论辩、(5)阐述社会问题。经过这么一个过程,一个现象的'社会问题性'雏形才逐渐形成,而终有被接受的可能。一旦问题经过具形化后,这些人也可能提供解决的对策与方案,而与有权势的菁英分子产生了更频繁、更密切的行动关系,以帮助解决问题。"② 而与"有识之士"具有密切联系的"有势之士","主要是政府中立法和行政部门的人员。现代政府在人们生活中的重要性越来越高,每一件公众的事务多少都和政府有关。透过媒体的报道,政府官员和民意代表自然也会渐渐注意到这些令人困扰的情境,往往会经过不断地讨论与研究,制定出一些公共政策和法律来加以处理"。③ 当然,"有识之士"和"有势之士"不仅仅是知识分子和政府官员,如专家、学者、有社会威望的人物等也是能发挥重要作用的力量。我们可以统称为"社会重要人士"。他们也是社会成员的一部分,对社会问题的认定也具有较高的敏感

---

① [美]罗伯特·金·默顿:《社会研究与社会政策》,林聚任等译,生活·读书·新知三联书店2001年版,第59—60页。
② 彭怀真:《社会问题》,台北:洪业文化事业有限公司2013年版,第5页。
③ 彭怀真:《社会问题》,台北:洪业文化事业有限公司2013年版,第5页。

度。正如杨国枢所言："社会上有不少特殊类别的人士或团体，对社会问题的认定特有兴趣，其中包括社会科学家、政治人物……以上每类人士的数量可能并不大，但在社会上却有相当的影响力，因而可以泛称为有影响力的团体或人士。由于其特殊的兴趣与利益或专业的观念与知识，他们所认定的社会问题可能与一般大众所认定者有所不同……前述有影响力的团体或人士，有其特殊的知识、兴趣及价值观念，而且具有较强的理想主义色彩，因而对可能成为社会问题的社会条件或状况（尤其是危害社会公平与正义者）特别敏感，往往在社会大众尚未觉知有问题之前，他们即已认定其为社会问题。"[1]

这些社会重要人士不仅对社会现象具有较高的敏感度，同时他们也往往有着更大的话语权，能对问题认定和现实决策产生更大的影响。正如默顿所言，"那些在权威和权力方面占有重要地位的人，在社会决策时自然比其他人更有分量，所以，在其他事情上，在确定什么是对社会标准的严重背离方面，他们同样举足轻重。并不存在一种简单的判定的数量上的民主，在确定社会问题的标准时，使每一个建议都有同样的决定权"[2]。所以，有学者意识到这一点，将社会重要人士对社会问题认定的重要角色置于对社会问题的定义之中。比如，杨国枢认为，社会问题是指"社会中如有很多人或有影响力的团体认为某种社会条件或状况是危害其身心康乐的或违反社会规范、价值观念或意识形态的，并认为此种不良社会条件或状况是可以而且应该经由集体努力而加以改善的"[3]。再如，乔恩·谢帕德（Jon M. Shepard）和赛勒斯·斯图尔特（Cyrus S. Stewart）认为，社会问题是指"个人之间社会关系中的一种非欲所求的状况。另外，或是社会中相当多的部分，或是在政治上、经济上和社会上有权力的少数人士相信有必

---

[1] 杨国枢：《绪论（代序）》，载杨国枢、叶启政主编《台湾的社会问题1991版》，台北：巨流图书公司1991年版，第6—7页。
[2] ［美］罗伯特·金·默顿：《社会研究与社会政策》，林聚任等译，生活·读书·新知三联书店2001年版，第58页。
[3] 杨国枢：《绪论（代序）》，载杨国枢、叶启政主编《台湾的社会问题1991版》，台北：巨流图书公司1991年版，第5页。

社会问题导论

要采取改变这一状况的行动"①。作为社会科学家共同体成员的社会学家无疑也属于社会重要人士的人群范围,他们在探讨与处理社会问题方面能扮演重要的角色。

> 在社会问题的演化历程中,社会科学家可以(而且已经)扮演多重的重要角色。首先,身为专业的研究者,他们分析与探讨可能或已经引起社会问题的客观社会条件或状况,获得资料与知识,以作为自己或他人界定社会问题的依据。他们自行或帮助他人(政府、受害者、草根团体、利益团体或一般大众)界定或再界定各种社会问题……他们自行或帮助他人厘定解决社会问题的方案,提供有利及有力的意识形态与改革理由。他们参与为解决社会问题而发起的社会运动,并提供有关之专业资讯。最后,超越以上之社会问题演化历程中的各项阶段性的角色,他们也整体地分析与研究社会问题的性质、历程及类型。总之,社会科学家不只是社会问题的研究者,也是社会问题的界定者,且是有关社会问题之社会运动的参与者(甚至是推动者)。因此,我们可以说:社会科学家是介入社会问题最深的学者专家。②

因此,当我们翻阅大量有关社会问题的教材或著作,我们能发现社会学家们以自己的方式在界定社会问题,选择所要分析的社会问题的类型。同时,他们也能达成某些共识:那些社会现象是什么问题,这些社会问题的成因和后果是什么,应该采取何种对策来解决这些社会问题?作为"有识之士"的社会学家们,可以尝试去履行法国社会学家阿兰·图尔纳(Alain Touraine)所提出的社会学家所肩负的重任:

> 社会学家应该很早就起床,天一亮就去查看夜间的动荡所产生的

---

① Jon M. Shepard and Cyrus S. Stewart, *Sociology and Social Problems: A Conceptual Approach*, New Jersey: Prectice-Hall, Inc., Englewood Cliffs, 1976, p.1.
② 杨国枢:《绪论(代序)》,载杨国枢、叶启政主编《台湾的社会问题 1991 版》,台北:巨流图书公司 1991 年版,第 16—17 页。

新的景象。他们不可能对新事物得出详细结论，因为这需要整整一天的分析和思考。他们的职责首先是指出事物为什么会发生突变；他们的目光不应该转向过去而应密切注视眼前现实的混乱；他们应当提出最令人担忧的问题：制度是否已经失去了它们的调节和整合能力？今后什么力量才能够使跨国经济和民族特性相接近并相结合？由于这种力量已不可能直接成为制度的力量，今后，人们要怎样才能根据这种力量重新建立起社会生活的调控机制？①

而要完成这一重任，就要完成问题分析、社会预测、社会预警、政策设计、社会评估、社会批评和社会启蒙等具体任务。② 同时，作为知识分子成员的社会学家们还要面临从"立法者"到"阐释者"的角色转变所带来的现实压力。在英国社会学家鲍曼（Zygmunt Bauman）看来，"立法者"和"阐释者"分别隐喻了现代型知识分子的策略和后现代型知识分子的策略：

"立法者"秉承的是典型的现代型世界观，这一世界观认为：世界在本质上是一有序的总体，表现为一种可能性的非均衡性分布的模式，这就导致了对事件的解释，解释如果正确，便会成为预见和控制事件的方法；同时它们共同提供了一种评判标准，以区分现存实践之优劣，而那些无法被客观检验的实践活动，则是比较低劣的；在这一世界观影响下的实践具有更大的普遍性，更少的"地方性""特殊性"和"局部性"。典型的现代型知识分子扮演着"立法者"的角色，这一角色由对权威性话语的建构活动构成，这种权威性话语对争执不下的意见纠纷作出仲裁与抉择，并最终决定哪些意见是正确的和应该被遵守的。知识分子和他们所创造的知识一样，不受地域和共同体传统的限制，与他们的知识一起享有"治外法权"。他们被赋予了对社会各界所持信念之有效性进行判断的权力和责任。

"阐释者"秉承的则是典型的后现代型世界观，这一世界观认为：世

---

① ［法］阿兰·图尔纳：《我们能否共同生存？——既彼此平等又互有差异》，狄玉明、李平沤译，商务印书馆2003年版，第17页。
② 何雪松：《社会问题导论：以转型为视角》，华东理工大学出版社2007年版，第21页。

界在本质上是由无限种类的秩序模式构成,每种模式均产生于一套相对自主的实践。秩序并不先于实践,因而不能作为实践之有效性的外在尺度。每一种秩序模式唯有从使其生效的实践角度看才是有意义的;每一种评判标准同样受到某一种"地方性传统"之检验,而在传统之外,在"地方性"之外,不存在衡量特殊性实践的标准。对于各种知识体系的评判,也只能来自各种传统之"内部";知识相对主义乃是世界的永恒特征。典型的后现代型知识分子扮演着"阐释者"的角色,这一角色由形成解释性话语的活动构成,这些解释性话语以某种共同体传统为基础,它的目的就是让形成于此一共同体传统之中的话语,能够被形成于彼一共同体传统之中的知识系统所理解。这一策略并非是为了选择最佳社会秩序,而是为了促进自主性的(独立自主的)共同参与者之间的交往。这一角色还激发了对于维持两个相异传统之间的微妙平衡的要求,这种微妙平衡对于信息不被误解(从传送者的目的的角度而言)和正确理解(从接受者的角度而言)是必需的。与"立法者"相比,"阐释者"抛弃了传统的普遍主义的野心,从而面临着论证自身活动领域的合法性问题,这一内在的困境使得立法活动变得艰难。①

当然,我们也要注意,从"立法者"到"阐释者"的角色转换,并不意味着要求知识分子放弃社会责任,而是说应当改变那种权威性的、"居高临下"的、告诫式的叙述方式,转而采用平等的、相互尊重的解释性叙事方式。在纷繁复杂的生活世界中"寻求社会的公平与正义,这似乎才是公共社会学的使命"②。社会学家们用解释性的叙事方式呈现出被卷入不同困难情境及其被卷入其中的人们的态度、看法、行为以及所建构的意义,来呈现出多元化的社会问题的分析视角,而非以社会学家的评判作为唯一标准。

汉斯林则抛出了"社会学家是否应该有立场"的问题,进而提出了自己的看法:

---

① [英]齐格蒙·鲍曼:《立法者与阐释者:论现代性、后现代性与知识分子》,洪涛译,上海人民出版社 2000 年版,第 4—7 页。
② 何雪松:《社会问题导论:以转型为视角》,华东理工大学出版社 2007 年版,第 24 页。

（1）社会学家可以做客观性的研究，但是社会学并不提供进行价值判断的基础。社会学家可以研究人们对这些问题的看法，但是社会学并不具备评判某人的看法是正确或错误的基础。更不用说去决定成为这种论点原因的最基本含义。对于社会问题来说，站在某种立场上就意味着偏袒——因为社会学并没有赋予我们对价值和道德问题做出判断的能力，社会学也不能告诉我们应该站在哪一边。尽管如此，对社会问题采取某种立场的问题仍然在社会学家中引起激烈的争论。因为，像其他有思想的人们一样，社会学家对社会问题也都有他们自己的主观关注点。

（2）许多社会学家相信，他们有一种对社会问题采取某种立场的道德责任。他们说，"如果社会学对社会改革没有用处，那么它的价值又是什么？"他们强调，尽管社会学并不提供做出道德选择的基础，但是它对社会学家提供了将社会问题（例如贫穷）的表象与深刻的社会原因（例如一个国家的资源被有钱人和有权力的人所控制）联系起来的能力。他们说，社会学家具有这样一种道德责任，即要让受压迫的人意识到他们的地位，并组织他们为反抗那些压迫他们的人而战斗。这种应该站在受压迫者一边的观点——一种自社会学起源以来就贯穿于社会学的流行观点——并没有给我们指出应该站在堕胎困境的哪一边。持有赞成堕胎观点的人会认为，他们指出的是哪些受伤害和受剥削的妇女，但是持有反对堕胎观点的人则会认为，他们支持的是那些受伤害和受剥削的未出生者。我们又回到了起点。这再次说明，社会学不能提供价值选择的基础。①

三　社会成员与社会学家对社会问题认定的比较

就第三个问题而言，构成了典型的社会学问题。作为知识分子的社会学家也试图作为"立法者"告诉人们，正确的、普遍的、社会的规律是什么，并认为他们在研究社会问题上具有更大的"优势"或"能力"。默顿认为，

---

① ［美］詹姆斯·M. 汉斯林：《社会学与人类生活：社会问题解析》（第11版），风笑天等译，电子工业出版社2019年版，第20—21页。

社会问题导论

"与区分显在社会问题和潜在社会问题相关联的,是公众对各种显在社会问题的关注程度的差异性。我们不能把公众关于社会问题的意向……当作理所当然是正确的","公众的这些意向常常是极其错误的",比如"像精神病这样的一些社会问题,有时被排除在外甚至被根本否定;而'犯罪潮'和吸毒等其他一些问题,却成为公众关注的焦点,其严重程度和后果被加以夸大,远远超过了实际情况"①。对此,默顿举了一个例子:

> 在美国,每年因车祸而死亡的人数比飞机失事死亡的人数多许多。这两类情况的死亡人数具有完全不同的严重程度:如1979年,大约有52000个美国人死于车祸,但仅有350人死于空难。然而,公众对报纸、电台和电视机上所报道的戏剧化的空难事件的关注程度,远远超过了对死亡人数更多的车祸事件的关注。例如,1960年底,有两架飞机在空中突然相撞,引起了全国的关注,自然全国各地的报刊、电台和电视纷纷报道,甚至保守的《纽约时报》以十页的篇幅报道这一事件。同时这也成了千百万人谈论的话题。然而,就在这几天里,这一航运史上当时最悲惨的灾难以死亡137人的代价吸引了公众注意力的同时,死于车祸的人数却超过了数百人。②

借助车祸和飞机失事所受到公众关注度的对比,默顿认为,事件的客观严重性与大众的认知之间有相当大的差别,所以"公众的认知不能保证代表社会问题的实际严重性",而且"社会中的个人判断不足以成为社会问题客观性的可靠程度,即使是对他们自己的问题而言。公众问题与个人问题的相互关联不易确定,而且不能认为它们能被大多数人超过其生活范围而认识到"③。持"立法者"观念的社会学家往往扮演着社会问题的定义者,但是

---

① [美]罗伯特·金·默顿:《社会研究与社会政策》,林聚任等译,生活·读书·新知三联书店2001年版,第65—66页。
② [美]罗伯特·金·默顿:《社会研究与社会政策》,林聚任等译,生活·读书·新知三联书店2001年版,第66页。
③ [美]罗伯特·金·默顿:《社会研究与社会政策》,林聚任等译,生活·读书·新知三联书店2001年版,第66、68页。

关于这种角色定位在社会学家内部也未能得到完全认同，并不是所有的社会学家都持这种观点。比如，美国社会学家戴维斯·詹姆斯（Davis Floyd James）就认为，"一个社会中的人们有能力确定他们的社会问题，无论他们使用什么术语，这一观点显然是基于对社会问题的一个特定的定义。这意味着一个社区的成员知道是什么困扰着他们，他们知道'它在哪里造成了伤害'。社会学家和其他社会科学家以系统观察员的身份进入现场，寻求解释所涉及的情况以及投诉的原因。"① 也就是说，社会成员，或者说是社区的成员有诊断社会问题的能力，而社会科学家们只是观察员而已，社会问题的定义权应该在已经或即将表达抱怨的社会成员手中。

那些打算践行"立法者"角色的社会学家们面临着这一角色转换的后现代困境。一方面，卷入被社会学家所定义的社会问题范围的社会成员未必认可这一定义。例如，2021年上半年在网络媒体上掀起的关于"躺平"的争论。另一方面，未被卷入某种社会问题情境的社会成员未必能和社会学家在这一情境定性上达成一致。因此，在社会学家和其他社会成员之间或许存在着一条关于社会问题定义的鸿沟。正如杨国枢则所认为的那样，虽然"我们可以说，在社会问题的认定上，大多数民众往往是后知后觉者，而对社会问题特别敏感之有影响力的团体或人士，则时常扮演先知先觉的角色"，但是"在社会问题的认定上，多数民众与具有影响力的特殊团体是同样重要的"。②

关于社会成员与社会学家之间对社会问题界定的比较，以马尔科姆·斯柏科特（Malcolm Spector）和约翰·基特苏斯（John I. Kitsuse）的梳理比较具有典型性。两位社会学家认为，根据默顿关于社会问题的定义，可以发现社会学家和社会成员之间对于社会问题的建构是存在共识和分歧的。根据这些共识和分歧，可以将社会问题的可能建构方式分为四类（如表2-4所示）：（1）"显在的"（manifest）社会问题。当社会学家认为某一社会状况是社会问题，身处这一社会状况之中的成员也持有相同的看

---

① Davis Floyd James, *Social Problems: Enduring Major Issues and Social Change*, New York: The Free Press, 1976, pp. 3-4.
② 杨国枢：《绪论（代序）》，载杨国枢、叶启政主编《台湾的社会问题 1991 版》，台北：巨流图书公司1991年版，第7页。

法，那么这一社会问题就是显而易见的。(2)"潜在的"(latent)社会问题。当社会学家认为某一社会状况是社会问题，但是身处这一社会状况之中的成员却不这么认为，那么这一社会问题就是潜在的，而在社会学家看来这是一种"风平浪静"(no ado about something)的状况。(3)"可疑的"(spurious)社会问题。当社会学家认为某一社会状况不是社会问题，但是身处这一社会状况之中的成员却认为是社会问题，那么这一社会问题就是可疑的，对社会学家而言这是一种"庸人自扰"(much ado about nothing)的状况。(4)"正常的"(normal)社会状况。当社会学家和身处某一社会状况之中的成员都认为该状况不构成社会问题，那么这一社会状况就是正常的。

表2-4　　社会学家与社会成员关于社会问题界定的共识与分歧

		社会学家的定义	
		是社会问题	不是社会问题
成员的定义	是社会问题	"显在的"社会问题	"可疑的"社会问题
	不是社会问题	"潜在的"社会问题	"正常的"社会状况

资料来源：John I. Kitsuse and Malcolm Spector, "Toward A Sociology of Social Problems: Social Conditions, Value-Judgments, and Social Problems", *Social Problems*, Vol. 20, Issue 4, Spring 1973, pp. 407-419.

对于这个建构过程，我们依然可以在日常生活中找到对应的情况进行描述。以婚姻家庭主题为例，我们可以说：(1)家庭暴力现象在我国的发生比例比较高，社会学家和大多数社会成员均认为这是一个社会问题。前者将这一社会状况列为社会问题的内容之一，写进了相关的教材，并进行了专门性的研究；而后者则认为这一现象违背了社会规范或因遭受过暴力伤害而认为这种状况是一个问题，需要加以解决。因此，家庭暴力是一个显在的社会问题。(2)婚前性行为因为社会宽容程度的提高而得到了不少年轻人的认可，因此对不少年轻人而言这不是一个社会问题，但是社会学家却会将其列入婚姻家庭中的违规性行为，是一种背离了特定的社会规范的越轨行为，会导致一定的社会风险，因而这是一种潜在的社会问题。

（3）在传统性别观念中，"全职太太"没有给家庭创造直接的收入因而对家庭是没有贡献的，所以"全职太太"的存在是一个社会问题，但是在社会学家看来，家务劳动也是重要的社会劳动，能够为家庭的维持发展做出贡献，甚至"全职太太"应当是正式的职业，因此"全职太太"现象是某些社会成员设想的社会问题。（4）社会学家和已经成家的社会成员都同意在婚姻中提倡和践行平等的夫妻关系，这是有利于家庭稳定与社会和谐的，因此平等的夫妻关系的提倡和践行不是一个社会问题，而是一种正常的社会状况。

通过梳理这四种情况，斯柏科特和基特苏斯认为默顿的定义存在一定的精英优先的立场。即当社会学家与社会成员发生分歧时，其更支持按照社会学家的定义来解释客观状况，进而构造社会问题。因此，他们认为这种定义方式存在问题，社会学家和社会成员至少会在三个方面存在分歧：客观状况的评估、与客观状况相关的共享的社会标准的决定过程和客观状况与社会标准之间的不一致是否存在。这三个方面分歧的提出，使得默顿的功能主义社会问题定义变得模棱两可。因此，他们进一步提出了自己关于社会问题的定义，即一种"不同群体就某些推定的（putative）状况向各类组织（organizations）、机构（agencies）和制度（institutions）表达不满和权利宣称的活动（activities）"。[①] 这一定义囊括了社会问题的主客观要素，并更加突出了主观性要素，即因需求或保护利益、因价值观被冒犯而表达抱怨或提出相关要求，同时也涉及利益理论、道义理论等内容。这一定义在一定程度绕过了社会学家与社会成员关于社会问题界定的分歧与话语权差别的争论，而将注意力集中于某一群体提出相关权利主张的过程。即任一社会群体皆可按照自己的标准界定客观状况是不可接受的，是需要改变的，因而界定的权力不再独属于某一特定群体。

当然，这一定义也相当有力地显露出社会问题界定过程中的一项重要动机："认定者或界定者对该一社会问题所涉及的客观条件或现状颇为不满，希望经由社会问题的认定或界定引起社会大众、政府及有影响力的团

[①] John I. Kitsuse and Malcolm Spector, "Toward A Sociology of Social Problems: Social Conditions, Value-Judgments, and Social Problems", *Social Problems*, Vol. 20, Issue 4, Spring 1973, pp. 407–419.

体之注意与重视,俾便以集体的力量改善特定的现状,以减除其不满或造成不满的因素。"① 同时,这一定义充满了政治社会学的色彩,并与社会运动、利益群体等理论自然地联系在一起,可谓独具匠心。

那么,他们的定义与"社会运动""利益群体"有何异同呢?一般而言,社会运动是指"一种以集体认同和团结为基础,以非制度性和超制度性手段为主要行动方式,而组织性比较好、持续时间比较长的追求某种社会变革的集体努力"②,而利益群体则是指"在政治、经济、物质与精神生活等方面有着共同利害关系、共同境遇和共同命运的社会共同体。利益群体是处在相同地位、使用同类手段获取报酬、具有共同利益的人群,其形成与发展是由生产力水平、经济政治关系决定的"③。那么,二者如何区分呢?两位作者也在自己的论文中做出了解释。就社会运动而言,他们认为:"的确,我们对社会问题的定义可以解释为包括整个'政治社会学'。然而,这并不是我们的目的。具体而言,旨在掌控社会制度(social institutions)的政党或革命团体的崛起处在我们定义的边缘,尽管它们构成了社会运动和政治社会学研究的核心。在大多数情况下,制造社会问题的团体是通过对现有机构提出要求,而不是试图自己建立机构来实现目标的。他们都担心'让某人对假定条件做些什么'。当然,如果这些团体不能从现有政权中获得满足,他们可能会转变为真正的政治党派。然而,在这样做的过程中,他们所定义的特定的'社会问题'可能会因组织内和组织间的政治进程和关注而消失或转变。通过提出这些分析性的差别,我们希望对与政党或革命运动模式不一致的,因而往往被政治社会学家所忽视的有组织抗议和社会运动进行研究。"④ 就利益群体而言,他们承认自己关于社会问题的定义和理论与政治社会学中的"群体取向"(group approach)有相

---

① 杨国枢:《绪论(代序)》,载杨国枢、叶启政主编《台湾的社会问题 1991 版》,台北:巨流图书公司 1991 年版,第 10 页。
② 梁瑞明:《集群行为与社会运动》,载梁瑞明编著《社会学基础》,中山大学出版社 2019 年版,第 287 页。
③ 王瑞荪等主编,实用百科全书编委会编:《实用百科全书》,开明出版社 1993 年版,第 443 页。
④ John I. Kitsuse and Malcolm Spector,"Toward A Sociology of Social Problems: Social Conditions, Value-Judgments, and Social Problems", *Social Problems*, Vol. 20, Issue 4, Spring 1973, pp. 407 – 419.

似性，但是通过对大卫·杜鲁门（David B. Truman）定义的区分进一步强调了自己的观点。杜鲁门认为，"基于一种或多种共同态度的任何群体，会对社会中的其他群体提出某些主张，以建立、维持或加强共同态度所隐含的行为形式。这些共同的态度（处理）在特定情况下需要或想要什么，可以观察到对社会中其他群体的要求或主张。此外，共同的态度构成了利益"[1]。而关于利益群体的概念，二位作者也表示与前人有所不同。他们将利益定义为"一些个人或团体声称在日常活动中所依赖、依靠、使用或需要的任何社会安排"，这意味着"社会生活中的几乎任何方面或对象都可能成为社会问题活动的焦点"，然而"并非所有进入社会问题领域的群体都是为了捍卫某些利益。同样并非所有利益群体的活动都会导致社会问题的出现"，因此"个人和群体可能会被义愤所打动，要求'有所行动'（something be done）"，所以在他们看来"我们的方法修改了杜鲁门的利益群体概念，以区分受特定状况影响的人与因其他原因参与社会问题活动的人之间的差异"[2]。如此，二位作者在分析利益群体时特定强调了主观层面的价值观、客观层面的利益以及二者的相互影响。在 1977 年出版的《建构社会问题》中，二位作者进一步强调了价值和利益的关系。他们认为，将某些状况定义为社会问题的群体可以通过利益、价值观或两者的组合来维持，可能的情况也许包括：

1. 价值群体（value groups）可能会发现，当他们提出将某一个状况确定为一个社会问题时，他们与那些在他们的诉求中拥有既得利益的其他群体成为盟友。

2. 利益群体可能会发现，必须就价值观或理想进行公开辩论。因此，为了有效地提出主张或表明立场，利益群体必须获得一套使其主张合法化的价值观。

3. 抗议群体（protest group）可能会发现他们的利益和他们公开支持的价值观之间有一个实用的重叠（convenient overlap）。也就是说，作为利

---

[1] David B. Truman, *The Governmental Process*, New York: Alfred Knopf, 1951, pp. 33–34.
[2] John I. Kitsuse and Malcolm Spector, "Toward A Sociology of Social Problems: Social Conditions, Value-Judgments, and Social Problems", *Social Problems*, Vol. 20, Issue 4, Spring 1973, pp. 407–419.

益群体他们很容易通过价值观的陈述来表达主张,从而使这些主张合法化。

4. 或者,当一个群体的利益要求其牺牲或忽视某些公开声明的价值,或者其价值观要求其违背自身利益时,该群体可能会发现自己受到交叉压力(cross-pressured)。

5. 如果一个无私的、以价值为导向的群体在其活动中取得成功,它可能会发展各种利益来保护这些东西:组织、职业生涯、声誉。当其他人指责他们是自私的,而不是利他主义的时候,它可能会面临"漠不关心的惯例化"(routinization of disinterest)的危机。

因此,他们认为:"明智的或折中的观点区分了有利害关系的和以价值为导向的社会问题活动。这超出了价值判断导致人们将特定状况定义为社会问题的空洞断言。它为纯粹的、价值驱动的参与者提供了空间,同时它允许许多从事社会问题活动的人在那里捍卫既得利益。此外,它还提供了一种可能性,即群体可能会不真诚地支持价值立场,并采取务实的观点来保护自己的利益。就社会问题群体或个人的活动而言,价值观和利益提供了对立的或互补的解释。"① 从他们的叙述来看,将社会问题定义为一种社会活动时,其与政治社会学及其相关重要概念有着十分密切的关联,而非是截然分开的,差别只是在于关注焦点或侧重点有所不同而已。

综上而言,无论是作为非专业人士的社会成员,还是受过专业训练的社会学家都拥有对社会问题的界定权,而这种权力应该是平等的。社会学家不仅需要从自身的利益和价值出发来认定、分析社会问题,也需要从非专业人士的社会成员的表达和行为中看到他们的处境及其应对策略,而非理所当然地将自己作为先知先觉的"立法者"。②

---

① Malcolm Spector and John I. Kitsuse, *Constructing Social Problems*, New York: Routledge, 2017, pp. 115–117.
② 2022年5月在中国互联网兴起的"建议专家不要建议"的热潮,一定程度上揭示出专家与非专家的认知分歧,以及后者对前者的质疑。

第五节 我们时代的社会问题

英国著名文学家查尔斯·狄更斯（Charles Dickens）在其1859年出版的《双城记》中这样说道："那是好得不能再好的时代，那是坏得不能再坏的时代。"① 身处工业革命时代的狄更斯看到了西方现代化所带来的社会剧烈变迁、物质财富和人口的快速增长，同时也看到了资本主义社会中所存在的种种社会问题。好与坏并存的时代，成为西方工业文明时代的鲜明特征。那么，我们身处怎样的时代呢？我们身处在一个经历社会快速转型的全球化时代。身处全球化时代的我们，会遭遇人类社会共同面临的社会问题。1998年，联合国世界统计委员会主席哈尔克在一次研讨会上提出，"21世纪人类将面临社会、经济、生态、科技和家庭等五方面的严峻挑战。其中，社会层面的挑战主要表现为大量的贫困人口和文盲；经济层面的挑战主要表现为各国的经济联系将更加密切，所有的企业都面临着结构改革，以提高在市场上的竞争力；生态层面的挑战主要表现为人类在自然环境、资源和生态系统方面也面临严重问题，世界各国应共同努力来保护人类共有的家园；科技层面的挑战主要表现为应避免新技术的发展破坏人际关系和人类生活的负面影响"②。而全球化"不仅与环境问题相联系，而且与人口增长、大规模失业、移民运动、有组织的刑事犯罪（特别是毒品交易）的蔓延、由于核武器的扩散而日益增长的危险、区域冲突、新事物（如空间数据一体化系统）的传播、已经被征服的传统的传染病（如疟疾等）的再度流行相联系"③。这些问题构成了人类社会未来的共同威胁。正如陶孟和所言，"社会问题无论在什么时代的社会里都有的，不过无论在什么时代也没有我们现代社会的问题那样重要，那样复杂的。"④

---

① ［英］查尔斯·狄更斯：《双城记》，马小弥译，四川文艺出版社1986年版，第3页。
② 《联合国官员认为21世纪人类将面临五大挑战》，《领导决策信息》1998年第34期。
③ ［美］里斯本小组：《竞争的极限：经济全球化与人类未来》，张世鹏译，中央编译出版社2000年版，第7页。
④ 陶孟和编：《新学制高级中学教科书 社会问题》，商务印书馆1926年版，第12页。

社会问题导论

一 转型时期的中国社会问题

如今,我们身处正在经历快速社会转型的中国。在中国当前的语境下,社会转型更多的是改革开放以来中国所经历的剧烈的社会转变过程。这一过程被不同学者勾勒或描绘。其中,郑杭生等人认为,"社会转型"是指从农业的、乡村的、封闭的半封闭的传统型社会,向工业的、城镇的、开放的现代型社会的转型。① 景天魁等人认为"转型"是指中国社会从传统社会向现代社会、从农业社会向工业社会、从封闭性社会向开放性社会的社会变迁和发展。② 社会转型的主体是社会结构,主要涉及群体结构、组织结构、制度结构、社区结构等。③ 改革开放四十余年,我们经历了西方两百多年的现代化进程。我国的社会转型的速度之快、规模之大、影响之深远举世罕见,并表现出起点上的基础薄弱、动力上的政府与市场的双重启动、覆盖面上的广度前所未有、进程上的异常复杂等鲜明特征。④ 这些都成为转型时期一系列社会问题产生的时代背景和现实基础。

在社会转型时期,我们享受了经济社会高速发展所带来的好处,也面对了日益多元化和复杂化的社会问题。社会转型带来社会结构的剧烈变动,使得转型时期的社会问题呈现出鲜明的特点:一是交错性。具体而言,社会转型时期的社会问题,既不同于传统社会的社会问题,也不同于现代社会里的社会问题,这些社会问题有些是传统社会里遗留下来的,有些则是由于社会转型所引发的。同时,转型时期的社会结构中传统因素与现代因素并存,新旧要素存在矛盾冲突,这些因素交错在一起使得社会问题的发生、发展和后果变得复杂,解决的难度更大。二是伴生性。具体而言,社会转型时期我国所面临的社会问题与其他国家的现代化道路过程所

---

① 郑杭生:《导论 邓小平有中国特色的发展思想与当代中国社会结构、社会关系的研究》,载郑杭生、李强、李路路等《当代中国社会结构和社会关系研究》,首都师范大学出版社1997年版,第19页。
② 景天魁:《社会转型界说》,载陆学艺、景天魁主编《转型中的中国社会》,黑龙江人民出版社1994年版,第1页。
③ 朱力:《大转型——中国社会问题透视》,宁夏人民出版社1997年版,第45页。
④ 许传新:《社会问题导论》,载许传新、祝建华、张翼编《社会问题概论》,华中科技大学出版社2011年版,第25—31页。

遭遇的社会问题是有相似之处。因为这是现代化过程中伴生现象，大多数国家都会经历这一过程，会遭遇来自人口膨胀、环境污染、犯罪率上升等方面的麻烦或困扰。三是整体性。具体而言，社会转型是社会结构的整体性转变，而不是其中某个部分或某个方面的变化或调整，而在社会转型期所遭遇的社会问题是来自社会整体各方面、各部分、各要素，来自经济领域、政治领域和文化领域的失调，因此产生社会问题的根源是整体性的，而不是局部的。四是复杂性。具体而言，我国的社会转型是在剧烈压缩时空的过程不断推进的，但是由于地区之间的发展不平衡、不充分，使得不同地区的社会问题呈现出鲜明的差异性和多样性，而整体层面的社会问题则呈现出高度的复杂性，增加了整体治理的难度。五是连锁性。具体而言，在社会转型时期，不同的社会问题之间关联紧密，会产生一系列的连锁反应，使得社会问题接连地发生，同时旧的问题尚未解决，新的社会问题又不断产生，新旧社会问题交织在一起。而社会问题的解决也具有连锁反应，可能引发一系列新的社会问题。六是突发性。具体而言，在社会转型时期，社会结构的稳定性较差，社会运行机制的调控能力弱化，灵敏度降低，传统的价值观念的影响力下降，而现代价值观念尚未完全建立，因此一旦遇到挫折就容易出现失控，导致一些出人意料的、突发的社会问题。[①]

那么，转型时期的中国社会，主要面临哪些社会问题呢？笔者利用读秀网，以"社会问题"为书名进行图书搜索，共获得425种中文图书信息，进行二次筛选后获得42本与社会问题研究相关的教材或著作（不含港澳台）。这些文献所呈现的社会问题的类型反映出一部分学者的关注，可以为我们了解改革开放以来主要的社会问题提供一定的参考。其中，1978—1999年10本、2000—2010年20本、2001—2021年12本。通过频次统计，可以发现（如表2-5所示）：

1. 总的来看，改革开放以来，这些文献中所关注的十大社会问题分别

[①] 朱力：《大转型——中国社会问题透视》，宁夏人民出版社1997年版，第69页。郑杭生：《绪论》，载郑杭生主编《中国社会转型中的社会问题》，中国人民大学出版社1996年版，第4—6页。

是：犯罪问题、人口问题、劳动问题、贫困问题、环境问题、婚姻家庭问题、腐败问题、教育问题、性越轨问题、贫富差距问题。

2. 分年度来看,犯罪问题一直居于首位,贫困问题、环境问题、教育问题等的关注度持续增高,人口问题、婚姻家庭问题、劳动问题、腐败问题的排序有起有伏,性越轨问题、贫富差距问题的关注度则有所下降。

3. 一些新兴的社会问题开始慢慢显现。比如,随着互联网时代的到来所引发的网络社会问题、技术更新所带来的技术伦理问题等。一些原本已经存在的社会问题也开始得到越来越多的关注,比如医疗问题、食品安全问题、健康问题等。日益多元、复杂的社会问题,给我们提供了广阔的研究空间,也使得我们在不断反思中持续推进社会的和谐与健康发展。

表2-5　　1978—2021年相关教材或著作中的社会问题类型

1978—1999年		2000—2010年		2011—2021年	
类型	频次	类型	频次	类型	频次
犯罪问题	9	犯罪问题	20	犯罪问题	10
人口问题	9	劳动问题	18	贫困问题	10
婚姻家庭问题	6	人口问题	18	人口问题	10
贫富差距问题	6	环境问题	16	环境问题	8
劳动问题	4	贫困问题	14	劳动问题	8
贫困问题	4	腐败问题	12	婚姻家庭问题	6
性越轨问题	4	婚姻家庭问题	11	教育问题	4
腐败问题	3	教育问题	10	腐败问题	3
环境问题	3	性越轨问题	8	精神疾病问题	3
其他问题(教育问题、"三农"问题、社会保障问题、社会风气问题)	2	贫富差距问题	7	其他问题(民族问题、弱势群体问题、"三农"问题、性越轨问题、自杀问题)	3

注:统计前,笔者已对相关类型进行合并汇总。比如犯罪问题就包括:犯罪问题、毒品问题、赌博问题、吸毒问题等类型;婚姻家庭问题就包括婚姻家庭问题、婚恋家庭问题、家庭问题、家庭解体、家庭暴力等类型。

二 本书对社会问题的定义

社会问题这一术语自 19 世纪晚期以来就和社会学联系在一起,但是它作为一个概念来使用时却是教学式的 (pedagogical) 而非分析性 (analytic) 的。[①] 因此,行文至此,我们应当对社会问题做出一个定义。前文花了三节的篇幅分别论述了现有的关于社会问题的定义所呈现出来的社会性、危害性和建构性等三个主要特征。在社会性层面,我们关注社会问题的成因、后果和对策的公共性,这一特征告诉我们在做出定义时要注意特定社会状况所牵涉的范围;在危害性层面,我们关注社会问题后果的影响范围和严重程度,是违反了社会主流价值观,还是损害了社会公共利益,是一般的道德越轨行为,还是严重的违法犯罪问题;在建构性层面,我们关注社会问题的界定主体,我们相信每个社会成员都有权利和能力提出自己的社会问题定义,而当许许多多的社会成员关注同一个社会状况并给出社会问题的定性,则表明这一社会状况的后果范围和严重程度。那么,我们应该如何定义社会问题呢?在借鉴现有定义(尤其是杨国枢和何雪松的定义)的基础上,本书尝试将社会问题定义为:**相当数量的社会成员认为是非所欲求的(undesired),危害到社会成员正常生活且需要通过社会制度层面的行动加以应对和解决的社会状况**。关于这一定义,我们需要进一步作出说明:

(1) 所谓"相当数量的社会成员",是就界定主体而言的。首先,在理论上,"相当数量"是无法提前判断的,而需要在经验中进行把握和分析;其次,做出社会问题定义的社会成员既有一般的社会成员,也有那些具有较大话语权和行动力的社会重要人士,他们会以不同的方式表达自己的态度,也会对特定社会状况的定性达成一致,但是我们不能排除某种分歧的存在。对社会成员的界定,存在前文所提及的社会问题的"建构性"特征。

[①] George Ritzer, "Social Problems: A Comparative International Perspective", in *Handbook of Social Problems: A Comparative, International Perspective* Edited by George Ritzer, Thousand Oaks, Calif.: Sage Publications, 2004, p. 15.

（2）所谓"非所欲求的，危害到社会成员正常生活"，即是一种人们在主观上不愿意接受，甚至是讨厌，并认为会危害或者已经危害到人们的正常生活的态度。这种态度的形成是由于特定的社会状况违反了社会公认的主流价值规范，或违反了这些做出定义的群体所共享的价值规范，抑或损害了社会公共利益，又或是损害了特定群体的共同利益，被视为是一种对定义者或者社会有害的社会状况。这一点体现了社会问题的"危害性"和"社会性"特征。同时，对危害性的判断，本书给出的社会问题定义带有更强的主观色彩，但是我们并不否认客观的危害事实存在，也就是说危害性的主观性和客观性是能够达成一致的。

（3）所谓"社会制度层面的行动"，意味着无论是普通社会成员还是社会重要人士都赞同，这样一种"非所欲求的，危害到社会成员正常生活"的社会状况是个人无法解决的，也不应当由个人来负责，而应当是全社会的责任，是需要通过社会整体层面的改变来缓和或消除这一社会状况。这一点也体现了社会问题的"社会性"特征。值得注意的是，对于哪些社会状况是非所欲求的，会危害到社会成员正常生活，面对特定的社会问题应该在社会制度层面采取怎样的行动，在普通社会成员之间、社会重要人士之间以及普通社会成员与社会重要人士之间可能会存在分歧，但并不是说无法达成共识。当能够达成共识时，就会形成解决特定社会问题的有利社会舆论氛围和行动基础；当存在分歧时，哪一种问题定性或者哪一种解决方案能够最终被切实地运用，则取决于现实世界中不同群体的权力地位及其话语影响力。这一点则体现了社会问题的"社会性"和"建构性"特征。

也许这一定义初看之下主观色彩较为浓厚，与社会问题建构论有相近之处。但是，情况并非如此。我们认为，斯柏科特和基特苏斯将社会问题定义为一种社会活动，关注的是活动过程中不同宣称者与政策制定者、执行者之间的互动内容，是一种鲜明主观主义立场的社会问题论。虽然没有明确提及所谓的"危害性"后果，但是在互动的过程中，作出宣称者已经将这些内容进行了表达，也必须面向特定的社会状况。同时，在我们认为，将社会问题视为一种社会活动，仍然是一种不同群体争夺社会问题定义权的过程，而起点就是那些社会状况被确定为社会问题。至于社会问题的成因、对策的提出与博弈，则是进一步的话语权争夺问题了。因此，本书的定义兼顾主观主义和客观主义的立场，并将前者置于更关键的地位。详细来说，本书的定义既不否定主观评判与客观危害事实的一致性，同时又将社会问题定义为一种社会状况，而非一种行为，体现了对社会问题"客观性"的兼顾。也许会有读者认为，我们给出的定义似乎没有把社会问题的社会性成因呈现出来。事实上，在我们所梳理的相关定义中，的确有学者将成因的要素呈现在定义中，但却不是所有的学者都是如此。正如朱力所言，"对社会问题的界定，本身就是一个科学的认识过程。一般而言，人们往往是从几个方面去界定社会问题：社会功能上是否使社会运行、社会秩序失调；后果上是否影响多数社会成员的利益或生活；标准上是否符合社会的主导价值标准和规范标准；程度上是否有解决的迫切性"。[1] 但是，在我们做出定义的时候，并不要求将这些方面全部涵盖。至于默顿提出的"社会问题由其结果而定，而不管其根源如何"[2]。我们认为，社会问题必有其社会根源，而后者则是我们在对特定社会状况进行了社会问题定性需要进步论证和说明的因素。

当然，任何一个关于社会问题的定义都会存在这样或那样的不足，这是正常的。正是由于这些问题的存在，才会促使对社会问题研究的不断探索。虽然随着时代的变化，对社会问题下定义似乎变得不那么重要，如何开展对具体的社会问题类型的研究成了更受欢迎的工作，但是开展任何有关社会问题的相关研究时都需要确认所研究的对象——某一社会状况是否符合了被定义为社会问题的基本条件。正如中国台湾学者瞿海源所告诫的那样：

> 在早期有关社会问题研究的论文中，多半会对社会问题加以定义，晚近由于多从特定社会问题的研究入手，几乎已经没有人对社会问题加以定义。在直接切入研究特定社会问题时，如果对社会问题本

---

[1] 朱力：《社会问题》，社会科学文献出版社2018年版，第6页。
[2] [美]罗伯特·金·默顿：《社会研究与社会政策》，林聚任等译，生活·读书·新知三联书店2001年版，第58页。

身的定义多加考量,对于特定社会问题的厘清与研究应该有实质的帮助。或许至少在认定问题及其严重性上有检验和反思的效果。此外,社会问题一词又常常为大众和媒体使用,社会问题研究者仍然要注意这个词的意义,也应该对定义随时多加考量。①

---

① 瞿海源:《台湾社会问题研究》,载瞿海源、张苙云主编《台湾的社会问题》(第2版),台北:巨流图书公司2010年版,第6页。

第三章
社会问题的演化

我们说，社会问题具有普遍性，是因为没有哪一个社会不存在社会问题，也没有哪个时代不存在社会问题。我们也会说，社会问题具有特殊性，是因为不同的社会既会面临相同的社会问题，也会遭遇不同的社会问题。社会问题会因地域、文化等差别而不同，使得各个社会必须依据地方实情选择合适的解决办法。无论是社会问题的普遍性还是其特殊性，都告诉我们社会问题是一个持久性的社会现象。社会问题从产生、发展、变化到消亡，并非一朝一夕之事，而是要历经一定的周期；从社会问题的解决来看，旧的问题解决了，新的问题也在不断产生，是一个环环相扣的、连续的过程。因此，在人类社会文明持续发展的过程中，社会问题始终都会存在。社会问题之所以具有持久性，是因为：社会问题产生的多因性和复杂性使得社会问题的形成有一个较长的过程，社会问题产生条件的复杂性决定了其消失条件的复杂性，使得其能够长期存在，而人们对社会问题的认识和解决办法的不断更新需要经历一定的过程，这也使得社会问题的解决要经历较长的时期。[①]

同时，社会问题具有动态性。社会问题的形式、类型、内容、特征、后果和解决方式都不是一成不变，而是随着时代的变迁而不断变化的。也就是说，一种社会现象要成为社会问题也是要经历一定的时间过程的。这

---

① 雷洪：《社会问题——社会学的一个中层理论》，社会科学文献出版社1999年版，第44页。

一过程被称为"社会问题化"。即一种正常的、非社会问题的现象在社会变迁过程中，逐步形成和具备社会问题构成要素，并在理论上被界定和确认为社会问题的过程。① 美国社会学家罗伯特·尼斯贝特（Robert K. Nisbet）认为，研究社会问题不仅要考虑固有的（intrinsic）认知、道德和社会要素，也要考虑历史潮流（historical currents），而在西方文明进程中影响最大的两个历史潮流是世俗的理性主义（secular rationalism）和人道主义（humanitarianism）。② 他认为，前者源于启蒙运动，将欧洲古代神学中的善恶问题转换为理性主义语境中的分析性理解和控制，将那些可以改变的社会状况定义为社会问题，即社会问题是可以借助人类的理性得到解决的。而后者则是兴起于19世纪初期，其所包含的恻隐之心（compassion）被制度化，成为一种共识性的观念，这种观念要求推进人类社会的平等化，这成为人们识别和解决社会问题的社会心理和道德基础。正是受这两种历史潮流的影响，社会问题在现代西方社会获得了大众所认知的地位。这是从宏观的社会背景层面来观察社会问题的时代演化，带有较高的抽象度。比如，环境污染这一社会问题，是伴随着工业革命的不断推进而被识别，进而被列为需要解决的全球性问题。但是，在工业革命之前，人类社会并未集中关注这一社会现象，甚至在工业革命早期西方国家也未将这一现象视为一种社会问题。直到经历了诸如"伦敦烟雾事件"等严重的环境污染事件后，环境保护才越来越成为各国关注的重点问题；而通过保护环境，推进可持续发展来创造属于人类共同的未来才成为一种全球性的共识。目前，学界就社会问题的演化形成了几个主要的观点。

第一节 自然史论

在20世纪早期，社会学家认识到社会问题往往存在一系列阶段或阶段

---

① 王尚银：《社会问题绪论》，载王尚银主编《中国社会问题研究引论》，浙江大学出版社2005年版，第3页。
② Robert K. Nisbet, "Introduction: The Study of Social Problems", In *Contemporary Social Problems Third Edition* Edited by Robert K. Merton and Robert Nisbet, Harcourt Brace Jovanovich, Inc., 1971, pp. 5 – 6.

式发展，他们称其自然史的方法。① 所谓社会问题的自然史，"就像生涯分析或价值累加分析一样，即一个既定的现象经历许多不同的阶段而发展起来。每个阶段都有不同的动力（dynamics）或过程，不同的角色类型，不同类型的活动和困境。然而，这种发展不一定是线性的，但可以被认为是这样一个过程：从一个阶段到下一个阶段的发展受到各种各样的因素的促进或阻碍。自然史模型的效用可以通过适当的阶段识别和影响这些阶段发展的突发事件来评估。"② 换言之，社会问题的自然史，即是社会问题的生命周期。在生命周期的不同阶段会有不同的特征，也会受到不同因素的影响，进而会塑造社会问题的最后命运。关于社会问题的自然史，威廉·科恩布卢姆（William Kornblum）等人做了一个简单而直接的描述：

> 让我们简要地将这个自然史模型应用于这一观点的发展：枪支，特别是手枪、自动步枪以及攻击性武器的易获取性，会导致更高的谋杀率和像校园枪击这样耸人听闻的犯罪。20 世纪 80 年代，在可卡因流行的鼎盛时期，许多青少年和年轻人在街头枪击和驾车杀人中丧生。约翰·欣克利（John Hinkley）枪击了里根总统（Ronald Wilson Reagan）和他的新闻秘书詹姆斯·布雷迪（James Brady），这增加了人们对枪支暴力问题的觉察（awareness）。与此同时，武装民兵组织的兴起和系列杀戮案频率的增加，其中有一些情况涉及枪支武器（firearms），这助长了人们将由于枪支的易获取性而导致的犯罪定义为问题。尽管全国步枪协会和其他拥枪（progun）组织进行了持续游说，但随着公民团体向立法者施压要求枪支管制立法，这一问题的定义获得了可信度和合法性。布雷迪法案（The Brady Bill）要求对枪支购买者进行身份检查，以及对某些类型的攻击性武器采取了有争议的禁令，这一方案源于枪支管制的倡导者及其想法获得了新的合法性。但公立学校持续的枪击事件，尤其是 1999 年科罗拉多州利特尔顿的枪击

---

① William Kornblum, Joseph Julian and Carolyn D. Smith, *Social Problems 14th Edition*, New Jersey: Prentice Hall, 2011, p. 16.
② Malcolm Spector and John I. Kitsuse, "Social Problems: A Re-Formulation", *Social Problems*, Vol. 21, Issue 2, Autumn 1973, pp. 145–159.

事件，导致了对枪支管制采取更严格的立法的需求，这个问题在 2000 年的总统竞选中发挥了重要作用。①

一　理查德·富勒和理查德·迈尔斯的观点

在社会问题研究的发展史中，较早且系统提出社会问题自然史这一构想的学者是美国社会学家理查德·富勒（Richard C. Fuller）和理查德·迈尔斯（Richard R. Myers）。1939 年，富勒在罗伯特·帕克（Robert E. Park）所编著的《社会学学科纲要》（An Outline of the Principles of Sociology）的第一部分就提出了"一个社会问题的自然史"的问题，将一个具体的社会问题的发展历程分为四个阶段。②

第一阶段是引起注意（Attention-getting）。在这一阶段，富勒认为每一个社会问题的形成，都会有群体意识这一重要的主观要素在其中发挥作用。只有那些让人们感到有"问题意识"（problem-conscious），并感到有必要采取相关的措施来应对的社会状况才会成为社会问题。在这个阶段，新闻媒体发挥着重要的作用。因为不是所有的社会成员都能够直接经历某一社会问题所牵涉的社会情境，而更多的则是通过新闻媒体才获得对其的感知，并形成一种情感上或心理上的共鸣。一旦某一社会状况因为人们的广泛注意，而被视为应当被解决的，那么这一社会状况就被定义成社会问题。

第二阶段是困难的定义和解决方案的提出（Definition of the Difficulty and Proposal of Solutions）。经过第一阶段的注意力吸引，人们开始关注某一社会状况，并将其定义为社会问题，接下来就是寻找原因和提出解决办法。人们会将所关注的这一社会状况定义为是一种困难的情境，希望通过讨论来描述（delineate）或者隔绝（isolate）这一困难的来源。比如关于机动车事故的讨论会聚焦于司机和行人的行为、高速公路的状况、现有交通法规的实施和车辆的技术构造等内容。

---

① William Kornblum, Joseph Julian and Carolyn D. Smith, *Social Problems 14th Edition*, New Jersey: Prentice Hall, 2011, p. 17.
② Richard C. Fuller, "Social Problems", In Robert E. Park, *An Outline of The Principles of Sociology*, New York: Barnes & Nobl, Inc., 1939, pp. 5 – 6.

第三阶段是改革的组织（Organizing for Reform）。通过第二阶段的讨论，找到了社会问题产生的源头，并提出了相应的解决办法，那么接下来就是制定改革的方法并采取行动。在这一阶段，各种利益集团会拥护（espouse）某些改革，试图组织起公众舆论的支持，压力群体（pressure groups）则会试图去影响立法机关（legislature），领导人会站出来支持这些活动，并在学校、教堂、媒体、电影和广播中进行宣传。

第四阶段是改革的管理（Administration of Reform）。当改革方案得到支持，接下来就是具体的实施阶段。在改革方案正式实施时，有可能会遭遇各种技术性问题：起草法律、训练警察、建立交通法庭、启动安全项目、改善高速公路状况以及制造更安全的车辆。总体上，公众制定了宽泛的政策，而现在则是需要专家来将这些政策付诸实践。经历过这四个阶段，社会问题的产生（genesis）从一种模糊的意识发展成为行动的实施。

如果说1939年富勒所提出的社会问题自然史的划分是比较抽象的、简单的理论性分析，那么两年以后，富勒和迈尔斯1941年在《美国社会学评论》杂志上发表的论文《一个社会问题的自然史》（The Natural History of A Social Problem）则是基于经验分析做了进一步论证。在这篇论文中，二人基于底特律市的住宅拖车营地（the residence trailer camp）[①] 的相关数据分析将社会问题的自然史分为三个阶段。[②]

第一阶段是察觉（Awareness）。在这一阶段，聚焦于社会成员对某一社会状况的关注或者对某个问题的察觉，他们意识到某些所珍视的价值受到了威胁。这一阶段的突出特点在于人们在具有挑战性的情况下不断重复地陈述，即"应该采取措施"（something ought to be done）。但是，尽管人们对某一社会状况有察觉到其危害，也形成了某种问题意识（problem con-

---

[①] 底特律是美国密歇根州最大的城市。早在1920年的春天，底特律官方就已经发现拖车居住者营地的存在，当时规模较小，约8—10户人家，他们多为产业工人，以自己的拖车为家，过着十分贫困的生活。起初，拖车居住者并没有给城市带来任何的麻烦。但日后拖车营地在底特律市逐渐增多，规模也日渐增大，引起了市民的广泛关注，给底特律市造成了巨大的社会问题，并进入相关部门的工作视野。参见许婷《政策问题界定和政策议程建立——以美国底特律拖车事件为例》，《法制博览》2019年第20期。

[②] Richard C. Fuller and Richard R. Myers, "The Natural History of A Social Problem", American Sociological Review, Vol. 6, No. 3, June 1941, pp. 320–329.

sciousness），但是人们并未形成一个明确的问题定义，也没有提出建议或进行辩论来改善或消除这一威胁到他们所珍视的价值的社会状况。因此，在这个阶段，最重要的是社会成员的察觉或问题意识的形成。如果没有这些，无论是科学家、管理者还是邻里，都无法意识到问题的存在。

第二阶段是确定政策（Policy Determination）。在人们察觉到某一社会状况是有问题的之后，接下来就是开始了关于解决方案的辩论。这些辩论会涉及目的和手段，其中社会性利益的冲突也会变得激烈。人们会存在目的的分歧，即使在目的上达成一致，也会在解决手段上发生分歧。因此，当一些人提出某些解决方案，未必就会被其他人接受。即使社会成员能够在解决方案上达成一致，也会面临下一步实施的困难。与第一阶段的区别在于，在这一阶段，利益集团主要关心的是"应该做什么"（what ought to be done），而其他人则建议"这个和那个应该做"（this and that should be done）。而在这一阶段，如何制定和实施政策，成为人们关注的焦点，而涉及这一问题所形成的抗议活动也变得组织化和专门化（channelized）。因此，在这一阶段，利益集团之间因利益和价值而发生了分歧。

第三阶段是改革（Reform）。这是一个社会问题的自然史的最后阶段，是对第二阶段所制定的政策具体实施。经过第二阶段，一般性政策已经由社会大众、特别利益集团和专家进行了辩论和既定，而政策的实施则是交给了经过专门训练的行政专家。此时，重点不再是"应该做些什么"（something ought to be done）或者"这个或那个应该做"（this or that should be done）这样的观点，而是"这个和那个正在做"（this and that are being done）的事实。因此，这是行动阶段，包括公共的行动和私人的行动。公共的行动，主要由政府机构、立法、行政和司法机构代表实施，并由行政法庭（administrative tribunals）、特别监督官员和委员会成员授权。私人的行动，主要通过诸如私人俱乐部、私人慈善机构和其他慈善协会以及教会团体来实施。这也是社会问题的制度化阶段。即使在改革阶段，政策的确定依然是必要的，因为政策实施过程中会遭遇各种问题，这些问题会给所实施政策提出挑战，使之修正或完善。

富勒和迈尔斯认为，从住宅拖车问题的声明中可以相当明显地看出，自然史中的各个阶段并不是相互排斥的，而且它们倾向于重叠。然而，出于概念上的目的，这三个阶段可以相互抵消；在实际现实中，问题在任何时候的发展状态通常包含所有三个阶段的要素。对于二人所关注的底特律的住宅拖车营地的问题，从被察觉到进行讨论来确定政策到最后实施相关的改革行动，我们可以画出一条时间线（如表3-1所示）。

表3-1　　　　　　　　底特律住宅拖车营地问题的自然史

阶段	时间（年）	状况的描述
察觉	1925—1935	关于底特律拖车营地的最早记录可以追溯到1920年春天。当时，底特律并不存在明显的居住拖车问题。底特律的三份报纸都没有提到这种情况，警察、卫生部门和社会工作机构的记录也同样保持沉默。虽然邻居们还记得这个营地，但他们坚称这"一点也没有麻烦"。但是，营地数量在持续增加。直到1925年1月，报纸上出现了相关新闻或社论文字，此后十年内报道持续增加。给报纸编辑部写信的人也越来越多，主要是附近社区的居民、学校、房地产经销商和社会工作者，他们认为社区的健康、教育、私人财产和道德规范受到了拖车营地这一客观状况的威胁
政策确定	1935—1937	对底特律居住拖车营地问题的政策决定涉及三个层面的讨论：（1）邻居和其他利益相关但无组织的团体的讨论；（2）有组织的利益或压力团体如纳税人、拖车制造商、房地产组织、家长教师协会、妇女协会、俱乐部和男子俱乐部的讨论；（3）政府或准政府部门（警察、卫生官员、公共委员会、社会工作者和学校董事会）的专家和行政人员之间的讨论。这三个层面的参与讨论者之间的相互影响和相互促进呈现了政策决定的动态化过程。比如，一些特殊利益集团，如房地产经营者、酒店业主和社区纳税人，他们希望取消或限制车轮的房屋，而有些公民同情拖车居民的立场，尽管他们赞成一些公共控制，但反对废除这些社区
改革	1937—1941	底特律的住宅拖车问题正刚刚开始进入其自然历史的改革阶段。在1937年之前，警察和卫生官员主要依据既有政策采取行动，与这些营地只有零星的接触。然而，大约从1937年开始，共同委员会（The Common Council）进行立法，将拖车营地置于某些禁令和限制之下。这些营地被绝对禁止进入某些地区，只允许在特别指定的地区生存。此外，对营地所在地房地产的业主和/或承租人也执行了关于对营地的许可、检查和监督的特别要求。卫生官员和卫生检查人员被命令为拖车社区制定特别的公共卫生规则。改革才刚刚开始，在集体行动能够进一步进行之前，许多棘手的法律问题仍有待解决。至少学校还没有采取任何官方行动

资料来源：Richard C. Fuller and Richard R. Myers, "The Natural History of A Social Problem", *American Sociological Review*, Vol. 6, No. 3, June 1941, pp. 320-329.

社会问题导论

二 埃德温·雷蒙特的批评

富勒和迈尔斯提出的"社会问题自然史"概念框架可以说极具启发性。在二人论文发表后的第十年，也就是1951年，美国社会学家埃德温·雷蒙特（Edwin M. Lemert）在《美国社会学评论》杂志上发表论文《存在社会问题的自然史吗》（Is there A Natural History of Social Problems?），基于经验资料的分析对富勒和迈尔斯的观点提出质疑。雷蒙特的质疑主要包括：（1）没有去检验而是通过解释（illustration）的方式利用研究生所收集的底特律市的报纸故事、写给编辑的信和专栏作家的评论，以及从各种行政当局（警察、卫生官员和学校官员等）收集的声明来支持社会问题自然史的这一个问题；（2）论证过程几乎是纯粹的演绎理论，且经验支撑比较薄弱，因而使得自然史的概念在社会问题的相关文献中立足点非常脆弱。基于这些质疑，雷蒙特对加利福尼亚州的五个城市的拖车营地开展了调查，收集了报纸、规划委员会和分区机构以及市议会的会议记录等资料，对不同城市的官员进行了访谈，还收集了整个洛杉矶地区25个独立的拖车营地的历史材料。为了验证富勒和迈尔斯的理论，雷蒙特遵循了二人所指定的概念框架。通过分析发现：（1）在所谓的察觉阶段，在这些城市，任何公众利益和对拖车营地的关注都没有成为报纸的关键焦点，只有两个可能符合社区冲突的情况，因而在其研究的社区中，拖车营地问题都没有成为对底特律市的研究中所宣称的普遍、多组织、多方面的现象。相反，对这个问题的认识变成了个人或一两个有特殊利益的群体的分段反映，或者是对少数拖车营地管辖范围内的行政官员的痛苦认识。对整个国家来说，拖车营地所导致的并由富勒和迈尔斯认真记录（seriously chronicled）的大多数社区暴行（the community abuses）和道德威胁几乎不存在——至少比预期的频率要高。因此，现在人们认识到，拖车人口并没有成为救济和福利问题，也没有在他们停止居住的社区带来一波不道德的浪潮，他们的孩子也没有提高当地的犯罪率。（2）在所谓的政策确定阶段，有很多证据表明，不同地方的管理者之间的相互沟通和互动在拖车营地的政策形成方面比这些管理者与当地社区的互动更有影响力。因此，在大多数的案例中，虽然政策已经形成了，但是没有看到问题，也没有看到特定问题的形成历史。(3) 在所谓的改革阶段，雷蒙特发现了很多改革努力程度有限、不平衡的成功以及行政法规持续受挫的现象，所研究的社区没有任何经济改革显然是政策团体未能就拖车是车辆还是住房等基本问题作出决定的原因。虽然这五个社区都建立了正式的监管机构，但这并不意味着该机构能正常工作。只有在伯克利，作者才找到了一个有效应对拖车居住问题的机构。因此，雷蒙特最后的结论是：富勒和迈尔斯所提出的社会问题自然史的这一构想不适用于加利福尼亚州的城市拖车营地的兴起和管理。[1]

第二节 集体定义论

在富勒和迈尔斯提出社会问题的自然史之后，一些学者围绕社会问题的定义和形成提出了集体定义的理论观点。第一位是标签论的代表人物、美国著名的社会学家霍华德·贝克尔（Howard S. Becker），他在1966年出版的著作《社会问题：一种现代取向》（*Social Problems: A Modern Approach*）"导言"中进一步提出了"一个社会问题的形成"（the development of a social problem）的观点。第二位是符号互动论的倡导者和命名人、美国著名的社会学家赫伯特·布鲁默（Hebert Blumer），他在1971年发表的论文《作为集体行为的社会问题》（*Social Problems As Collective Behavior*），提出了社会问题是集体定义的基本观点。

一 贝克尔：社会问题的形成过程[2]

在贝克尔看来，那些被认为是社会问题的社会状况是经历了漫长的发展过程后被定义为问题的。贝克尔并未接受富勒和迈尔斯所谓的自然史的术语，而是明确提出：要充分理解一个社会问题，就必须知道它是如何被定义为一个社会问题的。具体而言，贝克尔将某一社会问题的形成分为五步：

---

[1] Edwin M. Lemert, "Is There A Natural History of Social Problems?" *American Sociological Review*, Vol. 16, No. 2, April 1951, pp. 217–223.

[2] Howard S. Becker, "Introduction" In Howard S. Becker, *Social Problems: A Modern Approach*, New York: John Wiley & Sons, Inc., Wiley, 1966, pp. 11–14.

第一步，当某个人或某个群体认为一组客观状况有问题，构成了一种危险或者蕴含了在未来制造困难的种子。那么，需要考虑的问题是：这一状况对于谁来说是一种麻烦，是什么让人们注意到并且将这一状况视为是潜在的问题，什么样的情况对什么样的人来说可能是问题，是什么将被视为潜在问题的状况与其他没有引起这种反应的状况区分来开？

第二步，在一个问题引起了某些人的注意后，如果要成为一个社会问题，那么这种关注就必须得到分享和广泛存在。而最初注意到这一状况的人必须向其他人指出，并说服他们，情况足够危险，足以要求公众行动。最初注意到这一状况的人可以借助报纸、杂志、广播、电视等大众媒体引起其他社会成员的关注。

第三步，当引起广泛的关注时，这一状况只有获得某些组织或机构的关注和应对，才能够作为一个明确的社会问题而持久存在。比如，当青少年犯罪被定义为社会问题时，可能会出现新的组织，就像警察部门会设立缉毒局来处理新定义的药物上瘾问题。在对新出现的状况负责和应对的组织中，组织内人员会在可能的范围内重新定义这个问题，以符合他们对社会问题性质的看法。比如，如果由精神卫生机构来负责酗酒这样的问题，而其精神导向的工作人员则会将这一问题重新定义为精神健康问题。如果成立了新的机构来处理新的状况，那么这一新机构可能会由一个现有的其他专业机构成员组成，并产生同样的处理结果。

第四步，一旦某个机构负责这个问题，那么号召社会成员集体关注这一问题的群体可能会对问题失去兴趣。因为，在他们看来，他们已经把问题交给了一个机构来处理，不必再担心了。

第五步，那些致力于解决这个问题的机构人员将围绕这个持续存在的问题来建立自己的生活和事业。他们变得沉迷于"他们"（their）的问题，任何将会导致其消失或降低重要性的情况都是一种威胁。可以说，即使在种族关系、住房或教育等领域，那些在致力于控制异常行为的组织中工作的"规则执行者"（rule enforcers），同样可以公平地（with equal justice）在任何致力于处理社会问题的组织中任职。

总体而言，在贝克尔来看，每一个社会问题都有一个历史，会经历一系列的发展阶段，而每个阶段都会反映这些变化：谁去定义社会问题、给出的定义有哪些类型以及为解决这一问题所采取的行动。也就是说，没有哪一个社会问题仅仅是关于客观状况的问题，相反而是一个定义过程的产物（the product of a process of definition），而且因为定义的分歧使得社会问题的关注和分析带有某种"政治过程"的色彩。因为，在这个过程中，相反的观点被提出、进行辩论和妥协；在这个过程中，人们被各种利益所驱使以试图说服他人相信他们的观点，以便采取公众行动，进一步达到他们所认为可取的目的；在这个过程中，某些人试图让这一问题得到官方的承认，以便国家的权力部门（the power and authority of the state）能够站在自己这一边。

二 布鲁默：社会问题的集体定义[①]

布鲁默认为，社会学家们在通过客观状况来定义社会问题是有问题的，因为社会问题处在一个集体定义的过程之中，而这个过程决定了社会问题是否会出现、是否会合法化、如何在讨论中形成、如何在官方的政策中得到解决，以及在实施政策的行动是如何冲突等问题。布鲁默呼吁，社会学理论和研究必须重视这一过程。因此，他提出一个总的观点：社会问题本质上是集体定义（collective behavior）过程的产物，而不是作为一套具有内在构成（intrinsic makeup）的客观的社会安排而独立存在。基于此，布鲁默将社会问题被集体定义的过程分为五个阶段，构成了社会问题的生涯过程：

第一阶段：社会问题的出现（The Emergence of Social Problem）。一个社会问题是否存在的关键不在于是否发生了社会内在的故障，而是其有没有得到社会性的承认。没有哪一个社会中的任何一种恶性或有害的社会状况或社会安排都会自动地成为该社会中的一个社会问题，因为不同群体的认知和判断标准是有差别的。也许一些人按照自己的标准认为某一些社会状况是有害的，但是对于其他人来说则未必如此，也未必能唤起其他人的任何担忧。因此，哪些社会状况会被认定为社会问题，是

[①] Herbert Blumer, "Social Problems As Collective Behavior", *Social Problems*, Vol. 18, Issue 3, Winter 1971, pp. 298–306.

一个具有高度选择性的过程。有些有害的社会状况没有获得关注，有些则在激烈的认定竞争中被抛在一边，只有少数社会状况才会被认定为社会问题。因此，要研究社会问题，就必须了解一个社会如何认定社会问题。一旦某一社会状况被认定为社会问题，那么社会问题就出现了，也就开始了其生涯过程。

第二阶段：问题的合法化（Legitimation of Social Problems）。通过不同群体的推动，某一社会状况被认定为社会问题，那么如果这一社会问题要想得到持续关注，就必须获得社会合法性。这个合法化的过程就是：必须获得社会的认可（social endorsement），获得必要的体面度（respectability）以便使得其能够在社会公众讨论的领域中得到考虑，所谓领域就包括新闻等传播媒体、教会、学校、市民组织、立法机构和官员的聚集场所等。如果一个社会问题没有具备进入这些领域所必需的体面性的证明，那么它注定是无法继续的，如果无法获得合法性，那么它只能在公共行动的舞台之外挣扎和衰落。因此，获得合法性的过程，也是一个具有高度选择性的过程。一些社会问题被扼杀，一些社会问题被忽视，一些社会问题被回避，而只有少数社会问题在强大而有影响力的支持下获得合法性。这个选择性的过程非常复杂，许多影响社会问题识别的因素继续在其中发挥了作用，因而这个过程应当是社会学学者和学生们研究社会问题时需要关注的基本问题。

第三阶段：行动的动员（Mobilization of Action）。在经历了被社会认可和社会合法化之后，社会问题的发展就会进入下一个阶段。在这个阶段，社会问题成为讨论的对象、争议的对象、不同描述的对象和不同主张的对象。那些在这一问题所在的领域寻求改变的人与那些尽力保持在这一领域内的既得利益（vested interest）的人发生冲突。因为屈服于既得利益，对问题夸张的主张和扭曲的描述会变得普遍，而那些卷入程度低的局外人则将他们的情绪和想象带到了他们对问题的框架制定之中。讨论、游说、评估、弄虚作假、转移注意力的策略和对策的提出等都在传播媒介、临时会议、有组织的会议、立法会议和委员会听证会等场所发生着。所有这些构成了社会对社会问题采取行动的动员。社会问题能够进入下一阶段，很大程度上取决于这个动员的过程。在这个过程中，有些社会问题会在不同群体的对抗中存活下来，有些社会问题为了实现生存而被重新定义，而有些社会问题则因为被否认，进而消失，无法进入下一阶段。

第四阶段：官方行动计划的形成（Formation of An Official Plan of Action）。当社会问题进入这一阶段，就意味着社会已决定对特定问题采取相应的行动。这一阶段由一个官方对行动计划的联合制订而构成。例如，在立法委员会、立法议院和执行委员会中所进行的活动。官方计划几乎总是讨价还价的产物，其中要协调不同的观点和利益，妥协、让步、权衡、对有影响力的人的顺从（deference）、对权力的回应以及对什么是也许可行的问题的判断——所有这些都在最终的行动计划制订中发挥了作用。这是一个以集中的形式定义和重新定义的过程——社会问题的形成、"返修"（the re-working）和集体形象的"重铸"（re-casting），因此出现的问题可能与对其生涯早期的看法相去甚远。已制订的官方计划本身就构成了官方对问题的定义；它代表了社会如何通过其官方机构来看待问题，并打算对问题采取行动。

第五阶段：官方行动计划的实施（Implementation of the Official Plan）。在官方制订好行动计划后，下一步就是计划的具体实施。但是在计划的具体实施过程中，会遭遇被修改、被扭曲和重塑的问题，并出现不可预见的累积（accretions）。官方行动计划的实施，开启了一个集体定义的新进程，为那些卷入社会问题的人和那些被该计划触及的人制定新的行动路线奠定了基础。那些面临可能失去优势地位的人会努力限制计划实施或使其转向新的方向；那些准备从中受益的人可能会寻求利用新的机会。这个群体都可能会制订出在计划中未预见的新的协调性的安排。行政部门和业务人员倾向于用他们的政策来代替该计划背后的官方政策。通常，我们会看到他们采取各种各样的暗中（subterranean）调整，或是保留社会问题完整的核心领域，或者以官方从未预料到的方式改变其领域内的其他内容。

在布鲁默看来，社会问题不在于它们所指向的客观领域，而是在于在社会中被看到和被定义的这一过程。同时，他也认为，将社会问题置于集体定义过程的背景之下是有必要的，因为正是这个过程决定了社会问题是否被承认，是否有资格得到考虑、如何考虑、如何处理以及如何在控制这些问题的努力中如何重组这些问题。因此,如果忽视这个集体定义的过程,那么只能产生零碎的知识和一幅关于社会问题的虚构图景(fictitious picture)。

第三节 宣称—回应论

在布鲁默提出社会问题的集体定义后,美国社会学家马尔科姆·斯柏科特(Malcolm Spector)和约翰·基特苏斯(John I. Kitsuse)于1973年在《社会问题》杂志上发表论文《社会问题:一个新构想》(Social Problems: A Re-Formulation),在对富勒的价值冲突论和默顿的功能主义论进行批判后,基于六个社会问题案例的梳理和分析,提出了社会问题的新定义。在此之后,乔尔·贝斯特(Joel Best)进一步扩展和丰富了这一理论取向及其经验研究。

一 斯柏科特、基特苏斯:社会问题发展的四阶段论

基于对社会问题的定义设定和具体的案例分析,斯柏科特、基特苏斯将社会问题定义为不同群体就某些推定的(putative)状况向各类组织(organizations)、机构(agencies)和制度(institutions)表达不满和权利宣称的活动(activities),并建立了社会问题发展过程的四阶段模型。[①]

第一阶段:某一群体或某些群体尝试提出存在某一种状况,并将这种状况定义为是冒犯性的、有害的、非欲所求的,然后尝试公开自己的主张和引发争论,进而就这个问题制造一个公共问题或政治问题。这个阶段开始于不同的群体试图纠正自身认为的受到冒犯和不受欢迎的情况,也就是说,当特定群体将个人性困扰上升为公众性论题,就意味着社会问题开始了。当然,提出这些主张的群体既可能是受到所指控的状况的受害者,也

[①] John I. Kitsuse and Malcolm Spector, "Toward A Sociology of Social Problems: Social Conditions, Value-Judgments, and Social Problems", *Social Problems*, Vol. 20, Issue 4, Spring 1973, pp. 407–419; Malcolm Spector, John I. Kitsuse, "Social Problems: A Re-Formulation", *Social Problems*, Vol. 21, Issue 2, Autumn 1973, pp. 145–159; Malcolm Spector and John I. Kitsuse, *Constructing Social Problems*, New York: Routledge, 2017, pp. 169–202.

有可能是非受害者。因此，可以将这些群体分为两类：利益相关群体和非利益相关群体。在本阶段，相关群体提出主张的过程可以细分为几个小问题。

1. 做出宣称的过程（The Process of Making Claims）。在日常生活中，我们都会做出一些权利宣称，表达不满。这些权利宣称和不满都可能成为社会问题的基础，但是只有少数会形成社会问题。因为绝大部分的权利宣称和不满都会得到处理，提出者的需求也会得到满足，或者因为这些权利宣称和不满根本得不到回应，而被忽略了。

2. 做出宣称的群体的权力（The Power of Claims-Making Groups）。不同的群体做出宣称的效果是有差别的。那些拥有更多成员、更多资金以及纪律性和组织性更强的群体相对而言能更有效地坚持自己的主张，也更有可能取得成功。

3. 宣称的性质和多样性（The Nature and Variety of Claims）。不同的群体有自己的方式提出不满、做出宣称，同时其内容也是有差别的，会带来不同的效果。那些模糊的不满情绪，使得做出宣称的群体难以精准定位表达对象和解决方法，而那些表达了具体的抱怨和尖锐的不满的群体则与此相反。因此某一群体所经历的不满，可以影响其做出宣称的方式及其类型。据此还可以形成几个命题：（1）不满感越模糊，宣称就越分散（diffuse）和普通（general），得到承认或回应的可能性就越小；（2）不满感越模糊，这一群体对其所不满的事务就越不能承担责任或提出补救方案；（3）对不满承担责任的能力越弱，这一群体就越不可能选择直接投诉的目标；（4）这一群体对不满承担责任的能力越弱，其就越没有能力反驳其是罪魁祸首的指责。

4. 发表宣称的机制（The Mechanisms for Pressing Claims）。某一群体所做出的宣称的命运很大程度上取决于发表宣称的渠道、使得所归咎的（imputed）状况被关注的策略以及参与这一过程并发挥作用的辅助人员（the auxiliary personnel）。因此，向谁发表宣称是一个很重要的问题。如果对象选择错误，宣称就可能石沉大海。同时，借助媒体是一个非常重要的策略，吸引并保持住大众媒体注意的知识和专长是重要的资源或技能。

5. 记录一个宣称（Documenting A Claim）。发表宣称的群体也许会被要求用文件证明他们所提出的指控，或者被要求反驳与他们立场相矛盾的证据。相比于简单地指出"文献表明了什么"（what the literature shows）或者寻找对特定主题有丰富知识（knowlegeable）的人而言，这个记录宣称的过程则更为复杂。

6. 坚持宣称和社会争议（Assertions of Claims and Social Controversy）。一些群体声明某些状况是不能忍受且必须得到改变的，但是这一行动可能会引起其他群体的反应。其他群体可能会支持，也有可能会反对。如果其他群体持支持态度，那么这些宣称就会得到更好地维护，反之，提出特定宣称的群体可能会面临其他群体的挑战或反对活动，进而导致不同利益群体之间的冲突。当然，这种冲突也可能会增加争论的可见度，并促进公众对所归咎的（imputed）状况的认识。当社会问题进入争论阶段，也就意味着达到了第一阶段的高潮。一个既定的社会问题可能会无限期地停留在第一阶段，可能会转入第二阶段，也有可能会衰退（falter）或死亡。

第二阶段：某些官方组织、机构意识到这一问题，或者提出诉求的群体的分支机构（institution）获得合法地位。这样的话，可能会导致官方就此事开展调查、提出改革建议和建立一个机构来回应这些主张和要求。当社会问题进入这一阶段，就意味着有相关的机构或组织回应了某一群体所做出的宣称。之所以会得到回应，可能的原因之一便是做出宣称的某一群体所采取的策略给相关机构或组织制造了相当大的压力，使得后者不得不做出回应；同时，一些宣称得到回应，也可能是长期斗争的结果，这些斗争策略或是说服对方承担责任，或是说服对方相信做出回应会获得实质性的好处。一旦有相关机构或组织回应，那么这一群体就会获得正式承认，其做出的宣称也获得了合法性。那么接下来，这一群体可能就会被要求提出更多的宣称，或者提供解决问题的方案。当然，获得回应，虽然可能会有利于某一群体实现其权利要求，使其获得极大的支持，但是也有可能使其内部发生转型或者面临新的组织性危机。因为，做出回应的机构或组织可以接管由某一群体所定义的问题，使得这个问题成为自己的问题，从而使得原来做出宣称的群体失去作用，或者让其消失。当社会问题进入第二阶段后，仍有可能死亡或消失。因为相关机构或组织可能会剥夺（disenfranchize）做出宣称的群体的权利，从而使得这些群体士气低落（demoralized）和分裂（fall apart）。甚至，相关机构或组织不会采取行动来满足某一群体所提出的要求，即使声明将采取相关措施也未必会付诸实施。因此，当社会问题进入这一阶段，只要相关机构或组织设立了新的机构或授权现有机构更大的权限来处理这些宣称所提出的要求，那么社会问题就不会轻易地消失了。所以，当对于某一状况的不满被某一机构驯化（domesticated）和常规化（routinized），那么就意味着第二个阶段的完成。这一机构在处理这些不满的时候发展了既得利益，但这种利益并不一定是在处理这些不满所涉及的状况的时候获得的。

第三阶段：提出诉求的群体的主张和要求再次出现，用以对处理所归咎的（imputed）状况的现有程序、官方对抱怨的处理和未能产生对程序的信任和信心的状况表达不满。一般而言，当某一群体所做出的宣称得到了回应，相关机构或组织建立相关的处理程序，与社会问题相关的活动便可能会减少或消失。但是，很多时候所建立的处理程序未必能够处理好这一群体所提出的问题、满足其需求，亦有可能被误解或者被认为是不适合的，还有可能相关机构或组织虽然建立了处理程序但却没有切实回应这一群体的具体诉求，而只是声称正在处理这一群体所关注的不良状况。在这种情况下，发出诉求的群体可能继续采取行动，要求相关机构或组织做出切实回应，"以正视听"（set the record straight）。因此，认为这些处理程序是不充分的、无效的或不公的断言（assertion），可能会成为组织新的社会问题活动的条件。此时，参加新的社会问题活动的群体可能会有新的成员加入。总而言之，处在第三阶段的社会问题的一个重要且显著的特点就是，宣称已经与第一阶段所归咎的（imputed）状况没有直接关系，而是将矛头对准了那些建立起的用于改善、消除和改变那些不良状况的组织，相关的活动也是涉及处理诉求群体及其不满的组织化程序和方法。也就是说，到了这一阶段，诉求群体所关注的是处理其诉求的机构有没有切实地采取行动，那么这种反对的活动可能就会强化。因此，第三阶段的结果可能是改变已建立起的处理程序，改变现有做法，解雇相关负责人员，并建立一个新的、更专门化的机构来处理，以此来保证处理程序的有效性。当然，第三阶段的结果也有可能是诉求群体产生一些负面心态：一种对制度化处理程序的根本性不信任的氛围，一种愤世嫉俗的（cynicism）、无奈的（resignation）和绝望的态度，以及整体上缺乏对现有制度的信心。一旦这种不信任加剧、信心不足的状况持续存在，那么社会问题就会越来越快地进入第四阶段。

第四阶段：表达抱怨的群体拒绝了官方的回应，或者官方的机构没有对他们的主张和要求作出回应时，这一群体可能通过开展相关活动来建立一个替代性的机构、相似的（parallel）机构或者反机构（counter-institutions）来回应现有的处理程序。经历过第三阶段的不信任和缺乏信心，诉求群体的相关活动自然不可能会是"在系统内工作"（work within the system），而是跳出现有制度解决问题。诉求群体的活动重点就会从反对处理其诉求所建立相关程序转变为创造和发展用于解决他们所认为的问题的相关方案。比如，声称缺乏警察保护的社区或少数民族的居民会在自己的社区进行治安巡逻。事实上，之所以采取替代性方案，也进一步表明了诉求群体对现有机构解决问题的意愿和行动普遍地缺乏信心和不信任。处于第四阶段的社会问题可能从两个方向发展：（1）建立替代性机构，作为发展一种社会和政治基础的手段来彻底改变现有程序；（2）从现有制度化系统中脱离（disaffiliation）或退出来创造一种替代性制度作为有限的解决方案。这两个方向都是基于对既定制度的失望而采取的制度外的行动。同时，这两种发展方向也存在一定的差异。前者所涉及的可能是价值导向的社会问题，因而其所建立的新的机构是面向整个社会的，而非仅仅是诉求群体本身；而后者所涉及的可能是利益导向的社会问题，因而其主要关注点就是诉求群体成员创造一个可行的解决方案，只是要求与现有系统建立一种对立关系（a negative relation），也就是被允许不受骚扰地寻求自己的解决方案。一旦这两种方向的行动获得了成功，那么它们也会对现有系统产生不同的影响。前者可能从根本上改变现有的制度体系而建立新的制度体系，而后者则可能面临不被现有制度体系容忍或者成为其不闻不问的对象。

二位学者的阶段划分模型，充分吸收了富勒、迈尔斯和布鲁默的社会问题自然史的观点，并在前人的基础上进行了深化和扩展。这一自然史模型也呈现出社会问题定义过程的两个鲜明特点：一是社会问题会随着时间的推移而发展，并可能在其发展过程中的不同时间点产生不同的活动；二是不同阶段的差别不是无关的,而是建立前一阶段的发展状况的基础之上。因此,有学者认为,这是到目前为止有关社会问题之演化阶段的最受重视的理论。① 另一位学者汉斯林以美国堕胎问题为例,进一步细化了类似的自然史模型:(1)开始阶段:改变的压力。具体的环节包括定义问题、领导者的出现、最初的组织。(2)官方回应。具体的环节包括对不断增加的压力的反应,报复、谴责、通融、合作。(3)对官方回应的反应。具体的环节包括站在一方的立场,赞成或反对的行动,持异议者的进一步分化。(4)选择策略。具体的环节包括继续论战,克服对立的新策略。②

二 贝斯特:典型化与社会问题的建构

1995年,乔尔·贝斯特(Joel Best)在其出版的《问题的形象:当代社会问题的典型化》(*Images of Issues: Typifying Contemporary Social Problems*)一书中,汇集了当时社会问题建构主义经验研究成果。在书中,贝斯特认为,当我们谈到社会问题时,我们指的是犯罪、歧视和贫困,而所谓的社会问题可以被视为是"社会中的问题点"(trouble spots within society),即不能正常运转的社会安排。贝斯特认为,在定义社会问题时,存在客观主义和建构主义之别。在客观主义者看来,社会问题的本质在于客观的社会状况,而某些社会状况就是问题。也就是说,用客观状况来定义社会问题。虽然客观主义的定义合乎我们关于社会问题是什么的常识性概念,但是其存在两个关键缺陷:(1)减少甚至是忽略了社会问题的主观本质。并非所有有害的状况都被视为社会问题。比如营养状况。医学权威认为典型的美国人饮食中脂肪和胆固醇的水平不良。这个状况符合某些学者的社会问题的定义,即这一饮食方式危及个人福祉,使人面临更高的心脏病和其他疾病的风险,同时迫使美国人投入大量的收入用于医疗保健从而威胁到社会的福祉。然而,美国人饮食中的营养不足则很少出现在社会问题的清单上,尽管这一状况符合大多数客观主义者的定义。这也揭示了社

---

① 杨国枢:《绪论(代序)》,载杨国枢、叶启政主编《台湾的社会问题 1991 版》,台北:巨流图书公司 1991 年版,第 11 页。
② [美]詹姆斯·M. 汉斯林:《社会学与人类生活:社会问题解析》(第 11 版),风笑天等译,电子工业出版社 2019 年版,第 8 页。

会问题的主观本质——社会问题是人们所认为的社会问题（social problems are what people view as social problems）。（2）被人们定义为社会问题的客观状况相对没有什么共同点。比如，我们已就一系列有害状况达成一致，如典型的美国饮食、性别歧视、受到威胁的臭氧层、犯罪、贫困和军备竞赛。那么，我们接下来要做什么？这些状况有什么共同之处？极少——除了它们都是有害的事实之外。这就是为什么直到最近，社会学家还很少在研究中使用"社会问题"的概念。客观主义者对社会问题的定义不可避免地会导致一个几乎没有共同点的话题列表，这些问题没有相同的成因，也没有产生相同的影响。虽然犯罪和性别歧视均为社会问题，但是研究犯罪与研究性别歧视的社会学家在研究问题、路径上都少有共同之处，并不能为社会问题研究指明一个一般性方向。综上，客观主义者对社会问题的定义是常见的，原因也很容易理解。将社会问题等同于客观状况，符合我们关于社会问题的常识性概念。但是客观主义者的定义有两个重要的局限性：他们没有认识到将任一状况确定为社会问题不可避免的是主观性的；他们不能指导我们对社会问题的一般性思考，因为所确定的状况几乎没有共同之处。

在对社会问题的客观主义进行批评之后，贝斯特进一步介绍了社会问题的建构主义的一些特点。贝斯特认为，随着社会问题客观主义定义的局限性越来越明显，一些社会学家开始寻求一种主观主义的方法来研究社会问题。他们的方法侧重于人们将某些社会状况指定（designate）为社会问题的过程。对这一观点最有影响力的陈述是斯柏科特和基特苏斯所著的一本简短的书——《建构社会问题》。[1] 虽然他们的方法有时被称为主观主义，但斯柏科特和基特苏斯更常被认为是建构主义者，因为他们的观点是"社会问题的社会建构"。这是什么意思？简单地说，就是社会问题是通过社会活动产生或建构的东西。当活动人士举行示威以吸引人们对某些社会状况的注意时，当调查记者发表报道揭露这种状况的新方面时，或者当立法者提出法案对这种状况采取行动时，他们是在建构社会问题。建构主

---

[1] Malcolm Spector and John I. Kitsuse, *Constructing Social Problems*, New York: Routledge, 2017.

者用这些活动来定义社会问题。贝斯特也区分了客观主义和建构主义定义社会问题时的差别：对于客观主义社会学家来说，社会问题是客观状况；对建构主义者来说，社会问题是作出宣称的活动。也就是说，客观主义和建构主义使用"社会问题"术语时所指的是极为不同的事物。虽然，客观主义者可能会承认，主观性发挥了作用，直到客观状况引起人们的注意，我们才会认识到社会问题。但是，话虽如此，客观主义者倾向于把注意力转移到麻烦的社会状况本身上。相反，建构主义者关注的是作出宣称者对社会状况的看法，而不是社会状况本身。因此，把客观主义和建构主义看作是同一枚硬币的两面，或者对同一话题略有不同的观点是错误的，因为这两种方法以完全不同的方式定义社会问题，它们最好被理解为两个截然不同的话题。

那么，使用建构主义的方式来使用"社会问题"这一术语有何优势呢？贝斯特认为，建构主义者使用"社会问题"这个术语与我们在日常生活中使用它的方式非常不同。这种特殊的用法最主要的优势是对于社会学理论而言的。建构主义者通过关注宣称行为（claimsmaking），将注意力吸引到所有社会问题的共同点上。对作出宣称的关注为进一步的研究提出了一些问题：会有什么样的宣称呢？什么时候作出宣称，是什么样的人提出，宣称会收到什么样的答复，在什么条件下会收到这些答复？这些问题指导了建构主义的研究——它们为社会问题的理论提供了一个框架。因此，建构主义者认为，社会问题是被社会建构的。但作出宣称者并不仅仅是吸引人们对特定社会状况的关注。作出宣称者塑造了我们对问题的看法。任何社会状况都是作出宣称的潜在主题，或者更确切地说，是作出几种宣称的主题。每种社会状况都可以被构建成许多不同的社会问题。

同时，作出宣称者在定义社会问题时也会采取典型化（typification）的方式。贝斯特认为，典型化有多种形式。最常见的形式之一就是对一个问题给出一个定位（orientation），即从一个特定的视角出发才能充分理解一个具体的问题。所以，作出宣称者断言某一问题实际上是一个道德问题、医疗问题、犯罪问题或政治问题等。每个定位都会强调某一问题的不同方面。一般而言，定位就是找出问题的原因并提出解决方案。因此，道德问题围绕着违反道德规范的个人决策，我们也常常认为人们要对自己的不道德行为负责。采取道德取向的作出宣称者通常提倡给人们提供指导来阻止不道德行为和惩罚那些违反道德规范的人。相反，医疗问题被视为疾病，个人不应对此负责。医疗领域内作出宣称者所提出的解决方案，其鲜明特征就是医疗从业人员所提供的治疗服务来解决问题。另一种常见的典型化形式，就是用多个例子来说明一个社会问题。特殊的例子往往会影响我们对社会问题的感觉（sense），而且作出宣称者会注意那些看起来可以证明他们主张的例子。以堕胎妇女为例，我们会看到非常不同的堕胎妇女形象。堕胎的捍卫者——支持妇女堕胎权利的倡导者——往往通过将话语对象指向强奸或乱伦的怀孕受害者，并询问这些妇女是否应该被迫完成妊娠，来证明堕胎的必要性。相反，堕胎的反对者——反对人工流产的倡导者——将选择堕胎的妇女描述为冷酷无情，认为她们也许只是为了自己的方便而多次堕胎。因此，我们对社会问题的态度往往反映了我们对这种"典型"例子的反应，也就是用单个例子来呈现更大的社会问题。典型化是社会问题建构的重要组成部分。作出宣称者不可避免地以特定的方式来描述问题：他们强调问题的某些方面而不是其他方面，他们推动特定的定位，他们关注特殊的原因并提倡特殊的解决方案。虽然所有的宣称都涉及典型化，建构主义者的研究通常也会描述典型化，但是典型化通常不是分析的重点，而是做出宣称的活动及其过程。

  基于这样的目标，贝斯特将所汇编的这部书分为四个部分，从呈现建构主义者对典型化的本质、做出宣称的当代案例以及一个特定的社会问题是如何被建构和典型化的等方面的研究（见表3-2）。这些具体的研究成果，不仅体现了社会问题建构主义的特色，同时也呈现了建构主义内部的分歧。因此，贝斯特在该书的最后一章讨论了围绕建构主义本质所产生的争论，进一步表明了自己的建构主义立场。有学者认为，贝斯特是继斯柏科特和基特苏斯后，最重要的社会问题建构论的阐释者和实践者。[①]

[①] 闫志刚：《社会建构论视角下的社会问题研究：农民工问题的社会建构过程》，中国社会科学出版社2010年版，第53页。

表 3-2　《问题的形象：当代社会问题的典型化》一书的主要框架

主题	章节
第 1 部分： 宣称（claims）	1. 恐怖故事和儿童虐待的建构 2. 跟踪陌生人和情人：改变一个新的犯罪问题的媒体典型 3. 反思医疗化：酗酒和异常（Anomalies） 4. 多元文化教育的道德戏剧
第 2 部分： 作出宣称者 （claimmakers）	1. 神职人员的性虐待：一个社会问题的象征性政治 2. 不孕症的社会建构：从私人问题到社会关注 3. 毒品袭击：美国最新的毒品恐慌，1986—1992 年
第 3 部分： 连接（connections）	1. "我们所想要的就是平等"：父亲权利运动中的修辞框架 2. 美国的仇恨犯罪：将伤者转变为受害者以及将受害者身份扩大到多个选区 3. 对农场的偏见：将工厂化农场经营建构为社会问题的理论扩展
第 4 部分： 政策（policies）	1. 写作权利："无家可归的精神病患者"和非自愿住院治疗 2. 创意、冲突和控制：电影产业为制定视频政策的运动 3. 冷战、邪恶的帝国、危险的日本人：国际背景对问题建构的影响
第 5 部分： 尾声（afterward）	情境中的建构主义（constructionism in context）

资料来源：Joel Best, *Images of Issues*: *Typifying Contemporary Social Problems Second Edition*, New York：Routledge, 2017.

第四节　公共领域模型

1988 年，美国学者斯蒂芬·希尔加特纳（Stephen Hilgartner）和查尔斯·博斯克（Charles L. Bosk）在《美国社会学杂志》上发表了一篇重要论文《社会问题的兴衰：一个公共领域的模型》（The Rise and Fall of Social Problems：A Public Arenas Model），对社会问题的集体定义过程，尤其是对公共话语争夺和公众注意力竞争方面做了十分详细的论述，进而提出了社会问题的公众领域模型。[①]

希尔加特纳、博斯克认为，社会问题的公共领域模型是一个操作性的模型，为合并和超越自然史模型提供了一个理论基础。虽然这个模型的许多内容有待进一步的经验研究验证和讨论，但是其主体内容仍具有相当的

[①] 本节内容引自 Stephen Hilgartner and Charles L. Bosk, "The Rise and Fall of Social Problems：A Public Arenas Model", *American Journal of Sociology*, Vol. 94, No. 1, July 1988, pp. 53-78。

启发性。二位作者将社会问题定义为被公共话语和行动领域标记为问题的假定状况或情境。同时，这个模型的重点不在社会问题的发展阶段，而是关注竞争：假设公众的注意力是一种稀缺的资源，通过在公共领域系统中的竞争进行分配。作者认为，公共领域之间的联系产生的反馈推动了社会问题的增长（growth）。社会问题的增长被受限于公共领域有限的"承载能力"（carrying capacities）、竞争和可持续的戏剧（drama）的需求。社会问题增长的制约因素和动力因素之间的紧张产生了一波又一波的问题定义，因为那些问题和提出这些问题的人会通过竞争以进入和留存在公众议程上（public agenda）。这一模型是在符号互动论的基础上提炼而成的，是对将社会问题视为集体定义过程的产物的观点的扩展。希尔加特纳和博斯克同意布鲁默的观点，即社会问题是集体情绪（collective sentiments）的投射（projection），而不是社会中客观状况的简单反映。因为社会中很多可以被视为是社会问题的情况却并没有被定义为社会问题。将社会问题视为客观状况的纯粹反映理论并不能解释为什么有些状况被定义为社会问题需要大量的社会关注，然而另一些同样有害的或危险的状况却不会成为社会问题。

一 理论模型的要素

这个模型包括六个要素：（1）"人口"（population）中的大量成员之间关于社会问题宣称的一个动态竞争过程；（2）作为社会问题竞争关注和增长的"环境"的制度领域；（3）这些领域的"承载能力"（carrying capacities），它限制了可以同时获得广泛关注的问题的数量；（4）"选择的原则"（principles of selection）或者制度、政治和文化因素，它们会影响相互竞争的问题建构（formulations）的生存概率；（5）不同领域之间的互动模式，如反馈和协同，通过这些模式，每个领域中的活动传播到其他领域；（6）促进和试图控制特定问题的工作人员（operatives）网络，他们的沟通渠道在不同的领域中纵横交错。

（一）竞争性的定义（competing definitions）

作为理解集体定义过程的本质的第一步，有必要注意到，潜在的问题——某些假定的情况和状况被视为问题——涉及规模庞大的"人口"。

然而，人口是高度分层的。极小一部分因为"名气"（celebrity）发展成社会问题，这是政治话语和社会话语的主要话题。更多的则是发展成较小的社会问题，由专业人士、活动人士和利益团体组成的小团体（small communties）努力使这些问题存在于公众辩论的边缘。这些假定的状况中，绝大多数仍然处于公众意识的外部或极端边缘。此外，这一人口的成员保持在特定地位水平的时长差别很大。一些社会问题，如20世纪70年代中期的"能源危机"，多年来一直处于公众讨论的中心位置，然后逐渐成为幕后问题。还有一些问题快速增长、减少、沉寂后又重新出现，从来没有完全消失，而是持续引起了公众关注度的巨大波动。这种波动在贫困和核战争威胁等社会问题的历史上很明显。潜在问题的命运不仅取决于其客观性质，还取决于一个高度选择性的过程，在这个过程中，它们相互争夺公众关注和社会资源。一小部分潜在的问题是由将其定义为问题的群体或个人公开提出的，这些群体和个人来自社会的许多部门，他们有非常不同的目标。有些人，如利益集团、政治家和"社会运动组织"，可能会积极寻求社会变迁或改革。这些积极分子可能是政治团体的成员，也可能是挑战性团体（challenging groups）的成员。另一些制定社会问题的行为者，如电视制作人、民事律师和公共关系专家，他们的主要目标可能是赚钱，而不是推动或抵制社会变革。因此，并不是所有推销（market）社会问题的行动者都能被视为"积极分子"。因此，可以用更具包容性的术语"操作者"（operatives）来命名那些公开提出社会问题的群体和个人。

由于通常有许多方法可以将一个假定的情况定义为一个问题，因此关于社会问题的主张不仅会引起人们对状况的注意，也以特定的方式建构（frame）问题。即关于社会问题的陈述是从多种可能性中选择了对现实的具体解释。由哪一种"现实"主导公共话语，对社会问题的前景、所涉及的利益集团和政策有着深远的影响。因此，社会问题之间的竞争同时发生在两个层面上。第一，在每个实质性领域内，建构（framing）特定情境的不同方式会通过竞争来成为解释现实的权威说法。第二，大量的问题——从少女怀孕、职业健康到器官捐献者短缺——为了获得公众关注而相互竞争，这个复杂的选择过程确定了哪个问题是重要的。通过这些相互作用的过程，社会问题（以及促进这些问题的操作者）必须相互竞争，才能进入并继续留在公共议程上。他们在这场竞争中的成功或失败与受影响的人数、伤害的程度（以任何特定的标准来衡量）或任何其他声称衡量重要性的自变量没有很强的关系。如果一种情况被定义为一个社会问题，这并不一定意味着客观状况已经恶化。同样地，如果一个问题从公共话语中消失了，这并不一定意味着情况有所改善。相反，这个过程的结果是由一个复杂的组织竞争和文化竞争所控制的。为了理解这种竞争，有必要检查（examine）其发生的社会"领域"（arenas）。

（二）公共机构的承载能力

社会问题的集体定义通常不会发生在一些"模糊"的地方，如社会或公众舆论，而是发生在社会问题的形成和发展的公共领域。这些领域包括政府的行政和立法部门、法院、电视、电影、新闻媒体（电视新闻、杂志、报纸和广播）、政治竞选组织、社会行动团体、关于社会问题的书籍、研究团体、宗教组织、专业协会和私人基金会等。正是在这些机构中，社会问题被讨论、选择、定义、勾勒、戏剧化、包装并呈现给公众。虽然这些领域之间有许多不同之处，但它们都有几个重要的共同特征。首先，每个领域都有其承载能力，这限制了它在任何时候都可以考虑到的社会问题的数量。虽然可能被解释为社会问题的情况的数量是如此之大，以至于实际上几乎是无限的，但公开提出问题的首选空间（prime space）和"黄金时段"（prime time）却是相当有限的。正是这种潜在问题的数量和解决这些问题的公共空间的承载能力之间的差异，使得问题之间的竞争对集体定义过程来说极为重要。不同的领域具有不同的承载能力，可以通过不同的指标进行衡量。对于报纸和杂志，衡量标准是"栏寸"[①]（column inches）；对于电视和广播新闻，衡量指标是广播时间的分钟数；对于电视电影或院线电影，衡量标准是每年的制作数量。私人基金会受到其可自由支配的收入的限制。国会委员会在国会会议上只能安排有限时间的听证会，在听证会上讨论的议题中，只有一小部分将被提交到众议院或参议院。政治战略家们将竞选活动集中在几个关键问题上，使其成为他们竞选活动的中心主题，并在口号、广告和公开露面中反复强调。只有少数问题可以被选择为

---

① 即报纸上登广告的尺寸。

竞选的筹码，否则候选人的形象会变得模糊并使选民产生疑惑。

承载能力不仅存在于机构层面，也存在于个人层面（见表3-3）。单个操作者能够分配的资源是有限的。同样，公众不仅受限于他们花在社会问题上的时间和金钱，还受限于"多余的同情心"（surplus compassion）的总量，他们聚集的原因超出了相同社会地位的人通常直接关注的问题。当然，个人的承载能力是社会所结构化的，会受到经济趋势、政治文化中所表达的主题等因素的影响。最重要的是，承载能力限制了政治议程和社会议程的规模。换句话说，社会问题的数量不是由社会面临的有害或危险情况和状况的数量决定的，而是由公共机构的承载能力决定的。同时，除了制度性领域的承载能力正在扩大之外，一个社会问题的上升往往伴随着一个或多个其他社会问题的下降。

表3-3　　　　　　　　　　　　**不同主体的承载能力**

分析单元	资源限制
公共领域：	
1.　报纸	文章中的空间、记者/编辑的数量、准备报道的时间、旅行预算等
2.　基金会	总预算、正在进行的计划性方案、可自由支配的收入、工作人员的时间等
3.　国会委员会	听证时间、工作人员规模、预算、行动的政治成本等
4.　非营利组织	预算、员工、志愿者时间等
操作者：	
1.　政治家	个人时间、员工时间、预算、"自由媒体"机会的数量等
2.　记者	时间、预算、精力、编辑的政治资本等
3.　公关公司	人事时间、资金、"自由媒体"的名额、联系人的政治资本等
4.　公益律师事务所	人员时间、资金等
公众成员	捐助、时间、多余的同情心，宣传的社会成本等

资料来源：Stephen Hilgartner and Charles L. Bosk, "The Rise and Fall of Social Problems: A Public Arenas Model", *American Journal of Sociology*, Vol. 94, No. 1, July 1988, pp. 53-78.

（三）选择的原则

领域的第二个共同特征是存在一套选择原则，这些原则会影响哪些问题最有可能得到解决。这些一般性的选择原则——对首要空间的激烈竞争、对戏剧和新奇的需要、饱和的危险、组织生活的节奏、文化专注、政治偏见——在不同的领域有不同的作用。每个领域的承载能力对其选择原则的形成有重要影响。在其他条件相同的情况下，承载能力越小，竞争就越激烈。同样，就其受众规模或对社会资源作出长期承诺的能力而言，每个领域的重要性，会增加竞争的强度。

1. 戏剧。通常，那些向公众提出社会问题的人有一个议程，他们要求人们执行一些具体的行动。例如，阅读文章、看电视节目、为候选人投票、支持某个事业、资助某个组织、发布法院裁决、赞助或支持立法、促进官方政策、等等。大量竞争性的游说（solicitations）高度重视戏剧，这些游说鼓励操作者以戏剧化和有说服力的方式表达社会问题。在这个建构（casting）中，常识和直白的真理很重要。因此，在社会问题主张中，官方证明的"事实"常与生动的、情感性的修辞相结合。而操作者则精巧地包装社会问题，以权威和紧急的语气清晰地呈现问题。

2. 新颖性和饱和度。戏剧性是赋予社会问题生命，并维持它们成长的能量来源。在创作戏剧时，提出社会问题的操作者使用了戏剧中的一些经典比喻。尽管用来戏剧化社会问题的符号可能是经典的，但是，新颖性也是一个重要的因素。特别是在处理人们熟悉的社会问题时，操作者和利益集团不断地寻找新的形象和新的方法来利用当前的事件，为他们的演说注入紧迫性。

如果用来建构问题的符号重复度过高，使得首要公共空间变得饱和，那么，要么找到新的符号，要么这一问题会因为其戏剧性价值的下降而衰退。当然，衰退并不意味着问题改善，完全无聊的公共戏剧可能会让竞争对手取代自己。编辑们认为，最近他们在这个问题上看得太多了；脱口秀节目制作人会寻找其他嘉宾；政客们会解决新的问题；基金会会改变资助重点；研究人员会研究不同的主题。即便如此，问题饱和并不一定会导致其消失。

问题饱和会在两个方面出现。首先，大量的决策者（如编辑、政客、研究人员等）同时制作一个特定问题的相关材料，从而使公共领域充斥着冗余信息，并降低了它们的戏剧性价值。因此，在20世纪80年代初，当公众对核战争的担忧迅速上升时，出版商对此作出回应，出版的相关书籍数创了新高。其次，对类似问题持续的信息轰炸会削弱这类问题的戏剧性。例如，对致癌物的反复警告似乎导致一些公众得出结论："生命会导致癌症"。

3. 文化和政治。所有制度领域的选择原则受到广泛共享的文化先占观念（preoccupations）和政治偏见的影响。同样，在竞争过程中也存在一些问题。某些问题的定义非常符合广泛的文化关注，并且它们在竞争中受益于这一事实。同样，在竞争过程中也存在一些问题，因为它们对强大的政治利益和经济利益很重要。一个问题的"赞助者"可能对其成功产生深远的影响。精英们可能会积极反对一些问题的定义，将一些问题归类为"政治上强制性的忽视"（politically enforced neglect）。此外，政治经济学可以用超越统治群体对政治／经济价值观的强烈影响的方式来塑造社会问题的定义。经济变化会影响人们对社会问题的集体定义。比如，当经济形势乐观时，人们更容易考虑投入资源解决问题；反之，人们则会减少或者甚至阻止这方面的投入。此外，当前的政治文化发展趋势也影响着社会问题的选择，关于政府应该将哪些现象视为问题的看法会随着时间的推移而变化。例如，我们可以比较人们对"新边疆"（New Frontier）[①] 理念下政府的角色与"新联邦制"（New Federalism）[②] 理念下政府角色的看法异同。

4. 组织特征。每个领域都有许多独特的组织和文化特征，它们影响着该领域的问题选择。例如，报纸对社会问题的报道在组织方面受到许多因素的影响，如报纸的结构、媒体和通讯社的相关组织、"国家"媒体、地方日报和小报的行业分层、员工的规模和部署、记者的时间和预算压力等。在文化方面，记者们依赖于对什么是重要事件、什么是好故事、什么是值得报道的共同的专业理解。这些共同理解影响了记者如何寻找和编辑特定的故事。由于报纸的首要空间（例如，版面的头版、社论版以及分散在报纸上的某些特色位置）相当有限，记者之间对这个首要空间的竞争非

[①] 新边疆，是美国第35届约翰·肯尼迪提出的施政方针，要求美国人民探索和解决"新边疆"以外面临的各种问题。

[②] 新联邦主义，是20世纪70年代初期，美国共和党总统尼克松提出并实施的一项重要的社会经济政策，其目的是限制联邦政府的权力，扩大州与地方政府的职权和干预经济的作用。

常激烈，而他们的职业生涯和职业地位取决于其署名位置。因为他们不希望自己的文章被埋没在报纸深处的某个地方，所以记者们有强烈的动机去学习和内化人们对新闻的普遍定义，并预测他们要编辑的重点事项。对于电视新闻而言，以上限制也适用，同时其还面临其他限制：电视的制作比印刷品更贵，一个好的电视故事必须有令人兴奋的视觉效果，而且电视新闻的承载能力要小得多。因此，故事必须更短，而且必须能够快速和容易地派遣摄像人员。相比在报纸上，电视上的社会问题更具有戏剧性。在其他机构中，尽管组织和文化因素不同，但是类似的模式普遍存在。

（四）"问题—放大"和"问题—抑制"反馈

不同领域之间的反馈是社会问题发展过程的一个核心特征。这种反馈会强化或减弱人们对公共领域出现的问题的关注。通过一组复杂的联系，某个领域的活动会传播到其他领域。如果一个机构内出现了社会问题，这个问题可能会迅速蔓延到其他机构。因此，这些获得广泛关注并成长为"有名气"的问题，不仅可以主导公共话语的某个领域，而且可以主导许多与之相关联领域。当人们思考不同领域之间的组织和社会网络联系的本质时，就很容易看出为什么协同效应会如此强大。每个机构都有一个操作者团体，他们仔细审查其同行在其他组织和领域的活动。记者们通过阅读彼此的作品，不断地寻找故事创意；电视制作人审视着象征性的风景，寻找新的戏剧题材；立法者们向邻近的州寻求意见；活动人士通过"网络"（network）来收集信息，保持联系，并传播想法。

这种注意也不只是消极的和被动的。事实上，积极尝试影响其他领域的事件是一种规则（rule），而不是一种例外（exception）。例如，国会的助手经常试图制作和塑造媒体对其雇主活动的报道。民意调查和新闻报道受到仔细监控，政客对问题的选择和陈述很大程度上受到对"好新闻"的考虑的影响。与此同时，预期的立法活动往往成为研究团体进行政策研究或日益增长的公众关注的刺激因素——在民意调查、法庭斗争或其他公共领域中得到表达——导致联邦拨款机构或私人基金会呼吁提出研究某个问题的建议。如果探索这些复杂的联系，我们会发现大量的正反馈循环，它们推动着特定问题的增长。然而，问题的发展受到公共领域有限的承载能力所产生的负反馈、问题之间的注意力竞争以及对用持续的新戏剧来维持问题增长的需求的限制。在这种问题的增长和约束力量之间的动态紧张的背景下，在各种公共领域工作的操作者往往会非常自觉地尝试不断变换对社会问题的选择。

（五）操作者的共同体

每个社会所公认的宏观社会问题领域都存在专家共同体，即操作者，如犯罪、经济、外交政策、妇女问题、环境、公共道德、贫困、公民权利、农业问题、生物伦理、家庭等。此外，还有一些操作者不专门研究特定的问题领域，而是专门研究基础领域的技术（例如，调查报道、基层组织、竞选资助、电视制作、政策研究等）。这些操作者可能同时在几个问题领域中发挥作用，或者可能经常切换问题领域。在不同问题领域工作的操作者之间的沟通渠道在不同的制度领域纵横交错。因此，社会上已经确立的社会问题类别可以被认为是被组织成一组类似于（并非巧合）新闻周刊杂志上的部分。换句话说，在我们描述社会问题的类别系统中所代表的文化问题结构对应于一个跨越公共话语领域的非正式组织结构。在一些问题领域，如酒后驾车，单个的观点可以主导一个部门。但是，敌对派系之间的政治斗争，则提出了完全不同的、也很常见的问题构想。通常，两个派系会各自把对方的存在视为一个问题。但是，除了冲突之外，一种共生关系也可以在一个部门内发展起来，某个部门的操作者为其他部门的操作者的活动提供了给养（feeding）。因此，环境组织、行业说客和公共关系人员、从事环境问题工作的政客、环境律师、环境编辑和政府环境机构的官员都在为彼此创造工作。与此同时，他们的活动共同提高了环境作为社会问题根源的突出地位。在某个部门内，关于哪些潜在的问题值得注意，都有相当多的讨论。因此，在新闻编辑室和国会山，在社会行动小组的办公室和研究团体的成员中，有很多关于"大问题"（big issues）即将"出现"（coming up）的讨论。关于处理和促进哪些问题的决定包含两个战略组成部分（什么对我们的政治派系、我们的组织、我们的个人职业生涯有好处？）并评估不同潜在问题的相对重要性。此外，综合来看，这些部门构成了一个最好被认为是社会问题的行业——整个经济部门，对我们应该关注什么及其原因，它产生了一套不断变化的集体定义。由于这个行业对公众生活的影响是普遍和深刻的，因此理解它的结构和动态是很重要的。

二 理论命题

基于上述论证,作者提出了一组命题,作为社会问题公共领域模型的操作性假设,这些命题要在接下来的研究中被详细阐述和检验。

(一) 前期工作(Preliminaries)

1. 社会问题是一种假定的状况或情景,(至少有一些)行为者在公共话语和行动的领域给其贴上一个"问题"标签,将其定义为有害的,并以特定的方式建构其定义。

2. 对一个社会问题的关注程度并不仅仅受到其客观构成的影响,而是被一个共同定义的过程所决定的。

3. 社会问题的建构发生在公共领域内。一个社会问题的"成功"程度(或规模,或范围)是通过它的受关注程度来衡量的。

(二) 承载能力

1. 每个领域都有其承载能力,这限制了它在一定时期内可以考虑的社会问题的数量。

2. 潜在的社会问题(即可以被认为是问题的假定情景或状况)所涉及的人口规模是巨大的。

3. 公共领域的承载能力太小,无法容纳所有潜在的社会问题。

4. 因此,社会问题必须在公共领域争夺空间。这种竞争在持续进行中,而且问题必须相互竞争才能进入和继续出现在公共议程上。

5. 社会问题的数量与社会所面临的有害或危险状况的数量无关,而是与公共场领域的承载能力有关。

(三) 动态的竞争

1. 社会问题之间的竞争同时发生在两个层面上:首先,本质上不同的问题之间存在空间竞争,因为要竞争重要性成为优先事项,进而获得公共空间的关注。其次,在每个实质性领域内,都存在着定义上的竞争,即在建构问题的替代方法之间的竞争。这两种类型的竞争会相互作用。

2. 社会问题所引起的公众关注在社会问题的人口中的分布非常不均匀:a) 只有极少的社会问题会非常成功地成为公共话语的主导话题;b) 而更多的社会问题则是比较成功的,且需要一些公众的关注;c) 绝大多数潜在的社会问题仍然停留在公共话语之外或处于公共话语的极端边缘。

3. 某一特定社会问题所获得的关注量随时间而动态变化：a）已经获得一定成功的问题不断面临着衰退和被替代的危险；b）虽然一些问题可能上升、衰退和重新出现，但能长年保持高关注度的问题则是极少的。

4. 除了公共领域的承载能力正在发生变化外，一个社会问题的上升往往会伴随着一个或多个其他社会问题的衰退。

（四）选择的原则

1. 所有的公共领域都有选择原则，可以影响特定社会问题出现的可能。

2. 戏剧：公共领域很重视戏剧性。以戏剧性的方式呈现的社会问题，在这个领域竞争成功的可能性更高：a）多余的主张和符号的饱和会减少问题的戏剧性；b）反复向公众提供有关问题的信息，可能会削弱该类问题的戏剧性；c）要想保持在公共议程上的重要地位，一个问题必须保持戏剧性，因此须不断以新的符号或事件保持问题的戏剧性，否则问题就会衰退。

3. 文化：在所有的公共领域，可能与深层的神话主题或广泛的文化先占观念（preoccupations）相关的社会问题有更高的可能性赢得竞争。

4. 政治：所有的公共领域都存在政治偏见，设定了可接受的话语范围。与主流思想相比，在话语范围之外或处于范围边缘的社会问题不太可能竞争成功：a）大多数公共领域（尤其是权力强大的公共领域）受占统治地位的政治团体和经济团体的影响严重。因此，反映这些偏见的社会问题的定义，成功的可能性更高；b）政治文化中的变化会通过改变公共话语的可接受范围来影响问题的选择。

5. 承载能力：公共领域的承载能力越小，竞争就越激烈。

6. 制度节奏：每个公共领域都有一个独特的组织生活节奏，会影响其与社会问题互动的时间，从而影响问题的选择。

7. 除了这些一般的选择原则之外，每个特定的公共领域都有自己的地方性的选择原则，这取决于其制度特征、政治忠诚和职业文化。这些地方性因素也会影响选择。

8. 许多操作者熟悉公共领域的选择原则，他们有意识地使其对社会问题的主张适应于他们的目标环境（例如，用一种戏剧化的、简洁的或典型的戏剧比喻的形式包装他们的主张，或者用政治上可以接受的修辞来建构他们的主张）。

（五）反馈

1. 社会网络和模式化的制度关系将公共领域联系起来，在不同的领域之间产生积极的反馈。

2. 在一个公共领域出现的问题有扩散到其他领域的强烈倾向。少数非常成功的社会问题往往占据了大多数领域的大部分空间。

3. 然而，一些在大多数领域无法竞争的问题能够通过在一个特定领域建立一个小众市场（niche）来生存下来，但却几乎没有扩散的迹象。这些偏离一般模式的情况不是随机产生的，而是由该领域的选择原则的系统性差异造成的。

（六）操作者团体

1. 操作者团体围绕着社会问题而形成，这些团体跨越了公共话语的不同领域。

2. 围绕着社会公认的宏观问题的类别（例如，犯罪、战争与和平、经济、公民权利等）而形成的最大的操作者团体（或部门），是新社会问题的可预测来源的领域。因此，社会中在文化上定义的社会问题类别对应于一种跨越公共话语领域的非正式组织结构。

3. 一个部门可以自己解决那些被认为属于其实质性领域的问题。

4. 在这些部门内部可能存在冲突或共识。

5. 即使在冲突中对立，某个部门的操作者也可能与其他部门的操作者存在共生关系。

在此之后，有其他学者应用这个模型对相关社会现象做了经验研究。2008年，美国学者雷·马拉提亚（Ray Maratea）以博客圈（blog sphere）为例分析了互联网中社会问题的兴衰起伏。马拉提亚认为，社会问题理论尚未充分解决新的通信技术对作出宣称（claim-making）过程的影响。同时，马拉提亚也认为，博客圈作为一种文化现象，为作出宣称者提供了一个强大的新的公共领域来推进社会问题的宣称。因此，马拉提亚利用希尔加特纳和博斯克1988年提出的社会问题建构的公共领域模型，基于以博客为基础生成的问题主张，来分析互联网驱动的社会问题是如何争夺公众注意力的。研究结果表明，与传统领域相比，博客使作出宣称的过程更高效，提供了更大的承载能力，并为外部的作出宣称者提供了更大的机会，以便在社会问题建构中拥有发言权。尽管如此，只有少数博客被公认为是适合作出宣称的公共领域，这些博客仍然依赖传统的选择原则，而博主面临着与使用传统领域的作出宣称者同样的竞争。① 2014 年，韩圭龙（Han Guel Jung）在其撰写的本科毕业论文《社会问题的兴衰：奥柏林的烟酒问题》（*The Rise and Fall of Social Problems：Alcohol and Tobacco in Oberlin*）中，从社会问题建构主义模型的理论框架出发，考察了个人主义和人道主义的兴起是如何将酒精建构为一个公共问题，并将烟草解构为一个非公共问题的。作者认为，酒精的问题化方式为将酒吧定义为一种社会的和外部的邪恶，这种邪恶不能通过个人的自我控制来解决，而只能通过集体性的社会限制来解决。同时，将烟草作为一个问题进行解构，香烟被定义为一种无害的个人偏好而非社会问题，直到 20 世纪 90 年代才需要制度和政治权力来解决这个问题。② 这篇论文在一定程度上参照了希尔加特纳和博斯克的公共领域模型的基本思路。即通过用社会问题的理论来考察和解释真实的社会现象，检验了建构主义理论的适用性和有效性，从而可以用来解释和理解一些社会问题兴衰的原因。

第五节　社会化模型

2018 年，美国社会学家杰弗里·亚历山大发表了一篇题为《社会问题的社会化：教会恋童癖、电话窃听和金融危机》（*The Societalization of Social Problems：Church Pedophilia, Phone Hacking, and the Financial Crisis*）的论文。③ 在这篇论文中，亚历山大提出了"社会化理论"，并通过对教会恋

---

① Ray Maratea, "The E-rise and Fall of Social Problems: The Blogosphere as A Public Arena", *Social Problems*, Vol. 55, No. 1, February 2008, pp. 139 – 160.

② Jung, H. G., *The Rise and Fall of Social Problems: Alcohol and Tobacco in Oberlin*, Doctoral dissertation, Oberlin College, 2014.

③ Jeffrey C. Alexander, "The Societalization of Social Problems: Church Pedophilia, Phone Hacking, and the Financial Crisis", *American Sociological Review*, Vol. 83, No. 6, October 2018, pp. 1049 – 1078.

童癖、媒体电话窃听和金融危机等三个重要社会问题的经验分析证明了其理论的合理性。随后，亚历山大在 2019 年出版了《是什么造成了社会危机？——社会问题的社会化》(*What Makes a Social Crisis? The Societalization of Social Problems*) 一书，进一步详细阐释了其"社会化理论"的主要观点。① 通过上述成果，亚历山大主要回答了两个问题：第一，什么是"社会化"；第二，为什么会发生或者没有发生"社会化"。针对这两个问题，我们将逐一进行介绍。

一 "社会化"的定义及其五个发展阶段

不同于本章所介绍的其他学者，亚历山大并没有告诉我们什么是"社会问题"。在一些细节描述中，他只是告诉我们社会问题是制度性的（institutional），② 是现实的，而非建构主义者所强调的那样纯粹是话语的产物。事实上，亚历山大的观点，核心问题不在于解释社会问题的内涵与演化，而在于回答"领域内持续的机构紧张关系如何突然爆发并打破特定领域界限而成为整个社会的爆炸性丑闻"，或者可以说，是回答"社会问题何以演变成社会危机"的。这个问题的答案，按照亚历山大的说法就是，"只有当社会问题超出其本身所属的领域，并且在看似要危及整个社会时，社会问题才演变成社会危机"。因此，所谓的"社会化"就是指"较大范围内的受威胁感及由此引发的各类反应"。③ 这样的定义所蕴含的假设就是，在宏观上，社会是由不同领域组成的整体，而这些领域可以大致分为公民领域（civil sphere）和非公民领域（uncivil sphere），而不同领域在很多时候处于一个虽然存在某种紧张但内部却相对稳定的状态，当这种内部稳定状态被打破，某个领域内的问题变成了整个社会范围内的问题——社会危机时，社会化便发生了。因此，在亚历山大看来，其所提出的社会化

---

① ［美］杰弗里·亚历山大：《是什么造成了社会危机？——社会问题的社会化》，陈雪梅译，江苏人民出版社 2022 年版。

② Jeffrey C. Alexander, "The Societalization of Social Problems: Church Pedophilia, Phone Hacking, and the Financial Crisis", *American Sociological Review*, Vol. 83, No. 6, October 2018, pp. 1049 – 1078.

③ ［美］杰弗里·亚历山大：《是什么造成了社会危机？——社会问题的社会化》，陈雪梅译，江苏人民出版社 2022 年版，第 3 页。

模型是一种"新的宏观社会学结构和过程模型"①,是从分析学视角,"对社会问题的相对的、不稳定的变换状态进行理论建构,将之视为一个系统的宏观社会学过程"②,而非微观的分析模型,也非纯粹的现象描述。基于这一研究思路,亚历山大建立了一个存在五个发展阶段的社会问题的社会化模型(见表3-4)。

表3-4　　　　　社会问题的社会化模型的五个发展阶段③

阶段	内容
T1	"稳定状态"(steady state):公民领域和非公民领域之间处于一种假设的"稳定状态",在这种状态下,领域间似乎处于一种"推定的"(putative)相辅相成的稳定状态。在这种状态下,大部分公民领域成员并不认为自身会遭到破坏性干扰,因此不会打破现有领域界限去发起攻击来修缮另一领域的内部问题
T2	符码转向(code switch):社会化进程始于T2时间点,这时引发一套符号代码(semiotic code),这一代码将公众注意力从机构局部领域转移到了整个公民领域
T3	严厉的监管干预(regulating)
T4	反击(backlash):处于被动地位的遭诟病的机构和精英们发起反击,阻挠公民领域及其联盟的干涉
T5	稳定状态的回归(return)

在这个社会化模型中,我们首先需要明确"公民领域"的内涵。按照亚历山大的观点,所谓的"公民领域","既是一种真实存在的社会力量,也是一个自由自主而又享有共同义务、尊重彼此独立性而又相互依存的个体组成的理想化团体"④。因此,我们可以将公民领域视为一种社会舆论的力量,而媒体、记者、知识分子、权威人物、公众人物等承担起了社会监督者、舆论

---

① [美]杰弗里·亚历山大:《是什么造成了社会危机?——社会问题的社会化》,陈雪梅译,江苏人民出版社2022年版,第4页。
② [美]杰弗里·亚历山大:《是什么造成了社会危机?——社会问题的社会化》,陈雪梅译,江苏人民出版社2022年版,第9页。
③ [美]杰弗里·亚历山大:《是什么造成了社会危机?——社会问题的社会化》,陈雪梅译,江苏人民出版社2022年版,第9—11页。
④ [美]杰弗里·亚历山大:《是什么造成了社会危机?——社会问题的社会化》,陈雪梅译,江苏人民出版社2022年版,第6页。

引导者的关键角色。其次，我们同样需要理解，当社会问题进入第五个阶段，即危机暂时消除、领域内和领域间的稳定状态回归，并不表示激发社会危机的紧张关系已经完全消失，而是"在新语境中重新发酵，再次成为机构内关注的首要问题"①，也就是说社会危机有可能"卷土重来"。

二 "社会化"何以发生或者不发生

在初步描述社会化进程的五个阶段及其关键内容后，接下来就需要分析这一进程何以发生。也就是说，某个领域内的问题何以突破边界，成为整个社会的危机的。亚历山大从宏观和微观两个层面回答了这一问题。从宏观层面来看，社会分化（social differentiation）是社会化发生的原因；从微观层面来看，一系列由具有强烈动机的利益相关方发起的表演和反表演构成了社会化的内涵。首先，从宏观层面来看，构成社会整体的不同领域之间存在文化和组织的分离，同时不同领域之间也存在对彼此特权的不相容，从而催生了一批精英。这批精英存在于公民领域之内，是时刻铭记公民领域的理想利益，并将实现这些利益作为赖以生存和毕生追求的全部意义的职业团体，包括调查记者、编辑、出版商、律师、地区检察官、总检察长和法官等。这些职业团体不仅能发现许多潜匿的反公民行为，而且也会运用自己的职业手段，参与各类活动以唤起民众、捍卫公民正义。其次，从微观层面而言，不同职业团体的成员有各种各样的表演手段，将某个领域内的问题通过符码转向确立"丑闻体裁"（scandal genres），从而获得道德和情感意义，获得社会大众的关注和信任。因此，这些职业团体的成员是社会化的代理人，也会因为揭露问题或危机而成为所谓的"英雄"。② 亚历山大通过对教会恋童癖危机、金融危机、电话窃听危机等事件证明了上述论断，完整地呈现了社会问题的社会化的进程及其细节（见表3-5）。

---

① ［美］杰弗里·亚历山大：《是什么造成了社会危机？——社会问题的社会化》，陈雪梅译，江苏人民出版社2022年版，第13页。
② ［美］杰弗里·亚历山大：《是什么造成了社会危机？——社会问题的社会化》，陈雪梅译，江苏人民出版社2022年版，第14—18页。

表 3-5　　　　　　社会问题的社会化进程的案例分析

阶段	教会恋童癖危机（美国）	金融危机（美国）	电话窃听危机（英国）
T1：稳定状态	成人当权者和未成年人之间的性关系被罗马天主教会当局视为内部事务	2008年美国大选最后几周以前，美国金融市场的问题没有引起人们的注意	派间谍、行贿赂、设陷阱是业内公开的秘密，在行业内部自我监管的机制下，电话窃听很大程度上未被广大民众关注
T2：符码转向	2003年《波士顿环球报》四个月内发表了近300篇报道，曝光了教会中的机构内性侵行为	雷曼兄弟宣布破产。成千上万篇文章、博客和电视报道猛烈抨击了经济管理者们的享乐主义和傲慢	来自英国之外的系列媒体的报道揭露了英国小报在大范围内窃听，曝光了英国监管机构内部的严重腐败现象
T3：实质性监管	法院下令教会公开保密协议以接受公众监督	华尔街高管们被传唤参加听证会；国会大幅提高了银行的资本金要求，实施了"压力测试"；立法通过了《多德-弗兰克华尔街改革和消费者保护法案》	电话窃听被界定为受利益驱使的不法操作；一大批人锒铛入狱，一些位高权重的编辑以及国家和地方警察官被迫辞职；英国首相提议委托一个调查委员会进行独立调查
T4：反击	教会当局强烈反对来自公民领域的审判和其他机构的介入，否认公民干预的合法性，认为媒体发起的符码转向是为己牟利的策略性手段	经济精英要求迅速恢复自我监管，警告说政府的监督和控制实际上会造成"道德风险"；认为政府早期监管的残留影响是造成金融危机的元凶	媒体业内人士认为，媒体不仅仅是一个产业，更是一个公民机构。媒体人借助民主的名义捍卫机构内部监管
T5：回归稳定状态	神职人员性侵事件由美国天主教会处理	左右两派持续鏖战，寸步不让；右翼试图阻止和废除法规，左翼则努力增强法规的强制性。金融体系保住了	相关调查仍在继续，但是调查过程和调查结果已经无法造成轰动效应

资料来源：[美] 杰弗里·亚历山大：《是什么造成了社会危机？——社会问题的社会化》，陈雪梅译，江苏人民出版社2022年版，第33—89页。

当然，并非所有的揭露都会获得大众关注和信任，未必都会引起巨大的社会轰动，被指控的机构、群体也未必会得到应得的惩处，也就是说社会化的发生受到相关条件的限制。那么，在什么条件下，社会化不会发生呢？亚历山大给出的答案是：边缘化（marginalization）和分化（polarization）。所谓的边缘化是指，受到特定问题影响的群体是所谓次属群体（subaltern groups）或者说底层群体。这些群体所遭遇的紧张关系、承受的压力和解决问题的社交技能常常被人们无视或者忽视，从而难以成为社会化代理人进行符码表演的对象，既难以得到主流媒体报道，也难以引发符码转向。所谓的分化，是指在社会群体中间存在显著的、严重的分歧，难以形成稳固的共识，也难以完整地呈现人们的共同关切。事实上，底层群体在主流议题中的边缘化，也是社会分化的结果。因此，要想实现社会化进程的发起和维系，那么显著的互文性（intertextuality）是不可或缺的，即社会大众必须感觉到，或者有人让他们感受到，即使他们没有共同的意识形态利益和制度利益，他们也有共同的评价标准。① 亚历山大以"#Me Too 运动"（我也遭遇过）为例论证了社会化之所以没有发生的两个阻碍：边缘化和分化。首先，在西方的公民领域中，女性是次属群体、边缘群体，缺少话语权，更多地被束缚在家庭领域内，承担生儿育女、情感慰藉等功能。即使在女性主义运动的推动下，女性走出了家庭，但仍然受制于男性权威。当女性努力反抗男性的性别统治之时，会遭到嘲讽，被视为是装模作样、玩欲擒故纵的伎俩。其次，随着女性主义运动浪潮的兴起，女性获得了越来越多的权利，社会地位也得到了提高。但是她们在职场所遭遇的性骚扰，整体上并未引起全社会的关注和谴责，而是被压制了。同时，关于女性的愤怒和受害的故事也常常被忽视。虽然个别职场性骚扰事件会见诸报端，但是政治分化的存在，使其难以被揭露成系统性的社会危机，因此这一社会问题的社会化进程被阻碍了。2017年10月5日，美国的《纽约时报》发布了对好莱坞核心圈不端性行为长达一年的调查结果后，职场性骚扰开始越来越多地遭到谴责，职场性骚扰问题开始社会化：大量的新闻报道的持续出现，使人们开始改变对以往职场性骚扰的看法，构建了这一社会问题的新的社会意义。

  有性侵倾向的男性开始被视为不值得信赖、鬼鬼祟祟、不诚实且违反公民价值，而女性受害者则是值得信任、坦率、开诚布公且合乎公民价值。这些角色被赋予全新内涵，在讲述职场解放的叙事中，他们成了对抗压迫、创造争议的主角和反派。在两性斗争中，曾被誉为男子汉气概十足的男主角，如今沦为作恶多端者。而一度被描述为软弱无能的女性，如今被誉为勇气可嘉、胆识过人的巾帼英雄……随着符码的转向和解放性叙述的开启，曾经那些抱怨不公和遭受指责的受

---

① ［美］杰弗里·亚历山大：《是什么造成了社会危机？——社会问题的社会化》，陈雪梅译，江苏人民出版社2022年版，第25—32页。

害女性被赋予了一种新的公民身份，这使得她们能讲述自己遭遇的社会困难，成为受人尊重的叙述者。①

随着社会化的启动，实质性监管也接踵而至，其中最显著的实质性影响是数百名有钱有势的权贵被卷入，这些精英的职业生涯被彻底毁掉了。同时，防止性骚扰的相关立法行动得到了进一步强化。当然，随着社会化的推进，反击也开始了。"#Me Too 运动"触发了部分男性精英的抵制，他们开始质疑女性受害者控诉的真实性。"#Him Too"标签出现了，"#Me Too"叙事被完全颠覆——"提出指控的女性被描述成掠夺者，而男性成了女性虚假指控的受害者"。② 由此，女性因为"#Me Too 运动"而得到提升的地位被剥夺，女性控诉职场性骚扰面临更大的社会压力。那么，经历过一系列社会化进程后，虽然被控诉的男性在复出，但是职场性骚扰的社会化却仍在继续。虽然高潮已经过去，但是性骚扰的揭露仍将此起彼伏，不仅会引发道德厌恶，也会引发组织和法律行动，只不过将不再是新闻头条，也不会再引起巨大的社会轰动。但是，社会问题社会化的最后一个阶段——回归稳定状态还没有真正到来。正如亚历山大所言：

　　职场性骚扰在社会化退潮之后也不会消失。只要男性继续掌握不对称的权力，他们就会有不良动机，也会有手段和机会以性的方式占女性下属的便宜。然而，当此种行为发生后，男人可能真的会受到制裁，蒙受羞辱和惩罚。③

第六节　国内学者的观点

前五节较为详细地介绍了国外学者对社会问题演化过程的代表性观

---

① ［美］杰弗里·亚历山大：《是什么造成了社会危机？——社会问题的社会化》，陈雪梅译，江苏人民出版社2022年版，第111页。
② ［美］杰弗里·亚历山大：《是什么造成了社会危机？——社会问题的社会化》，陈雪梅译，江苏人民出版社2022年版，第126页。
③ ［美］杰弗里·亚历山大：《是什么造成了社会危机？——社会问题的社会化》，陈雪梅译，江苏人民出版社2022年版，第135页。

点，这些观点为我们思考和研究社会问题提供了许多启示。同样，国内的学者也对社会问题的界定过程提出了自己的看法。其中，以单光鼎和朱力的观点比较有代表性。

一 单光鼎：社会问题形成的五个环节

1991年，单光鼎在陆学艺主编的《社会学》教材中提出，一个社会现象在社会生活中被认为是"社会问题"，往往要经历一个较长时间的复杂认识过程。[①]

1. 某种客观存在的社会现象引起人们的注意。对于社会生活中出现或存在着的某种社会现象，一些人或许多人都已亲眼见到或亲身体验到。有些社会现象已明显对社会生活产生了负面影响，因而容易引起人们的普遍关注，大多数人也比较容易一致地确认这一问题的存在。但是，有的社会现象仅具有潜在的问题特征，对社会生活的不良影响还未曾显露，因而比较容易为人们所忽略，对这类潜在的社会问题的认识就要颇费一番周折了。

2. 专家、学者和有识之士的觉察和认识。一般人对于社会问题的"问题"感受，往往是凭借经验积累而成的常识来认识的。但是，随着社会的发展，一些社会现象也变得复杂起来，仅凭常识和个人的直觉显然不能认识"问题"，由于人们在社会地位、阶级归属、受教育程度、家庭境遇、专业知识水平、生活经历等方面有很大的差异，人们的信仰、态度和价值观念也不尽相同，因而对同一社会现象的"问题"感也会出现很大的差异。一般人由于缺乏判定与解释社会现象的知识，对"问题"的敏感性相对较低，而一些专家、学者或"有识之士"，由于拥有较多、较专门的知识和判断问题的实践经验，因而对社会现象的解释和认识，也就往往具有许多深刻的见解，他们对"问题"的敏感程度相对较高，往往能够较早地觉察和认识到"社会问题"。

3. 社会舆论的作用。公众不可能亲身经历每一种社会情况，事实上，大多数人往往是根据社会舆论对某一社会现象所作的报道、渲染和评价而

[①] 单光鼎：《社会问题和社会控制》，载陆学艺主编《社会学》，知识出版社1991年版，第545—547页。

作出反应，形成自己对这一问题的看法和态度。某种社会现象被"有识之士"指明和判定为"社会问题"后，必然会在社会引起各种反应，有人表示赞同，有人表示反对，相互难免借助报刊或其他大众传播媒介进行反复辩论和阐述，"问题"越辩越明，同时越引起更多的人的注意，最终为大家的认识所接受，承认这是一个"问题"。

4. 公众的认识。某一社会现象被传播媒介渲染和烘托成公众关注的热门话题后，大多数人才逐渐感觉到这个"问题"确实存在，越来越多的人关注这一问题的现状、形成的原因、产生的危害以及消除它的对策。随着人们对这一现象的"问题"性的进一步认识，人们的焦虑和担忧也会日渐加强，大家都认为有必要通过共同的努力来消除这一问题对社会生活造成的危害。显然，没有公众的"共识"，社会现象的问题也就不会为大家所了解；没有公众的共识，消除社会问题的共同责任也不会为大家所接受。

5. 决策人物的认可和支持。拥有权力的决策人物（如各级政府中的行政长官和具有执行政策权力的官员），虽然未必就拥有充分了解某一社会问题所需的专业知识，但由于其在社会中的特殊地位，使得他们在"社会问题"的认定过程中具有特殊的组织和实施作用。其一，使社会问题在社会生活中明确化、具体化。由于他们的认可、赞同和倡导，一个社会现象才会由少数有识之士的议论及公众舆论的关注，真正变为社会公众关心的社会问题。其二，他们可以为解决社会问题提供各种相应的政策和策略，并使这些政策由"纸上谈兵"逐渐法制化、规范化。其三，他们可以借助掌握的权力动员社会各界力量，发挥各种群众团体和组织的作用，共同实施消除社会弊端的各项政策和措施。

我们可以用城市收容遣送制度的产生、发展到取消的过程来进一步说明：

> 以20世纪八九十年代城市收容遣送制度为例，该制度本意是一项对城市流浪乞讨人员以及露宿街头生活无着的人员进行收容遣送的社会救助制度。但随着城市化的发展，从农村流入城市人口的增多，收容遣送制度逐渐演变成了治安管理制度。特别是在实施过程中缺乏有效的法律加以监控，这一制度被歪曲执行，常采用罚款、限制人身自

由以及强迫从事一些劳动等制性手段,甚至收容遣送的范围不断扩大。一些进城务工农民因没有来得及找到合适的工作或未来得及办理"暂住证"等临时性证件而被收容遣返;即使未被收容遣返,也常常提心吊胆地生活,该制度侵犯了农民工的合法权益。更有甚者,在一些地方该制度成为敛财的手段。受害人及其亲属也曾四处求告。90年代,已有一些有识之士看到了该制度的危害,但没有引起人们的注意。直到2003年,孙志刚事件发生,经有关媒体报道后,舆情汹涌,引起了社会公众的普遍关注,一些法律专业人士要求对这一制度进行违宪审查,另有一些社会科学工作者对收容遣送制度的弊端和废止这一制度的可行性进行了研究。在社会压力之下,政府很快做出了废止旧的城市收容条例的决定。①

二 朱力:社会问题形成的六个环节

1997年,朱力在《大转型——中国社会问题透视》一书中,在总结和借鉴中外学者论述的基础上,将社会问题的认定概括为六个环节。这六个环节中的前五个环节与单光鼎的观点有异曲同工之妙,并增加了一个新的环节。此后,在其他的相关著作中,朱力并未改变其主要观点。②

第一,利益受损集团的强烈不满和呼吁。所谓利益受损集团是指直接受到某类社会问题伤害的对象。他们对某种社会问题的感受最深,往往最早发出呼吁。但由于此时问题尚在萌芽期,有些社会现象的不良影响还未显露出来,尚无普遍性和广泛性,大多数人并没有真正认识到其负功能和危害性,这些不满和呼喊往往不被人们重视,此时社会问题认定的条件还不成熟。但是,随着某些现象的进一步恶化,涉及的人将会越来越多。当利益受损集团的不满和呼吁强烈到一定的程度,并有许多社会成员和相当

---

① 杨彦:《社会问题》,载李芹主编《社会学概论》,山东人民出版社2012年版,第303—304页。

② 关于六个环节的相关内容引自朱力《大转型——中国社会问题透视》,宁夏人民出版社1997年版,第20—25页。朱力等:《社会问题概论》,社会科学文献出版社2002年版,第13—18页。朱力:《当代中国社会问题》,社会科学文献出版社2008年版,第10—15页。朱力:《社会问题》,社会科学文献出版社2018年版,第12—16页。

多的非正式群体都开始对某一现象表示不满、抗议时，说明某些客观存在的社会现象的确影响了他们的生存和利益，并引起人们的普遍关注。这时大多数人比较容易形成一致性的看法，达成对某些现象否定性的共识。

第二，社会敏感集团及社会上某些有识之士的呼唤。这些社会敏感集团通常包括记者、报告文学家、社会学家、伦理学家、政治学家、法学家，等等。这些人拥有较多的专业知识和判断问题的丰富经验，具有抽象分析问题的能力，能在社会公正价值观的基础上对社会发展中的各种问题进行理性思考，因而能够最先感知到社会问题。同时，专家学者群体普遍具有较强烈的社会责任感，敢于对社会问题进行揭露和批评，敢于讲真话，传递出某些社会问题所致严重后果的真实信息，能引起广大社会成员的警觉。这些人虽然没有权力，但却有较高的社会知名度和较大的社会影响，他们对某些问题的看法与普通百姓不同，他们的议论和观点，可以通过自己的文章、作品、讲话传播出去，也比较为传播媒介所重视。他们的观点不仅可以影响普通社会成员，对政治家和政府管理者也会产生一定影响，他们可以将某一社会现象直接上升到社会问题的高度，其呼唤也更容易被全社会所接受。

第三，社会舆论集团及大众传播媒介的宣扬和推动。某种社会现象能否被定为社会问题，或能否被当作社会问题看待，关键在于广大社会成员对这一问题的反映和看法。现代社会中公众获取信息的主要渠道是大众传播媒介，它是制造社会舆论的主要工具。大众传播媒介具有模拟环境和价值导向的功能，多数人依据大众传播媒介的导向对某一社会现象作出反应。大众传播媒介对某一现象、某一事件、某一问题的报道、渲染和评价，将直接影响公众的看法和态度。当某些社会现象被有识之士指明或判定为社会问题后，必然会在社会上引起各种反响和议论，问题越辩越明，最终为广大社会成员所认识并接受，承认某一现象是社会问题。虽然现代社会的公众对某一社会情况的感觉以及能否把它当作社会问题认识并不完全取决于舆论界的影响，但传播媒介对公众施加的巨大影响是不可否认的。社会成员不可能一一亲身经历某种社会情况，经受某种痛苦，他们往往根据舆论界对某些社会情况的报道和评价作出自己的反应，形成自己对这一问题的看法和态度。大众传播媒介在发现社会问题中的功能主要是向公众暴露社会问题的严重性。在传播媒介的宣传下，将使某一社会现象、社会事件置于社会公众视野和社会舆论的聚焦点之下，引起全社会各阶层人士的关注，对人们平时议论的、不满的，但又十分无奈的问题进行淋漓尽致地曝光，在一个短时期内对某一现象进行集中的报道无异于一种密集的信息轰炸，对事件有放大效应，能够牵引全社会的注意力，给人们留下十分深刻的印象，也会对有关的管理者形成一定的社会舆论压力，促使他们表明态度和进行干预并最终向解决问题的方向迈进。

第四，公众普遍的认识和接受。当某一社会现象被传播媒介渲染和烘托成公众关注的热门话题之后，大多数的社会成员才逐渐意识到确实存在着这一问题，越来越多的人开始关注、议论这一问题的现状、形成的原因、产生的危害以及消除它的对策。随着人们对这一问题严重性的认识不断深入，焦虑和担忧便日渐加强，大多数社会成员意识到有必要通过共同努力来消除这一问题对社会生活造成的危害，产生了解决问题的共同责任感和义务感。也就是说，当某一社会现象为相当多的社会成员所认同为社会问题时，会在社会成员心理上造成巨大的压力和不安全感，产生解决这些问题的需要，形成解决问题的共识，并在社会各个利益群体的行动中汇成解决社会问题的一股强大的社会力量，这时，某一问题才真正算作一个社会问题。

第五，社会权力集团的认可与支持。最终将某一社会现象确定为社会问题，并付诸行动准备解决的，通常是有组织的权力者群体，他们居于社会管理者的地位，在社会政治、经济、文化等领域拥有更多的权力。这主要是政府部门的各级官员，虽然他们未必拥有充分了解某一问题的专门知识，但握有解决社会问题的决策权力和能力，可以直接调动解决社会问题所需的各种资源，这使他们在认定社会问题时处于某种特殊地位。权力集团对社会问题定义的角度与利益受损集团、敏感集团和舆论集团有所不同。利益受损集团对社会问题的定义往往更多地从自身利益的角度出发；敏感集团往往从社会的价值原则和社会公正原则出发；舆论集团往往从道德规范和新闻价值方面考虑；而权力集团则要从社会整体利益原则出发，对社会问题作全方位思考，既要考虑政治影响，又要考虑经济因素，还要顾及其他利益集团，考虑解决问题的能力及程序，等等。因为权力集团的公开承认，就意味着社会问题的公开确定和政府正式承担起解决问题的社会责任，所以对什么现象能被认定为社会问题，权力集团的表态比起其他集团来更为慎重。当权力集团正式介入对某一社会现象的讨论并表示他们的态度时，就会使社会问题在社会生活中明确化和具体化，由于他们的认定、赞同和倡导，一个社会现象才会由少数人议论到公众舆论关注，到真正成为社会问题。权力集团确认某一社会现象是社会问题后，将为解决社会问题提供各种相应的政策法规和策略，以及各种解决社会问题的物质条件，使解决社会问题由纸上谈兵到具体落实，逐步地制度化。权力集团将借助权力动员和组织社会的各种力量，发挥各种组织与社团的作用，动员社会成员，共同实施消除社会问题的政策和措施。

第六，解决社会问题开始。当某一社会问题被全社会认定为严重的、必须解决的问题时，解决社会问题的议事日程便会被提出，在利益受损集团的积极要求下，在敏感集团的积极促成下，在舆论集团的不断呼吁下，在社会广大成员的关注下，权力集团将针对社会问题寻找对策，制定出相应的法规来解决面广量大的社会问题。社会问题的解决是一个长期的过程，一般分两个阶段。第一阶段是遏制社会问题的发展。这一阶段是治标阶段，政府有关部门将动员各方面力量，集中力量来抑制社会问题的继续恶化。在阻止了社会问题恶化后，第二阶段是治理社会问题。这一阶段是治本阶段，主要是消除产生社会问题的因素，瓦解产生社会问题的条件。这是一个艰难而复杂的过程，因为任何社会问题的形成都不是一朝一夕的，而是长期累积的，是各种因素的纠合。要解决它不能依靠一次性的突击，只能依靠逐渐地疏导来消融不利因素。

我们可以用我国针对人口问题进而实行计划生育的过程来进一步阐述朱力所划分的六个环节。

利益受损人群的强烈不满和呼吁。由于人口数量过大，许多家庭感到了就业的困难、生存的困难，于是他们首先议论纷纷，或向政府反映，或向社会传播媒介呼吁。但此时由于人口问题尚未完全显露出来，尚无普遍性和广泛性，因而，大多数人并没有真正认识其负功能和危害性。但是，随着人口问题的进一步恶化，涉及的人越来越多，利益受损人群的不满和呼吁强烈到一定的程度，并有许多社会成员和相当多的群体都开始对这一现象表示不满、抗议时，说明人口现象的确影响了他们的生存和利益、并引起了人们普遍的关注。此时，大多数人开始形成一致性的看法，达成对人口膨胀现象的否定性共识。

社会敏感集团及社会上某些有识之士的呼唤。一些专家、学者和有识之士对社会问题的敏感度较高，他们拥有较多的、较专门的专业知识和判断问题的丰富经验，具有抽象地分析问题的能力，能在社会公正价值观的基础上对社会发展中的各种问题作理性的思考，因而能够最先感知到社会问题。当时我国人口已经达到 6 亿这一结果引起了学术界和政府进一步的重视。1957 年 6 月，马寅初在第一届全国人大第四次会议上发言，系统阐述了他对中国人口问题的主张。他认为，中国人口问题具有相对过剩的性质，人口增长太多太快已经引起了十大矛盾。

社会舆论及大众传播媒介的宣扬和推动。在传播媒介的宣传下，会使某一社会现象置于社会公众视野和社会舆论的聚焦点之下，引起全社会各个阶层人士的关注。20 世纪 50 年代，除了马寅初先生发表《新人口论》外，《光明日报》和《人民日报》也曾发表有关讨论文章，讨论人口迅速增长可能造成的生活或生产的困难。虽然，在 20 世纪 70 年代我们已经展开了计划生育的宣传，但直到 70 年代后期，中国的传播媒介和舆论才更多地讨论人口社会问题。1977 年，我国最早的综合性人口学专业杂志《人口研究》创刊；1978 年 11 月，北京召开了第一次全国人口理论讨论会，标志着我国人口科学研究进入了一个新阶段。

公众普遍的认识和接受。20 世纪 70 年代末，人口问题在理论上得以确立并为社会所公认。1979 年 7 月 10 日，《光明日报》首先刊登了龚明的文章《如果没有民主，什么事情也办不好——应该为马寅初先生恢复名誉》，紧接着《人民日报》也发表了陈中立写的《为马寅初的"新人口论"平反》的文章；① 1979 年 12 月，在成都召开的第

---

① 《中国社会问题研究引论》一书原文说的是"1979 年 7 月 10 日，《光明日报》发表文章《溪马寅初的"新人口论"平反》"，特此更正。

二次全国人口理论科学讨论会上，与会学者就"我国四个现代化面临的人口问题及其解决的途径"展开了深入的探讨，最后一致认定我国人口问题的客观存在，并提出相关研究对策。至此，中国人口问题的理论界定最终得以确立。

社会权力集团的认可与支持。最后将人口现象确定为社会问题，并准备付诸行动加以解决的是政府。当政府正式介入对人口现象的讨论并表明其态度时，就使人口问题在社会生活中明朗化了。由于政府对人口社会问题的认定、对有关观点的赞同和倡导，人口现象才由少数人议论到公众舆论关注，到真正成为社会问题。中国政府在20世纪70年代所进行的计划生育工作以及到80年代初将控制人口作为一项基本国策，表明了在人口社会问题化过程中政府权威的作用。①

第七节　社会问题演化的再思考

本章前六节梳理了关于社会问题演化的几种代表性的理论观点。②在本节，本书尝试对社会问题演化论，尤其是对社会问题的自然史问题进行再思考。首先，我们可以将前文所涉及的几种观点进行比较分析（见表3-6）。③

总的来说，富勒和迈尔斯的社会问题自然史模型奠定了后续几种观点的基础，而后续的几种理论模型都是在其基础上的深化和扩展。富勒、

---

① 王尚银：《社会问题绪论》，载王尚银主编《中国社会问题研究引论》，浙江大学出版社2005年版，第4—6页。事实上，在推动改革开放以后实行计划生育政策的重要人士中，时任七机部二院副院长的宋健起到了关键作用。他所开创的人口控制论学科论证了"一对夫妇只生育一个孩子"的可行性，为计划生育的实施提供了学理基础，相关人口预测的结果一经公布即塑造了人口控制的社会舆论氛围。进一步论述详见易富贤《大国空巢：反思中国计划生育政策》，中国发展出版社2013年版，第94—97页。

② 也有其他学者做出了相关的阶段划分，比如哈登（Hadden，1973）在其博士学位论文《社会问题的社会创造》（*The Social Creation of A Social Problem*）中将社会问题的发展过程分为四阶段：不关心期、问题开始期、动员期、沉寂期。因无法找到原文，故不作详细介绍。参见杨国枢《绪论（代序）》，载杨国枢、叶启政主编《台湾的社会问题1991版》，台北：巨流图书公司1991年版，第11页。

③ 乔尔·贝斯特、斯蒂芬·希尔加特纳和查尔斯·博斯克等人提出的观点更多地是对既有理论观点的某个点或环节的深化，故不纳入比较范围。

表3-6 关于社会问题自然史的几种代表性理论模型

学者	察觉	引起注意	确定政策	改革	新阶段
富勒迈尔斯	客观状况被定义为有问题	得到社会成员的广泛关注	困难的定义和解决方案的提出	改革的组织	改革的管理
富勒			号召社会关注这一集体关注的问题的群体会失去兴趣	那些致力于解决这个问题将人员围绕这一持续存在的问题来建立自己的生活和事业	
贝克尔	社会问题的出现	问题的合法化	行动的动员	官方行动计划的形成	官方行动计划的实施
布鲁默		公众的认识	决策人物的认可与支持		
单光鼎	专家、学者和有识之士的觉察和认识	社会舆论的作用		社会权力集团的认可与支持	解决社会问题开始
朱力	利益受损集团的强烈不满和呼吁	社会敏感集团及社会上某些有识之士的呼唤	社会舆论集团及大众传播媒介的宣扬和推动	公众普遍的认识和接受	
斯柏科特基特苏斯	诉求群体做出宣称		某些官方组织，机构做出回应，并建立相关处理程序	诉求群体对处理程序不满，不信任或失去信心	诉求群体建立一个替代性回应现有问题的处理程序

迈尔斯的三阶段或四阶段的划分,虽然极为简洁,但却是基于现实个案的分析而提炼的,是一种典型的归纳式分析。当然,也有学者认为二人的阶段划分不够详细,提出将社会问题的建构分为 12 个阶段,并建议通过案例研究进一步丰富和完善。这 12 个阶段分别是:(1) 发现有问题;(2) 讨论问题的严重性;(3) 尝试去做些改革,通常是凭直觉得出的、不明智的 (ill-advised),以"好吧,让我们做些事"(well, let's do something folks) 的方式提出;(4) 建议需要做更仔细的研究——"我们所需要的是一项调查";(5) 跟踪对此问题感兴趣的人在人事方面 (in personnel) 的一些变动;(6) 强调更加广泛的基础因素;(7) 处理个例;(8) 人事方面的另一次变动;(9) 归纳式地提出改革方案;(10) 精练研究和解决问题的技术;(11) 精练相关概念;(12) 人事方面的再一次变动。[①]

事实上,富勒和迈尔斯的自然史模型也存在两个比较大的问题。第一,理论模型的可验证性不足。这一点在前文所提到的雷蒙特的复制性研究中得到了充分体现——其研究表明,富勒和迈尔斯基于个案分析所建立的自然史模型没有获得足够充分的经验材料的有效支撑。第二,理论模型的完整性不足。这一点主要体现在二者的经验分析中。在这一理论模型所定义的"改革"阶段,二位学者虽然提出政策在实施过程中会遭遇各种问题,政策也会被修正或完善,但是这些理论性观点并没有得到经验现象的支持。就所分析的个案而言,针对拖车营地的相关改革行动还处于启动阶段,有些公共机构(卫生部门、学校)甚至没有做出明确行动。因此,改革阶段的政策在具体实施的过程中会遭遇怎样的挑战,会受到哪些因素的影响,会如何影响,这些挑战和影响会如何进一步对既有政策产生影响以及产生何种影响,这些问题是有待回答的。正如斯柏科特和基特苏斯所言,富勒和迈尔斯所关注的拖车营地这一社会问题"似乎处于从确定政策转变为改革的边界"[②]。虽然富勒和迈尔斯的自然

---

① James H. S. Bossard, "Comment", *American Sociological Review*, Vol. 6, No. 3, June 1941, pp. 328–329.

② Malcolm Spector and John I. Kitsuse, *Constructing Social Problems*, New York: Routledge, 2017, p. 171.

史模型被批评为比较机械和僵化，但是两人明确认为雷蒙特的批评并不能完全否定研究社会问题的自然史模型。因为自然史的分析方法不仅已经在很多相关研究中得到了应用，而且研究者们都是试图从对特定案例的描述分析上升到特定类型现象的概括。同时，这一分析方法还帮助研究者们检查事件的发生序列，寻求发展的过程特征，并将分析焦点转为正在出现的和正在开展的社会活动线路。因此，他们认为，自然史的分析方法可以为社会问题社会学开辟一条强有力的研究路线。[①]

从贝克尔到布鲁默到单光鼎再到朱力，虽然四位学者进一步丰富了社会问题的发展阶段理论，但事实上仍处在富勒和迈尔斯的基本框架之内，并未解决社会问题的处理过程及其最后结果的问题。例如，我们可以认为，在贝克尔、布鲁默分别划分的五个阶段中，前两个阶段对应"觉察"阶段，第三和第四个阶段对应"确定政策"阶段，而第五个阶段则对应"改革"阶段。而在单光鼎、朱力所划分的五个或六个阶段中，前四个阶段可以分别对应"觉察"阶段，第五个阶段是对应"确定政策"阶段，而第六个阶段则是对应"改革"阶段。差别只是在四位学者将引起社会成员注意和引发政策讨论的阶段更加细化了，展现了不同利益群体的利益与价值的冲突与博弈。同时，值得注意的是，无论四位学者如何细化社会问题的发展阶段，但是都存在一个有待解决或明确解释的问题，那就是这些理论缺少直接性经验资料的验证和支撑。四位学者均未声明其理论是在对直接性的经验资料的系统分析的基础上所提炼出来的理论模型，而是根据自己的逻辑推理或者在前人的分析基础上进一步划分了不同阶段，且论证每一个阶段的合理性和呈现具体特点时，四位学者仅仅是提供了一些思辨性的论据和个别社会问题的简要介绍。因此，可以说这四位学者的社会问题自然史模型更像是一种理念性的产物，需要通过系统的个案研究或经验分析来证明其有效性。至于贝斯特以及希尔加特纳、博斯克则是在既有的模型上进行了扩展和丰富，尤其是关注定义的过程。

[①] Malcolm Spector and John I. Kitsuse, *Constructing Social Problems*, New York：Routledge, 2017, p.174.

从笔者所查阅的文献来看，最新的社会问题自然史模型来自斯柏科特和基特苏斯近半个世纪前的建构，至今尚未出现新的推进。① 就这二位学者的理论模型来看，存在几个鲜明的创新点：第一，将社会问题的定义进行了根本性的改变。以往的学者尽管关于社会问题的定义存在一定的分歧，但是社会问题在本质性上是一种社会状况、社会状态或社会行为，而斯柏科特、基特苏斯则将社会问题定义为一种诉求群体做出宣称的社会活动。在这个活动中，既包括了诉求群体定义不良状况的话语，表现了其认同度价值或规范，同时还包括其表达不满的具体行动及其策略。这样一个定义从根本上改变了社会问题的基本性质，变成了与我们所熟悉的"社会运动""集体行动""社会抗争"等政治社会学色彩更为浓厚的概念相似的概念。当然，作者本人对此持否定态度，认为作为一种活动的社会问题的概念内涵更大。第二，扩展了自然史模型的边界，形成一种"第二代"（second generation）社会问题。具体而言，在其理论模型中，第一阶段分别对应的是富勒和迈尔斯的"觉察"阶段或"引起注意"阶段、贝克尔所定义的前两个阶段、布鲁默所定义的前两个阶段以及朱力所定义的前四个阶段；第二阶段则分别对应前四种理论模型的后面几个阶段，表明的是"第一代"社会问题的结束；第三阶段和第四阶段则是当面对第一代社会问题所采取的具体解决行动实施后会发生这一问题时所提出的新的阶段划分，此时社会问题进入了一个新的阶段。处于第三阶段和第四阶段的社会问题，用以回应和解决诉求群体之前所提出的主张的方案因为诉求群体的不满意、不信任和缺乏信心而成为做出新的宣称和提出新的需求的基础。如果作为一种社会活动的社会问题在"宣称—回应"的反复中完成了自身的发展。那么，社会问题活动会成为一个往复循环的过程吗？二位作者并未就此做出明确回答。当然，这一理论模型也存在为作者本人所承认的一些不足：（1）其所提出的自然史模型是假设的，他们并不主张一般的（generic）社会问题过程是基于大量个

---

① 从文献的发表时间来看，亚历山大的社会问题社会化模型无疑是最新的成果之一，但本节仍是将重点放在以富勒为代表的自然史模型的比较分析上。

案历史的经验推导出来的集体图像（collective portrait）。因此，这一模型更多的是一种分析大纲，可以为社会问题研究者提供收集第一个案例的初步指南，但是这一模型也会随着更为丰富的经验分析而被修正或取代。①（2）二位学者承认这一模型的偏见（bias）是夸大了任何经验例子的有序性和线性发展过程。②同时，与前面的一些学者类似，无论是在论文还是著作中，斯柏科特和基特苏斯都没有展现进行理论模型概括时所用到的相关社会问题案例的详细的经验性资料，这是比较遗憾的。诚如二位学者所言，"这个模型来自对许多社会问题的历史的广泛但非正式的调查，以及由研究生们在一个关于社会问题的研讨会上所汇编的六个社会问题的详细历史。因此，我们试图引导自己通过在从个案研究概括的'锡拉'和将我们的分析以未经证实的事实和例子为基础的'卡律布狄斯'之间的通道"。③这种两难境地也使得这一模型需要更加丰富和更加坚实的经验资料的验证和支撑。

上述所介绍的几种理论模型都存在一定的不足，那么是否存在社会问题自然史呢？从理论上说，应该给出肯定性的答案，但在大量的经验研究中，这个问题似乎仍需继续验证和扩展。虽然不少的社会学者对这一问题进行了一定的研究，也建立了一些理论模型，但均没有得到广泛地采用。而与之类似的概念——"生涯"（career）则得到不同学科的应用。"生涯"常常与人们的职业发展联系在一起，指的是人们从事相关职业的动机、过程和结果等过程。当用于社会问题研究时，则产生了我们所熟悉的"越轨生涯"（deviant career）这一重要概念，完成了从"初次越轨"到"二次越轨"的生活经历。同时，虽然社会学家认识到，社会问题往往遵循某些常规的发展阶段，但他们也知道，与通常的顺序相比，其总会有许

---

① Malcolm Spector and John I. Kitsuse, *Constructing Social Problems*, New York: Routledge, 2017, p. 184.

② Malcolm Spector and John I. Kitsuse, "Social Problems: A Re-Formulation", *Social Problems*, Vol. 21, Issue 2, Autumn 1973, pp. 145 – 159.

③ Malcolm Spector and John I. Kitsuse, "Social Problems: A Re-Formulation", *Social Problems*, Vol. 21, Issue 2, Autumn 1973, pp. 145 – 159. 其中，"锡拉"（Scylla）和"卡律布狄斯"（Charybdis）均是希腊神话人物，比喻处于两种危险的境遇，想要避免一种危险，另一种危险就会增加，即一种进退维谷的处境。

多偏差的情况。① 研究的结论与现实总是会存在不一致的地方。因此，到目前为止，所有的自然史要么是假设的结构，要么是一些过度扩展的案例研究，两者都没有为成功发现一系列共同阶段的可能性提供令人信服的证据，进而导致许多社会问题活动都没有自然史，却只有历史。② 那么，如果我们应用现有的自然史模型开展研究或者从不同案例分析归纳自然史模型，是否可以得到预期的结果，这个问题的答案是有待确定的。但是，正如斯柏科特和基特苏斯所言，"在一个没有建立研究传统的实质性领域，假定的自然史模型也许可以作为一本临时性的程序手册、一份有待处理的检查清单和一项头等业务"③。一定意义上，我们可以将"社会问题自然史"这一概念视为社会学家分为社会问题发展过程而提出的一种"理想型"（ideal type），作为进行经验研究和理解社会世界的启发性工具。因此，尽管各种理论模型或多或少地存在一定的瑕疵，但是我们都应该对推进社会问题自然史的前景充满希望。

---

① William Kornblum, Joseph Julian and Carolyn D. Smith, *Social Problems* 14*th Edition*, New Jersey: Prentice Hall, 2011, p. 16.
② Malcolm Spector and John I. Kitsuse, *Constructing Social Problems*, New York: Routledge, 2017, p. 207.
③ Malcolm Spector and John I. Kitsuse, *Constructing Social Problems*, New York: Routledge, 2017, p. 208.

第四章
社会问题的分类

类型化是人们认知生活世界的重要手段。我们可以根据一定的标准将社会现象分为不同的类型，进而作为我们开展相关研究的工具。在社会问题的研究中，可以说大多数的社会学家都有对其进行类型划分的冲动或者意愿，也尝试做出了自己的类型划分。但是，由于立场、兴趣、价值等因素影响，社会学家们的分类并不尽相同。事实上，社会问题系统分类的历史并不长，大概就是近百年内的事情，尤其在20世纪60年代初以默顿的系统分类最为典型，且影响深远。在此之前，人们对社会问题类型研究，多是以主题或内容进行区分。这一点是当时国内外学者的共识性做法。1929年詹姆斯·莱因哈特（James M. Reinhardt）引用一项关于美国社会学系的调查发现，大概有一半的社会学系开设了社会问题课程，而在这些社会问题课程中最常见的13个主题分别是：贫困、犯罪、家庭、种族问题、移民、离婚、人口、生活标准、疾病、劳动问题、工资、意外和儿童问题。[1] 1954年，艾博特·赫尔曼（Abbott P. Herman）基于社会问题教材的分析，发现社会问题9个最常见的主题分别是：犯罪、青少年违法犯罪、精神失常、种族冲突、家庭破裂、酒精上瘾、失业、性侵犯和政治腐败。[2] 我国老一辈社会学家孙本文在1941年出版的《现代中国社会问题》（第1

---

[1] Reinhardt J. M., "Trends in the Teaching of 'Social Problems' in Colleges and Universities in the United States", *Social Forces*, Vol. 7, No. 3, March 1929, pp. 379–384.

[2] Abbott P. Herman, "The Disproportionate Emphasis on Description in Social Problem Texts", *Social Problems*, Vol. 1, No. 3, January 1954, pp. 105–109.

册）中按照具体内容将社会问题的研究主题聚焦于家族问题、人口问题、农村问题和劳资问题。① 虽然不同的社会学家对社会问题的类型划分不尽相同，但是我们可以从这些分类找出一些共性要素，并总结一些经典的类型划分，从而思考是否可以建立新的分类体系。本章的主要内容是介绍已有的分类体系及其内容，并在此基础上尝试提出自己的分类体系。

第一节 社会问题分类的概况

可以说，社会问题有多少定义，就有多少种社会问题的类型，甚至更多。然而谁是最早的分类者？最早的分类是怎样进行的？却似乎并没有达成共识。有一种观点认为，关于社会问题的最早分类是由 P. K. 哈特提出的。哈特在其1934年出版的《什么是社会问题》一书中，将社会问题分为：经济问题（贫富对立和贫富差距问题）、健康问题（增进健康减少疾病，延长寿命问题）、政治问题（人际关系的和谐和幸福问题）和教育问题（如何使每个社会成员的人格健全，为社会尽力服务问题）。② 这一分类是比较简洁的，但是，由于介绍者没有提供分类的标准，我们无法确知分类的具体依据是什么。而从类型的名称本身来看，可以认为，哈特是依据问题所发生的具体领域进行分类，从而总结出社会中经济、健康、政治和教育等四个领域所产生的问题。另有一种观点则认为，关于社会问题的最早分类是由美国的一位社会学家欧淡民（Odum Howard Washington）提出的。欧淡民在其1947年出版的《了解社会》（*Understand Society*）一书中将社会问题分为四类：个人性问题、社会性问题、经济关系性问题、制度性问题。其中，个人性问题是指盲聋残、酗酒、自杀及心理缺陷和精神病等。社会性问题是指老年、离婚、遗弃、低智儿童、私生子、氓流、吸毒和卖淫等。经济性问题是指失业、贫穷、贫富不均等。制度性问题是指官

---

① 孙本文：《现代中国社会问题》（第1册），商务印书馆1941年版。
② 单光鼎：《社会问题和社会控制》，载陆学艺主编《社会学》，知识出版社1991年版，第563—564页。

僚机构重叠、政治腐败、贪污受贿、不正之风以及宗教狂热等等。[①] 1991年出版的《中国大百科全书·社会学》也持此观点。[②] 这一半个多世纪前的分类，虽然比较简洁，但是却没有提供一种分类的标准或维度，至少在介绍欧淡民分类情况的相关文献也没有提及这一点。通过欧淡民对每一类社会问题具体内容的列举，我们也不难发现个人性问题与社会性问题存在交叉重合，与我们现在常说的"越轨行为"或"失范行为"有相似之处。而且，将社会性问题作为社会问题的类型之一，又变成同义重复。虽然经济性问题和制度性问题则是比较明显的类别界限，二者主要分别指涉经济领域和政治领域的问题，但是社会性与制度性却往往也存在诸多关联。因此，这一分类虽然简洁但却各类型之间的互斥性并不强，分类的实际价值不大。纵观近一百年来的社会问题研究，有关社会问题的分类呈现出两个鲜明的取向：一是无标准的分类法，二是有标准的分类法。

一 无标准的分类法

无标准的分类法，在国内外的相关文献中比较常见。在未明确提出分类标准的情况下，相关学者的分类方法就是举例法。我们可以尝试列举几例。

郑若谷在1929年出版的《社会学概论及现代社会问题研究大纲》中将社会问题分为人口问题、家庭问题、劳工问题、农民问题、都市问题、民众教育问题、青年问题、妇女问题、犯罪问题、贫穷问题等类型。[③]

张琴抚等在1930年出版的《社会问题大纲》中，将社会问题分为劳动问题、农民问题、民族问题、妇女问题、社会主义、社会运动等类型。[④]

卜愈之、吴泽霖在1933年出版的《社会学及社会问题》中将社会问题分为劳动问题、农民问题、贫穷问题、妇女问题、家庭问题、人口问题

[①] 马洪、孙尚清主编：《经济社会管理知识全书》第4卷，经济管理出版社1988年版，第1075页。

[②] 中国大百科全书总编辑委员会《社会学》编辑委员会、中国大百科全书出版社编辑部：《中国大百科全书·社会学》，中国大百科全书出版社1991年版。

[③] 郑若谷：《社会学概论及现代社会问题研究大纲》，1929年版，第127页。

[④] 张琴抚讲授，郭逸樵笔记：《社会问题大纲》，乐华图书公司1930年版。

等类型。①

季灵兄弟在1948年出版的《文化社会学：社会学导论修订版》一书中认为，总体性文化结构（the total cultural configuration）不同要素之间的严重失调就是社会病态（social pathology）。季灵兄弟将社会分为道德、政治、教育、宗教、经济、家庭、民俗等社会制度（social institution）。所谓的社会位育（social adjustment），是指不同的社会制度及其要素能够整合成一个和谐的整体，个体在适应不同社会制度时没有压力的状态。而当这些社会制度无法有效地融合在一起，个人难以适应不同的社会关系时就出现了社会病态。因此，我们可以从道德等七个方面去看待不同类型的社会问题及其成因。②

斯密斯等人1956年出版的《社会问题》一书，把社会问题细分为16大类：人口问题、人力与劳力问题、老年问题、残废与病患、成人与少年犯罪问题、乡村卫生与医药服务、都市问题、家庭问题、经济问题、工业与劳工问题、教育问题、政治与政府问题、卫生与医药服务问题、少数民族与种族问题、文化接触问题、国际关系问题。③

美国社会学家斯卡皮蒂在其1974年出版的《美国社会问题》一书中，将各类社会问题分为三个方面：社会无组织状态（都市化、家庭、偏见与歧视、贫穷、人口、教育、保健）、异端行为（精神错乱、麻醉品与酒精中毒、犯罪与审判、暴力、性行为）以及技术与变革（通信、大公司制下的政府、工作、环境）。④

1991年出版的《中国大百科全书·社会学》列举了当代五类最突出的社会问题：人口问题、生态环境问题、劳动就业问题、青少年犯罪问题和老龄问题。⑤ 十年后，2002年出版的《中国大百科全书·社会学》将当代

---

① 卜愈之编著，吴泽霖校订：《社会学及社会问题》，世界书局1933年版，第140—141页。
② John Lewis Gillin and John Philip Gillin, *Cultural Sociology: A Revision of An Introduction to Sociology*, New York: The Macmillan Company, 1948, pp. 740–741.
③ 张向东：《社会问题概论》，载张向东编著《当代社会问题》，中国审计出版社、中国社会出版社2001年版，第12—13页。
④ ［美］弗·斯卡皮蒂：《美国社会问题》，刘泰星、张世灏译，中国社会科学出版社1986年版。
⑤ 中国大百科全书总编辑委员会《社会学》编辑委员会、中国大百科全书出版社编辑部：《中国大百科全书·社会学》，中国大百科全书出版社1991年版，第328页。

最突出的社会问题归纳为：人口问题、生态环境问题、劳动就业问题、青少年犯罪问题和老龄问题。① 可见，历经十年，编者对当代最突出的社会问题的判断没有改变。

2011年，威廉·科恩布卢姆（William Kornblum）等人编写的《社会问题》一书，将社会问题分为：健康与保健问题、精神疾病与治疗问题、酒精与其他药物、犯罪与暴力、富裕中的贫困、种族主义歧视与偏见、性别与性、老龄化社会、变化中的家庭、教育问题、工作与经济的问题、人口与移民、技术与环境、战争与全球不安全十四个种类。②

通过以上列举，可以发现，相关学者是按照问题所发生的社会生活领域将社会问题分为不同类型。由于不同的社会生活领域之间存在较为密切的联系，因而所划分的社会问题类型难以做到互斥性，而更多地成为研究者们分析的具体主题。这些具体的主题既反映了相关学者对所处时代的重要社会问题的关注，通过一种历时性的比较也可以看出不同时代所面临的问题的异同。但是，这种分类的风险则在于，类型的无法穷尽。或者正如童星所言，"这种分类法重点突出，但总给人以遗漏了些什么的感觉"③。郭星华也持类似观点，认为这种形式的类型划分的"优点是直观、易记，容易被人们理解；缺陷则是很难完全罗列全部的社会病态现象，而且由于社会问题具有变异性，某些社会现象在过去成为社会问题，但今天不一定会再成为社会问题，另外，并非所有国家都面临着同样的社会问题"④。因此，这种类型划分的价值更多的是经验层面的，而非理论层面的。

二 有标准的分类法

因为社会问题的范围广泛，特点和性质多样，所以按照特定的标准开

---

① 中国大百科全书总编辑委员会：《中国大百科全书·社会学》，中国大百科全书出版社2002年版，第327页。
② William Kornblum, Joseph Julian and Carolyn D. Smith, *Social Problems 14th Edition*, New Jersey: Prentice Hall, 2011.
③ 童星：《世纪末的挑战——当代中国社会问题研究》，南京大学出版社1995年版，第11页。
④ 郭星华：《社会问题》，载郑杭生主编《社会学概论新修》（第5版），中国人民大学出版社2019年版，第419页。

展社会问题的类型划分工作是面临不少的困难的。但是,依然有一些学者通过提出相关的标准划分了社会问题的具体类型。我们可以试着列举几例:

1961年,在默顿与尼斯贝特合编出版的《当代社会问题》(Contemporary Social Problems)一书中,默顿按照产生的原因,从"社会—行为"的维度将社会问题分为社会解组和越轨行为两类。在1966年、1971年、1976年等各版次中,该书均未更改这一分类。其中,社会解组的社会问题包括世界人口危机、平等与不平等、年龄与老龄化、性别角色、种族与群际关系、家庭解组与城市问题、工作的世界、贫困与无产阶级、集体性暴力等;越轨行为的社会问题包括犯罪与青少年犯罪、精神失常、药物使用、酗酒与饮酒问题、性行为等。同时,默顿按照社会问题是否被普遍认识到,将其划分为显在的社会问题与潜在的社会问题。①

1978年,乔恩·谢泼德(Jon Shepard)和哈文·沃斯(Harwin Voss)合著的《美国社会问题》遵循了相似的分类路径。他们按照社会问题的产生原因方面将社会问题分为结构性社会问题(包括不平等、变化着的价值观两小类)和过失性社会问题两大类。其中,结构性社会问题中的不平等包括贫富两极分化问题、偏见和种族歧视、政治与权力、教育不平等问题,结构性社会问题中变化着的价值观包括家庭危机、对工作的不满情绪、人口问题与都市化、环境危机,过失性社会问题包括犯罪与少年过失问题、酗酒与吸毒问题、性行为过失问题、精神病问题。②

姚新中在1989年出版的《困惑——当代社会问题的伦理思考》一书中从人类整体的角度、产生根源、价值观冲突等三个维度,划分了六种社会问题,分别是区域性问题(如独生子女问题)与全球性问题(如离婚率上升问题)、个体性问题(如自杀问题)与群体性问题(如环境问题)、过失性问题(如婚前、婚外性行为问题)与发展性问题(如新旧价值观体

---

① Robert K. Merton, "Introduction" In *Contemporary Social Problems Fourth Edition* Edited by Robert K. Merton, Robert Nisbet, Harcourt Brace Jovanovich, Inc., 1976, pp. 5 – 43.
② [美]乔恩·谢泼德、哈文·沃斯:《美国社会问题》,乔寿宁、刘云霞合译,山西人民出版社1987年版。

系的冲突问题)。①

在陆学艺1991年主编的《社会学》中,由单光鼎所撰写的"社会问题中社会控制"一章"依据中国大陆的现实状况"将社会问题分为三大类:结构型的社会问题、变迁型社会问题和偏差型社会问题。其中,结构型的社会问题包括人口、贫穷、腐败、婚姻与家庭、少数民族、宗教、劳动与就业等;变迁型社会问题包括城乡发展、环境问题、精神心理疾病、自杀、老龄问题、流动人口、农村劳动力转移、离婚问题等;偏差型社会问题包括犯罪、青少年犯罪、进城民工违法、酗酒、性犯罪、药物滥用、集群行为等。② 这个分类标准是比较模糊的,但却得到了国内不少学者的认可、采用和补充。

童星在1995年出版的《世纪末的挑战——当代中国社会问题研究》一书中按照社会问题产生的根源和性质划分了全球性社会问题、变迁性社会问题和转轨性社会问题三大类型。其中,全球性社会问题是指目前世界各国共同面临的社会问题及其在我国的影响和表现,如人口膨胀;变迁性社会问题是指由农业社会向工业社会变迁、传统社会向现代社会过渡而引发的社会问题,如"城市病";转轨性社会问题是指我国实施改革开放政策,由计划经济模式向市场经济模式转变而引发的社会问题,如分配不公。这三类问题在我国是可以相互交叉的。③ 可以说,这三类社会问题都带有极强的结构性色彩。

我国台湾学者杨国枢、叶启政在其1984年出版的《台湾的社会问题》一书中,将社会问题分为社会性的社会问题、制度性的社会问题、个人性的社会问题等三类。但是后来觉得该分类有不够周延之处,故在1991年再版的《台湾的社会问题1991版》中,将社会问题分为有关环境区位的社会问题、有关资源分配的社会问题、有关偏差行为的社会问题、有关社会

---

① 姚新中:《困惑——当代社会问题的伦理思考》,中国城市经济社会出版社1989年版,第15—22页。
② 单光鼎:《社会问题和社会控制》,载陆学艺主编《社会学》,知识出版社1991年版,第564—565页。
③ 童星:《世纪末的挑战——当代中国社会问题研究》,南京大学出版社1995年版,第12页。

制度的社会问题四大类。其中，有关环境区位的社会问题与广大社会区位与生态环境较有关系，包括农村问题、都市问题、人口问题、环境问题等；有关社会制度的社会问题，与社会制度的组织及运作较有关系，包括家庭问题、教育问题等；有关资源分配的社会问题与各种资源的分配不平等较有关系，包括贫穷问题、劳工问题、妇女问题、弱势群体问题、医疗照顾问题等；有关偏差行为的社会问题与违犯法律、规范及正常标准较有关系，包括犯罪问题、贪污问题、色情与娼妓问题、赌博与投机问题、心理卫生问题等。[1] 二位学者1984年的分类得到了何雪松的基本认可，在其2007年出版的《社会问题导论：以转型为视角》将我国当前面临的社会问题分为两类：社会性社会问题和制度性社会问题。前者普遍存在于不同的社会，只不过表现形式有所差异，如人口、贫困、失业、犯罪与家庭问题；后者在中国社会的转型背景下尤其突出，如健康、教育、腐败和环境问题。[2] 可以说，杨、叶二人的四分类是在其三分类的基础上的进一步细化，而何雪松则是以此为参考进行的类型划分。但是，不同类型之间仍存在一定的矛盾之处。比如，社会性与制度性本身就存在极强的关联，而社会性与社会问题的组合也存在同义重复的情况。

2019年，郭星华在参与编写的《社会学概论新修》（第5版）中从两个方面划分了社会问题。一是依据社会问题产生的历史条件与地区差异划分了普遍性社会问题和特殊性社会问题。普遍性社会问题是指在一定时期内普遍发生在各个地区或国家的社会问题，是所有社会都要面临的社会问题，比如环境问题、犯罪问题等；特殊性社会问题是指在一定时期内发生在某类或某个地区或国家的社会问题，只是某类或某个社会里才有的社会问题，对这类问题要运用一些特殊的手段予以解决，比如美国社会的种族歧视问题、中国的人口问题等。二是从社会问题产生的根源划分了结构失调性社会问题与功能失调性社会问题。结构失调性社会问题是指由于社会结构失调而产生的社会问题，社会结构的失调会有两个方面的社会后果：

---

[1] 杨国枢：《绪论（代序）》，载杨国枢、叶启政主编《台湾的社会问题1991版》，台北：巨流图书公司1991年版，第17—18页。

[2] 何雪松：《社会问题导论：以转型为视角》，华东理工大学出版社2007年版，第45页。

导致社会秩序混乱、社会运行迟滞，这两种情形都将产生结构失调性社会问题，比如我国人口结构失调。功能失调性社会问题是指由于社会结构存在某些障碍或病变而没有发挥应有功能所产生的社会问题，比如官僚主义、以权谋私等。①

通过以上列举，可以发现，相关学者依据特定标准，实现了社会问题类型的二分法、三分法、四分法、五分法甚至是多分法等不同层次的处理方式。事实上，要说最全面的分类，当数雷洪在1999年出版的《社会问题——社会学的一个中层理论》中花费了11页的篇幅，运用3个一级指标和10个二级指标，构造了数十个社会问题类型（见表4-1）的分类方式。

表4-1　　　　　雷洪关于社会问题分类的具体内容

一级指标	二级指标	具体类型
以社会问题的产生分类	依社会问题发生、发展的趋势或可能性	必发性的社会问题、偶发性的社会问题
	依社会问题产生的主导性或主要的原因	依社会问题产生主导性原因的分类可以有不同的具体指标，从而可区分不同意义上诸类型的社会问题。如社会领域方面、社会结构方面等
	依社会问题产生与社会结构	结构性的社会问题、非结构性的社会问题
	依社会问题产生与社会存在（运动）的状态	稳定性的社会问题、过程性的社会问题
以社会问题的内容、表现分类	依社会问题的本质社会失调的具体内容	社会自然环境方面的失调；经济方面的失调；政治方面的失调；人口方面的失调；教育方面的失调；社会安全方面的失调；社会文化方面的失调；社会心理或社会意识、观念方面的失调；城市社区中的失调；农村社区中的失调
	依社会问题的表现状态与主体人行为	社会反常性的社会问题、社会解组性的社会问题
	依社会问题的表现程度	显性的社会问题、隐性的社会问题
	依社会问题存在的空间范围	全球性的或世界性的社会问题、主权国家范围的社会问题、自然区域范围的社会问题、社区区域范围的社会问题、行政区域范围的社会问题、经济区域范围的社会问题、文化区域范围的社会问题、民族区域范围的社会问题

---

① 郭星华：《社会问题》，载郑杭生主编《社会学概论新修》（第5版），中国人民大学出版社2019年版，第419—420页。

续表

一级指标	二级指标	具体类型
以社会问题的影响及解决分类	依社会问题对社会影响的根本性质	消极性的社会问题、积极性的社会问题
	依解决社会问题的条件	一定时期内有条件、有能力解决的社会问题；是一定时期内暂无条件和能力解决的社会问题

资料来源：雷洪：《社会问题——社会学的一个中层理论》，社会科学文献出版社 1999 年版，第 60—71 页。

可以说，雷洪的分类是广而全的。从一级指标来看，实现了对社会问题的原因、发展和后果及其解决等全过程的覆盖，从具体类型来看，几乎可以说涵盖了我们一般所能想到的社会生活的各领域及其相关内容。但是，这一庞杂的分类体系，却存在各类型之间相互交叉的现实矛盾：一是同一分类标准下，不同类型的社会问题存在一定的重合之处。比如社会自然环境方面、经济方面、政治方面、人口方面、教育方面、社会安全方面、社会文化方面、社会心理或社会意识、观念方面的失调既可能存在于城市社区，也可能存在于农村社区。二是不同分类标准之下，不同类型的社会问题也存在一定的重合之处，这主要是由于二级指标之间存在重合交叉之处。比如，消极性的社会问题既可能是一定时期内有条件、有能力解决的社会问题，也可能是一定时期内暂无条件和能力解决的社会问题。因此，从理论层面来看，这一分类体系虽然全面、逻辑结构清楚，但却不够简洁；[①] 而从经验层面来看，指导性的价值也比较有限，也许用于判定正在研究的社会问题的性质时才有比较大的参考价值。

关于社会问题类型的划分，可以说是一个难以达成共识的难题。这既有研究者的研究兴趣和立场的差别，也有分类具体策略的差异。正如富勒和迈尔斯所说，"传统教科书上的社会问题分类遵循了权宜之计的规则，而不是系统的理论分析。因此，在常识上，问题可以分类为：保护自然资源、人口、身心健康、经济安全、犯罪和青少年犯罪、家庭组织、

---

① 魏曼华：《社会问题的理论》，载魏曼华等《当代社会问题与青少年成长》，福建教育出版社 2005 年版，第 32 页。

战争、宣传和社会控制"①。截至目前，关于社会问题的分类，形成了两条影响力比较大的路径。一条是默顿和尼斯贝特在1966年所进行的社会问题类型划分。与某些学者对社会问题分类进行简要论述相比，默顿和尼斯贝特的论述非常详细，并带有极强的社会学"味道"。另一路径是以单光鼎在1991年所提出的三类划分为代表。虽然单光鼎没有明确所谓的"现实状况"是什么，使这一分类显得不够完整，但是这一分类却得到了国内许多学者的认可，并得到了进一步的补充和解释。本章的第二节和第三节将重点介绍这两个分类路径。

第二节 社会解组与越轨行为

本书第二章已经介绍过，默顿将社会问题定义为："广泛持有的社会标准与现实的社会生活状况之间的根本不一致。"② 围绕这种"不一致"，默顿进一步区分了两种社会问题：社会解组（social disorganization）与越轨行为（deviant behavior）。

所谓社会解组，在默顿看来是指某一群体或组织或社区或社会的地位和角色的结构不能有效地运作，以达到其价值目标。这一定义所代表的是关于社会系统运作的一种技术上的判断。③ 因此，可以认为社会解组是社会系统的功能发挥不协调，甚至出现了反功能而导致的现实危机。这种危机或异常情况，其现实危害性则在于阻碍了群体或个体目标的充分实现，进而引发一些新的问题。当然，要注意区分的是，社会解组未必就是非组织（unorganization）。因为，社会解组是指已经建立起来的社会关系系统中发生急剧的或缓慢的分裂，而非组织则是指尚未形成社会关系的系统。④ 所以，可以说，

---

① Richard C. Fuller and Richard R. Myers, "Some Aspects of A Theory of Social Problems", *American Sociological Review*, Vol. 6, No. 1, February 1941, pp. 24–32.
② ［美］罗伯特·金·默顿：《社会研究与社会政策》，林聚任等译，生活·读书·新知三联书店2001年版，第53页。
③ ［美］罗伯特·金·默顿：《社会研究与社会政策》，林聚任等译，生活·读书·新知三联书店2001年版，第77页。
④ ［美］罗伯特·金·默顿：《社会研究与社会政策》，林聚任等译，生活·读书·新知三联书店2001年版，第79页。

非组织反映的是一种无序的状况，解组则是反映了一种失序的状况。从时间顺序来看，非组织一般都是发生在社会解组之后。

默顿认为，导致社会解组的根源分别是利益和价值的冲突、地位和角色责任的冲突、社会化的欠缺、社会沟通的欠缺。① 具体而言：第一，利益和价值的冲突，是社会分化的结果。社会分化越强，群体与群体之间、阶层与阶层之间的利益和价值分化就会越大。因为利益和价值的分化，不同社会成员之间所遵循的有关社会地位的规范存在差异，甚至会产生难以调停的冲突。共识难以达成，社会解组就成了必然。因此，基于利益和价值的冲突，也是反映了不同的利益群体之间的分化。这既制造了社会解组，也是社会解组的反映。比如随着住房商品化而使得业主与房地产商、物业之间的矛盾或冲突不断增加、复杂和激烈化，相关的业主维权活动也日益增加。第二，地位和角色责任的冲突。按照社会学的观点，人们都会在社会中承担一组地位或角色，而这些地位或角色会对人们的行为提出不同的要求。一旦这些不同的要求之间存在矛盾或冲突，就会使得人们各行其是或者无所适从，这都会带来解组的风险。而要防止这种风险，就必须要建立一套广为接受的社会目标。否则，这种解组就会加剧，使人们行为变得不可预测性和社会分裂性。比如现在人们都会遭遇家庭与工作的冲突，在家庭中需要承担的是丈夫或妻子的角色，而在工作中则要承担的是职员的角色，但是这两种角色有时候会同时对个人提出要求（比如做家务与加班），此时就会增加个人的焦虑或紧张。这种冲突往往对女性的影响更大。第三，社会化的欠缺。社会化是促使个人从"自然人"成为"社会人"的手段和途径，为人们履行其社会角色提供了所需的态度、价值、技能和知识。一旦社会化不当，就会产生解组的风险。社会化不当可以来自两个方面：一是社会化不充分，导致人们无法有效内化社会角色的要求，无法履行社会角色的行为要求；二是身处快速流动或变迁的社会中，个人无法得到有效的、适当的再社会化，使得个人常常无所适从，从而使得实现社会化的有组织的社会努力的有效性降低，进而导致解组问题。比如随着现代社会的快速发展，科学技术日新月异，相对这些适

---

① ［美］罗伯特·金·默顿：《社会研究与社会政策》，林聚任等译，生活·读书·新知三联书店2001年版，第77—79页。

应能力更强的新技术年轻人，而年长者则往往需要比较长的时间来学习和适应。在能够比较充分地掌握这些新科技之前，这些新技术所带来的门槛也会给不少年长者带来生活上的困难，使其产生焦虑或紧张感，甚至是导致某种社会矛盾冲突。当然，这种解组所带来的问题的解决难度是比较小的。第四，社会沟通的欠缺。在社会系统中，人们都处在一定的社会关系中，借助这些社会关系可实现人们之间的沟通，可以在相互依赖的基础上实现社会对他们的期望和他们个人的目标。但是，如果人们之间的沟通渠道在结构上的不当或部分中断，组织中的沟通欠缺，就会导致社会解组。比如在一个族群矛盾严重的国家，不同族群之间存在极强的敌视或对抗，制度上也缺乏调和族群关系的相关安排，那么这种情况下族群矛盾只会日益深重，导致社会失序。建立于1945年的南斯拉夫的解体就是一个典型案例。

所谓越轨行为，是指明显地背离了人们的社会地位相关的规范行为。同一种行为可以被认为是越轨性的，也可以被认为是遵从性的，这依赖于做出这种行为的人的社会地位。[1] 也就是说，每个社会地位都有自己的一套规范性责任。正当地履行自己所承担的社会地位预期的行为被视为"合适行为"，反之则是越轨行为。比如，某人不具备行医的资格，却从事相关的医疗活动，这是非法行医，也是一种越轨行为。同时，越轨行为还会遭遇社会的道德评判，这种道德评判会给越轨者制造极大的社会压力，甚至成为促使其开启越轨生涯的外部因素。这种道德反应往往有特定的根源，主要是依赖于人们与越轨者的距离：与越轨者的距离越近，有直接互动的人们会多认为越轨行为是破坏性的，因为越轨者未能达到社会所赋予的期望，给别人的生活制造了难题或不幸；与越轨者的距离比较远，且没有直接互动的人们则会产生一种敌视性的反应，因为越轨者的行为虽然没有使得他们遭受损失或侵害，但是他们会认为越轨行为侵犯了其内在化的道德规范，因此会表现出一种道德义愤。[2] 当然，需要注意的是，人们对同一类型的越轨行为的社会反应未必是完全一致的。比如，在种族主义盛行的美国社会，青少年犯罪中的白人

---

[1] [美]罗伯特·金·默顿：《社会研究与社会政策》，林聚任等译，生活·读书·新知三联书店2001年版，第80页。

[2] [美]罗伯特·金·默顿：《社会研究与社会政策》，林聚任等译，生活·读书·新知三联书店2001年版，第80—81页。

和黑人所遭受的社会惩罚是不一样的。

同时,默顿根据越轨行为的结构及其对社会系统的影响结果,区分了两类越轨行为:非遵从行为(nonconforming behavior)和违规行为(absent behavior)。二者的区别在于:(1)非遵从者公开宣称他们的不同意见,并不想掩饰自己背离社会规范的行为,而违规者则是努力避开公众的注意力;(2)非遵从者对他们所反对的社会规范的合法性提出挑战,或者至少对某些方面的情况提出挑战,而违规者清楚地知道他们所违犯的规范的合法性,但是他们认为这种违法是必要的手段或者是一时的冲动,他们可能努力为自己的行为找理由;(3)非遵从者的目的是改变他们在实践上所拒绝的那些规范,而违规者则主要是尽量逃避所存在的规范的惩罚且并不想提出替代性的规范;(4)非遵从者会被社会一般大众认为其对主要规范的违背是出于无私的目的而非为了个人利益,而违规者则通常被认为其违背规范是为了个人私利;(5)非遵从者通过诉诸更高的道德要求,在有利的历史条件下,可以借助最终价值,而不是社会中的某些特定规范确定其合法性。他们努力促进社会现实的公正性而不是制度的虚构,追求新的道德或是提出重建已被实践所抛弃的道德。而违规者不会提出新的东西,也不会重建旧的东西,他们只是为了满足自己的私利或者表现其私欲。[1] 因此,人们在道德层面未必会认为非遵从行为是不可接受的,而是会认为违规行为是不可接受的。

纵观默顿对社会解组和越轨行为的划分及其分析,可以发现"社会地位"是核心要素。正如默顿所言,"社会解组这类社会问题,不是来自于人们未能达到其社会地位的要求,像越轨行为那类情况,而是来自于这些地位的不当组合,从而不能形成一个统一的社会系统"[2]。因此,我们可以将"社会地位"视为默顿划分社会问题类型的核心依据。以此而言,默顿的社会问题分类也具有中层理论的特点,即既未提高到宏大的社会结构层面,也没有回归到纯粹微观的个体行为本身,而是聚焦于社会成员的社会地位及其所要求的规范。

---

[1] [美]罗伯特·金·默顿:《社会研究与社会政策》,林聚任等译,生活·读书·新知三联书店2001年版,第82—84页。
[2] [美]罗伯特·金·默顿:《社会研究与社会政策》,林聚任等译,生活·读书·新知三联书店2001年版,第77—78页。

默顿的这一类型划分是十分经典的。可以这么说，至少到目前，尚未有超越这一经典分类的新类型划分模式。正如我国台湾学者杨国枢所言，"如此看来将社会问题分成社会解组和偏差行为是长期所普遍的概念。在理论上和实际上，这个社会问题的分类法很有意义，向来为学界所普遍引用"[①]。由于这一分类具有相当的理论意义和现实意义，不少学者也利用其开展了一些实证调查。

中国台湾学者萧新煌等人在1985—2004年进行了六次社会问题调查，通过请受访者对于不同社会问题的严重程度进行评估，获取民众对社会问题的感受（见表4-2）。在1985年进行第一次中国台湾社会变迁基本调查时，萧新煌引用了他人的调查设计了一组问题，这组问题的题干是"您认为目前台湾的下列问题严不严重"，并在题干之下按照顺序列举了16个社会问题。这种调查方式一直延续到2004年。那么，这16个问题是如何确定的呢？答案就是，问卷草拟者提出一组他们认为重要的社会问题，然后再用这组问题来测量受访民众的反应，进而确定列入问卷选项的问题类型。最终，这16个社会问题，可以划分为偏差行为和社会解组两类，其中，偏差行为问题主要包括青少年犯罪、经济犯罪、色情、贪污舞弊、人口等问题，而社会解组问题主要包括环境、贫富、离婚、老人奉养和物价上涨等问题。

表4-2 　　对偏差行为与社会解组两类社会问题严重性平均比较

年份	1985	1990	1992	1994	2001	2004
偏差行为	65	70	69	78	72	77
社会解组	53	55	66	68	72	60

资料来源：瞿海源、张笠云主编：《台湾的社会问题》（第2版），台北：巨流图书公司2010年版，第14页。

表4-2中所标出的数字为受访民众对偏差行为、社会解组两类社会问题严重性感受的平均值，其值越高，表示受访民众认为此类社会问题越严

---

① 杨国枢：《绪论（代序）》，载杨国枢、叶启政主编《台湾的社会问题1991版》，台北：巨流图书公司1991年版，第5页。

重。从六次的调查结果来看，民众对偏差行为严重性的感受一致都是比较强的，且每次几乎都是高于对社会解组的严重程度的评估。唯一一次水平相等的2001年，则是因为失业问题成为当年的焦点问题，民众对就业困难极为关注。作者认为，民众对偏差行为严重程度的认知高于社会解组的状况，是长期的稳定心理倾向。人们对于会产生对个人生命财产威胁，或是会对个人产生伤害的偏差现象会有比较强烈而直接的感觉，而对于结构性的社会解组现象的感受就没有那么直接和强烈。只有类似失业那样会造成立即威胁的社会解组问题才可能有比较强烈的认知。[①]

包蓉及其课题组以《中华人民共和国预防未成年人犯罪法》中规定的未成年人的不良行为与严重不良行为为基础，参考了广州市穗港澳青少年研究所2006年初对广州市青少年的结构性自填问卷调查中偏差行为的测量项目，以及"穗港台澳新"五地青少年偏差行为研讨会中偏差行为的测量项目，确定了15个广州市未成年人偏差行为测量项目。课题组在广州全市范围内选取10所中学发放720份问卷，收回有效问卷691份。基于问卷的分析发现（见表4-3）：未成年人中发生频率较高的偏差行为主要是玩暴力网络游戏；看暴力影碟；出入酒吧、网吧等娱乐场所；聚众喝酒；看色情影碟、书籍；吸烟，而未成年人中发生频率较低的偏差行为主要有吸食摇头丸、K粉等违禁药物；偷拿别人的东西；玩色情网络游戏。[②]

表4-3　　　　　　未成年人的偏差行为调查

行为类型	从来没有		只有一至两次		每个月少于一次		每个月一次		每个月多过一次	
	频数	百分比	频数	百分比	频数	百分比	频数	百分比	频数	百分比
逃学	635	92.2	37	5.4	4	0.6	2	0.3	11	1.6
吸烟	630	91.6	30	4.4	6	0.9	1	0.1	21	3.1
聚众喝酒	581	84.6	69	10.0	12	1.7	10	1.5	15	2.2

[①] 瞿海源、张笠云主编：《台湾的社会问题》（第2版），台北：巨流图书公司2010年版，第13—14页。

[②] 包蓉：《专题报告十：广州市未成年人偏差行为状况及其违法犯罪预防》，载涂敏霞、邱服兵主编《广州青年发展状况研究报告2009—2010》，广东人民出版社2010年版，第263—264页。

续表

行为类型	从来没有 频数	从来没有 百分比	只有一至两次 频数	只有一至两次 百分比	每个月少于一次 频数	每个月少于一次 百分比	每个月一次 频数	每个月一次 百分比	每个月多过一次 频数	每个月多过一次 百分比
夜不归宿	634	92.0	34	4.9	9	1.3			12	1.7
看色情影碟、书籍	627	91.0	30	4.4	5	0.7	3	0.4	24	3.5
看暴力电影	568	82.3	70	10.1	17	2.5	8	1.2	27	3.9
玩色情网络游戏	671	97.4	7	1.0	4	0.6	1	0.1	6	0.9
玩网络游戏	580	84.3	56	8.1	7	1.0	5	0.7	40	5.8
出入酒吧、网吧等娱乐场所	573	83.2	78	11.3	14	2.0	5	0.7	19	2.8
赌博	626	91.1	37	5.4	10	1.5	3	0.4	11	1.6
破坏公共财物	633	91.9	48	7.0	1	0.1	2	0.3	5	0.7
携带危险刀具	663	96.2	15	2.2	1	0.1	2	0.3	8	1.2
偷拿别人的东西	666	96.5	18	2.6	1	0.1			5	0.7
打架斗殴	643	93.2	36	5.2	1	0.1	1	0.1	9	1.3
吸食摇头丸、K粉等违禁药物	685	99.3	2	0.3					3	0.4

资料来源：包蓉：《专题报告十：广州市未成年人偏差行为状况及其违法犯罪预防》，载涂敏霞、邱服兵主编《广州青年发展状况研究报告2009—2010》，广东人民出版社2010年版，第263—264页。

此外，默顿从社会问题的主观方面入手区分了显在的社会问题（manifest social problems）与潜在的社会问题（latent social problems）。默顿认为，显在的社会问题是指由问题判定者所认定的那些客观社会状况与社会价值之间有明显的不一致，而潜在的社会问题则是指社会状况与社会价值的不一致，但这种的不一致并没有被普遍认识到。[①] 这一区分及其定义，仍是遵循了默顿对社会问题的定义——社会现实与社会准则之间的不一致，而两类社会问题的差别只在于是否被社会成员普遍认识到。比如犯罪

---

① ［美］罗伯特·金·默顿：《社会研究与社会政策》，林聚任等译，生活·读书·新知三联书店2001年版，第62页。

问题可以被称为是显在的社会问题,因为这些问题的状况及其后果已经得到社会成员和决策者的承认,并且已经采取了相应的措施进行处理;比如在种族主义盛行的美国,种族歧视及其严重后果并未成为社会成员,尤其是美国白人之间的普遍共识,也未得到所有决策者的一致承认,因而仍是一种潜在的社会问题。但是这种潜在的社会问题已经被不同的专家学者们不断地揭露出来。正如杰罗姆·曼尼斯(Jerome G. Manis)所言,这一分类所解决的问题是:"当前对社会问题的定义的经验效用必须取决于公众舆论的质量。如果公众充分意识到其问题,那么社会学家识别这些社会问题的任务并不很困难……然而,如果公众对其问题的认识没有清楚地表达出来,那么社会学家的任务就会更麻烦。社会学家如何处理未成形的(unformed)态度、矛盾的情绪等问题呢?"① 默顿通过区分显在的社会问题和潜在的社会问题来试图解决这个问题,极具启发性。

同时,同一社会现象在不同的历史时期也会显露出不同的状况,从而使得其有时是潜在的社会问题,有时则是显在的社会问题。比如在美国,酗酒曾经一度被认为是非常重要的社会问题,足以引起宪法的修改。但是后来有关酒精中毒所造成的威胁,在社会面临的其他严重问题面前,变成了一个潜在的社会问题,它的社会代价被社会低估或误解了。② 在某一社会问题未被社会成员普遍认识到的时候,社会学家则能够提供有关这一社会问题的相关知识,进而将其作为潜在的社会问题进行研究,并告知其他社会成员。通过揭露潜在的社会问题,提供相关的知识,将潜在的社会问题转化为显在的社会问题,倡导各种社会政策,进而促使政策制定者调整相关政策,这是社会学家们的责任和义务。③ 当然,在揭露潜在的社会问题时,社会学家既不会把自己的价值强加于人,所提供的社会学真理也不会立刻使人们获得自由,也不会立即消除社会中的明显的反功能机制,但

---

① Jerome G. Manis, "The Concept of Social Problems: Vox Populi and Sociological Analysis", *Social Problems*, Vol. 21, No. 3, January 1974, pp. 305 – 315.
② [美] 弗·斯卡皮蒂:《美国社会问题》,刘泰星、张世灏译,中国社会科学出版社1986年版,第8页。
③ [美] 罗伯特·金·默顿:《社会研究与社会政策》,林聚任等译,生活·读书·新知三联书店2001年版,第63页。

社会问题导论

是社会学家通过发掘越来越多的某些公认的习性的后果并使之昭然若揭，从而可以为重新评价这些习性提供重要的基础。① 我国台湾学者黄维宪（1982）曾经做过这样的分析，基于1910年以来每10年社会学者对社会问题的分类列出了67种分类，并依照国外社会问题相关的理论观点加以归类。但是仔细一一核对各项分类，看不出有什么头绪。如果直接观察67种分类表，可以发现其中有24张表罗列了社会问题，但没有分类，虽然另有11张表有分类，但分类本身没有任何意义。值得注意的是，有21种分类以社会解组分类或社会解组为其中一大类，有23种分类以偏差行为做分类，或以偏差行为为其中一大类。如此看来，将社会问题分成社会解组和偏差行为是长期以来的普遍概念。② 因此，可以说默顿对社会问题的这一类型划分是极具典型意义的，也得到了广泛引用。

同时，我们也容易注意到，在划分社会问题时用到的显隐的概念与其对社会功能进行划分的用到的显隐概念也存在相似之处。我们知道，默顿对功能的定义是"为我们所观察的后果"，而显性功能（manifest function）是指"有助于体系之适应或顺应的客观后果，这种后果为此体系之参与者所预期（intended）并认可（recognized）"，隐性功能（latent function）是指"与显性功能相对应，这种后果既非预期的，亦未被认可"③。可见，一项社会行动的后果是产生显功能还是隐功能，需要由受此影响的社会成员进行判断。如果在意料之中且得到广泛认可，即为显功能，反之则为潜功能。因此，显功能、潜功能与显性社会问题与隐性社会问题的差别，是多了一个"行动的预期或非预期后果"。总体上看，默顿的显隐概念是存在逻辑一致性的。正如默顿所言，"社会学也不一定使我们聪明或者使我们三思而后行。但是，通过不断发掘潜在的社会问题，以及对显在社会问题的澄清，社会学研究却可以使我们提高对集体性和制度性后果之间的认识……人们有时要为他们确立的

---

① ［美］罗伯特·金·默顿：《社会研究与社会政策》，林聚任等译，生活·读书·新知三联书店2001年版，第62—63页。
② 瞿海源：《台湾社会问题研究》，载瞿海源、张笠云主编《台湾的社会问题》（第2版），台北：巨流图书公司2010年版，第5页。
③ ［美］罗伯特·金·默顿：《论理论社会学》，何凡兴、李卫红、王丽娟译，华夏出版社1990年版，第138—139页。

尚欠考虑的信念以及为我们形成的顽固的习性付出极大代价，社会学家所做的只是揭示这些代价"①。当然，关于"这些代价"能否总是在社会学家与社会成员之间达成共识，则需要从经验上进行验证。

第三节　结构、变迁与失范

第一节介绍了单光鼎在所提出的社会问题的三种类型没有明确分类的依据，但是这三类社会问题在国内其他学者的相关文献中得到了认可和发展，从而进一步明确了分类的标准。我们可以列举两位学者的主要观点。

一　朱力的分类

朱力在1994年发表的《社会结构转轨与社会问题突现》论文中提出，转轨时期我国所面临的较突出的社会问题主要有五类，分别是社会失调、社会颓风、社会病态、社会犯罪与心理失常。其中：（1）社会失调是社会结构变化直接引发的，是社会结构本身的缺陷或社会变迁过程中社会结构内部出现的功能障碍、关系失调等原因造成的。比如人口问题、就业问题等。（2）社会颓风主要是由于价值观念变化而引发的，涉及道德冲突、规范失效，主要是指有悖民族道德风尚方面的社会问题，比如关系网、公费吃喝等。（3）社会病态是指社会生活中产生的违背道德或违反法规的某些畸形的、丑恶的社会现象，主要是指"卖淫嫖娼"等所谓"六害"。（4）社会犯罪是直接侵犯个人财富或生命安全，侵犯社会财物，触及刑律的社会问题，比如青少年犯罪。（5）心理失常是由于社会运行节奏加快、人际竞争程度加剧引起心理负荷或个人因困难、挫折、身心疾患无法调适而引起的社会问题，比如自杀率上升等。② 从这一分类来看，其分类标准主要是社会问题产生的原因和后果，依据产生原因可以分为社会失调、社会颓风、社会犯罪，而具体后果可以对应心理失常。

---

① ［美］罗伯特·金·默顿：《论理论社会学》，何凡兴、李卫红、王丽娟译，华夏出版社1990年版，第64页。
② 朱力：《社会结构转轨与社会问题突现》，《南京大学学报》（哲学社会科学版）1994年第1期。

三年后，朱力在1997年出版的《大转型——中国社会问题透视》一书中，进一步归纳了四类社会问题：结构性社会问题、变迁性社会问题、越轨性社会问题、道德性社会问题。具体而言，（1）结构性社会问题，主要不是由于个人的原因造成的，而是某些制度性、政策性的因素或社会发展中的不可逾越的阶段引起的，主要有以人口膨胀、贫富两极分化为代表的社会公平问题、贫困问题、就业问题、腐败问题，等等。（2）变迁性社会问题，主要是由于社会发展中不可逾越的阶段性现象，在发展中国家从农业社会向工业社会变迁过程中都会出现的一些伴生现象，主要有以城乡差别为主的二元社会结构问题、农村剩余劳动力问题、环境污染问题、家庭解体问题等。（3）越轨性社会问题，其诱发的原因主要是个人因素，属于个人行为偏差，分为两个层次：一是一般性越轨问题，如较为普遍的色情、卖淫嫖娼、赌博、吸毒、自杀、精神失常、拐卖人口、封建迷信、集体行为等；二是严重的越轨性社会问题，即社会犯罪，如青少年犯罪、黑社会、白领犯罪等。（4）道德性社会问题，属浅层次的越轨行为，仅仅是偏离了某个具体的社会道德规范，在中国即是指背离社会主义道德规范的社会颓风。例如关系网与走后门、集体性坐视不救、损害公物等等。[①] 这一新的分类可以说是明确将产生原因作为社会问题分类的标准，而其特点则在于将道德性社会问题归纳为社会问题的类型之一。[②] 仔细分析就可以发现，道德性社会问题与越轨性社会问题有极强的关联，可以同属于一般性的越轨问题，因此我们可以进一步将四类凝练为三类：结构性社会问题、变迁性社会问题和越轨性社会问题。

二　乐章的分类

2008年，风笑天主编的《社会学导论》（第2版）一书中由乐章撰写的"社会问题"一章，将社会问题分为结构型社会问题、变迁型社会问题和失范型社会问题。其中：（1）结构型社会问题是指由于历史、文化等众

---

① 朱力：《大转型——中国社会问题透视》，宁夏人民出版社1997年版，第35—36页。
② 魏曼华：《社会问题的理论》，载魏曼华等《当代社会问题与青少年成长》，福建教育出版社2005年版，第33页。

多原因，我国的社会结构功能长期处于先决条件不足的状态，致使社会结构中所积存的一些社会弊病，如人口、贫困、城乡关系、经济与产业结构、劳动就业、地区经济发展、少数民族发展等问题。（2）变迁型社会问题是指社会变迁导致社会结构发生变异，进而使得社会结构构成要素发展不协调，以及系统对各构成要素的功能整合不完全等现象，如自然资源、能源、粮食、社会福利与社会保障、人口流动、农村劳动力转移、权力"寻租"等问题。（3）失范型社会问题是指社会结构的变化引发了原有的社会规范和价值观念紊乱，导致社会生活中出现价值冲突、失去规范、规范混乱等状态，这种状态下，人的行为易出现偏差，比如犯罪、吸毒、卖淫、自虐、药物滥用、精神疾病、集体行为等等。① 这一分类就本质而言，与朱力的分类并无差别。随后，在 2011 年、2018 年由许传新、祝建华、张翼等编著出版的《社会问题概论》中，由许传新撰写的"社会问题导论"一章，对社会问题的分类继续遵循了乐章的三分类。②

通过介绍上述两位学者的分类，我们可以看到产生原因是划分社会问题类型的基本标准之一，这也是采取这一分类的学者的基本共识。虽然不同学者对这三类社会问题的名称有一定的差异，但是其基本含义是相似的。比如，章辉美等将社会问题分为结构性社会问题、过失性社会问题和转变性社会问题。③ 再如，苟君厉将社会问题分为结构型社会问题、变迁型社会问题和偏差型社会问题。④ 同时，不同学者对这三类社会问题所涵盖的具体内容既存在一定的共识，也存在一定差异。这种共识主要表现为对第三类社会问题的认知上，而差异则主要表现在结构型社会问题与变迁型社会问题所分别涵盖的具体内容上有一定的出入，而不同学者对失范型社会问题所涵盖内容的归纳，其差别主要是所列举的问题的数量多少（见表 4-4）。

---

① 乐章：《社会问题》，载风笑天主编《社会学导论》（第 2 版），华中科技大学出版社 2008 年版，第 194—195 页。

② 许传新：《社会问题导论》，载许传新、祝建华、张翼编《社会问题概论》，华中科技大学出版社 2011 年版，第 8 页。许传新：《社会问题导论》，载许传新、祝建华、张翼编《社会问题概论》（第 2 版），华中科技大学出版社 2018 年版，第 8 页。

③ 谷中原：《社会问题概述》，载章辉美等编著《当今中国社会问题研究》，中南工业大学出版社 2000 年版，第 5 页。

④ 苟君厉：《中国视点——当代中国社会问题研究》，西苑出版社 2010 年版，第 4—5 页。

表4-4　　　　　　　　　　三类社会问题具体内容比较

分类者	年份	结构型社会问题	变迁型社会问题	失范型社会问题
单光鼎	1995	人口、贫穷、腐败、家庭婚姻、少数民族、宗教、劳动与就业等	城乡发展、环境、精神心理疾病、自杀、老人与福利、流动人口、离婚问题等	犯罪、酗酒、性罪错、药物滥用、集群行为等
朱力	1997	人口膨胀、贫富两极分化等社会公平问题、贫困问题、就业问题、腐败问题等	城乡差别等二元社会结构问题、农村剩余劳动力问题、环境污染问题、家庭解体问题等	色情、卖淫嫖娼、赌博、吸毒、自杀、精神失常、拐卖人口、封建迷信、集体行为、青少年犯罪、黑社会、白领犯罪、关系网与走后门、集体性坐视不救、损害公物等
谷中原	2000	人口问题、贫穷问题、家庭婚姻问题、民族问题、宗教问题、劳动与就业问题等	城乡差别问题、贫富悬殊问题、环境污染问题、自杀现象、社会保障问题、人口流动问题	黑社会集团犯罪、青少年犯罪、性罪错问题、封建迷信问题、腐败问题、"黄赌毒"问题、超生问题等
张向东	2001	人口、贫穷、腐败、家庭婚姻、少数民族、宗教、劳动与就业等	城乡发展、环境、精神心理疾病、自杀、老人与福利、流动人口、离婚问题等	犯罪、酗酒、性罪错、药物滥用、集群行为等
魏曼华	2005	人口、贫困、失业、腐败	生态环境问题、都市问题、农村问题、婚姻家庭问题	赌博、吸毒、自杀、精神病、色情与艾滋病、犯罪问题
乐章	2008	人口、贫困、城乡关系、经济与产业结构、劳动就业、地区经济发展、少数民族发展	自然资源、能源、粮食、社会福利与社会保障、人口流动、农村劳动力转移、权力寻租	犯罪、吸毒、卖淫、自虐、药物滥用、精神疾病、集体行为
陈路等	2009	人口、贫穷、腐败、失业、待业、贫富差距、出生性别比、人口过剩、教育公平、信访	社会发展、环境、老龄问题、流动人口、超生、下岗、移民、养老、离婚、拆迁、食品安全、公共安全	犯罪、黄赌毒、集群行为、歧视、家庭暴力、自杀、黑社会、学术腐败、乞讨
荀君厉	2010	人口、贫困、城乡关系、经济与产业结构、劳动就业、地区经济发展、少数民族问题等	自然资源紧张、能源问题、粮食问题、社会福利与社会保障问题、人口流动、农村劳动力转移、核心家庭与独生子女问题、"寻租"与腐败问题等	犯罪、吸毒、卖淫、自虐、药物滥用、精神疾病、集群行为等

续表

分类者	年份	结构型社会问题	变迁型社会问题	失范型社会问题
许传新	2011	人口问题、贫穷问题、劳动就业问题、城乡二元结构问题等	环境污染与保护问题、区域发展不平衡问题、老龄化问题、流动人口问题、农村剩余劳动力转移问题、分配不公问题等	犯罪、吸毒、卖淫、自虐、药物滥用、精神疾病、集体行为等

资料来源：陆学艺主编：《社会学》，知识出版社1991年版，第564—565页；朱力：《大转型——中国社会问题透视》，宁夏人民出版社1997年版，第35—36页；章辉美等编著：《当今中国社会问题研究》，中南工业大学出版社2000年版，第8页；张向东编著：《当代社会问题》，中国审计出版社、中国社会出版社2001年版，第14页；魏曼华等：《当代社会问题与青少年成长》，福建教育出版社2005年版，第34页；风笑天主编：《社会学导论》（第2版），华中科技大学出版社2008年版，第194—195页；陈路、华峰林、尹志超等：《中国社会问题研究主题的历史回顾——对10030篇社会学论文的文献研究》，中国社会学会学术年会，2009年；苟君厉：《中国视点——当代中国社会问题研究》，西苑出版社2010年版，第4—5页；许传新、祝建华、张翼编：《社会问题概论》，华中科技大学出版社2018年版，第8页。

之所以存在上述差异，原因在于：结构型社会问题和变迁型社会问题的产生均由社会结构引起，而在转型的大背景下，社会结构中的传统性因素与现代性因素交织在一起，共同发挥作用，使社会结构的部分功能未得到协调的发挥。比如腐败问题，在转型前后都存在，只不过在不同时期引发腐败的具体性因素有了变化。至于越轨性社会问题或失范型社会问题，均是指社会成员违反社会规范的偏差行为。违反社会规范是认定这一社会问题的直接原因或标准，而时代背景或结构性因素则是间接原因。同时，这三类社会问题之间也存在一定的交叉重合之处。比如腐败问题，既可以是社会结构尤其是相关制度的不完善，为这一问题提供了发生机会和空间，也可以是社会变迁导致部分官员的"相对剥夺感"不断增强，或理想信念动摇而引发的违犯法律法规的失范行为。

第四节 社会问题分类的再思考

分类研究是对社会问题进行具体分析研究的一种重要思路和方法。[①] 但是现有的主要分类研究也存在一定的不足：或是缺少分类标准，或是各类型之间存在过多的重合交叉。本节主要介绍默顿的二分法和国内学者的三分法所存在的一些不足，进而提出笔者自己的分类方法。

一 对默顿社会问题二分类的反思

我们知道默顿将社会问题定义为广为共享的社会标准与社会生活的实际状况之间的实质性的不一致，基于这种不一致可划分两种社会问题的类型——社会解组与越轨行为。斯柏科特和基特苏斯首先对默顿的这一分类提出了质疑，认为这个类型划分没有导向经验分析，而是导向了功能主义的抽象化，更没有能够澄清做出这一分类后所面临的种种困难。因此，这种定义和分类没有使得相关研究走向社会问题研究领域所特有的主题，从而阻碍和抑制了社会问题社会学的发展。具体而言：[②] 第一，他们认为研究社会问题的学生们必须带着矛盾或者警觉来看待默顿所写的序言。序言表明，为了从根本上研究社会问题，人们必须用"有力的证据"（competent evidence）证明，社会系统可以在"可达到的条件"（attainable conditions）下得到改进。或者，由于社会机组是由"多重反功能所引发的结果"组成，在一个社会状况被视为社会问题之前，社会学家必须证明这种实际上对它发生的社会来说是反功能的。这就意味着研究者必须知道社会所有领域中特定的状况或活动的所有结果。然后，研究者必须证明，总的来说，这些后果往往或侵蚀或破坏社会的"正常"（proper）功能。那么，这就要求社会学家有一个相当完整的模型来说明什么构成了"正常的秩序"（proper order），以及说明这一秩序何时正在遭受"威胁"（threat-

---

[①] 雷洪、郑丹丹：《社会问题的分类研究及类型》，《社会科学研究》1998年第1期。
[②] John I. Kitsuse and Malcolm Spector, "Toward A Sociology of Social Problems: Social Conditions, Value-Judgments, and Social Problems", *Social Problems*, Vol. 20, Issue 4, Spring 1973, pp. 407 – 419.

ened)。第二，他们认为默顿关于社会如何被组织起来以及如何得到改进的假设是一个技术性问题，也存在很多的技术性标准，而这些问题和标准被视为政治性而不是技术性的才是更为恰当的。因此，他们认为默顿对社会问题及其分类的构造对社会问题社会学的发展构成了巨大的障碍。虽然他们也承认，默顿本人也认识到了应用解组的标准时所面临的困难，"找到这样的证据并不是一件容易的事。这也许就是为什么对社会解组的诊断往往只不过是道德判断而不是对某一社会系统运转的可证实的技术判断"①。但是，二位学者还是坚持认为，默顿对社会解组和越轨行为的类型划分并不能帮助澄清这些困难，也对通过建立一种独特的主题来定义这一领域没有帮助。相反，则是强加了（imposes）一种系统模型，在其中对社会问题的分析逐渐变成了功能主义的抽象。

接下来，斯柏科特和基特苏斯对默顿关于显在的社会问题与潜在的社会问题的类型划分提出了质疑。他们认为，默顿虽然提到社会学家在从事潜在的社会问题的相关研究时不会将自己的价值强加于人，但是也面临一些问题。比如，社会学家如何区分自己的价值与他人的价值呢？再如，社会学家如何基于社会成员对不同社会状况的不同认知来区分这两类社会问题呢？

> 但是，当社会学家与某一社会的成员关于其自身的价值或社会共享的标准是什么存在分歧时，或者针对适用于某一既定状况特定价值或标准存在分歧时，社会学家的理由显然不够成分……社会学家更多地依赖于其调查对象和受访者所提供的观点和陈述。如果社会学家与某一群体或某一社会的成员对于他们的价值是什么这一问题存在分歧，那么社会学家如此做的理由是什么呢？……默顿说，当从事关于潜在社会问题的研究时，社会学家不会施加个人的价值。但是，如果社会成员对某些社会状况的定义也许被接受为识别某些社会问题的基

---

① Robert K. Merton, "Epilogue: Social Problems and Sociological Theory", In *Contemporary Social Problems Third Edition* Edited by Robert K. Merton and Robert Nisbet, Harcourt Brace Jovanovich, Inc., 1971, p. 820.

础（"显在的"），却不是识别其他问题的基础（"潜在的"），那么社会学家依据什么作出区分呢？如果我们接受默顿的定义，为了让社会问题成为显性的，社会成员必须接受社会学家的标准。按照这个逻辑，当所有社会成员共享社会学家的标准，以同样的精确度和敏锐度来认知社会生活的现实状况时，那么所有的社会问题将会变成显性的。[1]

斯柏科特和基特苏斯的质疑，使我们不得不思考关于诊断社会问题的话语权问题，而这个问题是一项更为复杂的理论和经验问题。因此，聪明的社会学家在这个问题上总是非常谨慎的。同时，曼尼斯也提到了默顿对显隐社会问题分类逻辑所可能存在的风险：

> 一个被广泛接受的社会价值可能具有功能（functional）或是具有反功能（dysfunctional）。此外，某些对更大的或更广泛的社会价值观不利的价值或实践也可能具有功能或是具有反功能。最后，我们得出结论，一个社会问题——显在的或潜在的——对社会或其子单位而言，可能具有功能或是具有反功能……默顿版本的功能分析可能会说服我们——某种广泛存在的价值对群体的生存严重有害，即反功能。社会问题的分析接受该价值作为定义社会问题的一个标准，即将相反的、有功能的且未被认识到的价值定义为一个潜在的社会问题。潜在的社会问题是群体生存的一项功能必备（functional necessity）。对于这个问题的解决办法可能会对社会造成严重伤害。[2]

因此，按照这个逻辑，在种族主义盛行的美国，"白人至上"是被广泛传播和发挥影响力的价值观，但是这一价值观却造成了美国社会内部的撕裂，对美国社会而言其实是有害的，是具有反功能的。而与之相反的"种

---

[1] John I. Kitsuse and Malcolm Spector, "Toward A Sociology of Social Problems: Social Conditions, Value-Judgments, and Social Problems", *Social Problems*, Vol. 20, Issue 4, Spring 1973, pp. 407–419.

[2] Jerome G. Manis, "The Concept of Social Problems: Vox Populi and Sociological Analysis", *Social Problems*, Vol. 21, No. 3, January 1974, pp. 305–315.

族平等"的价值观,则被视为一个潜在的社会问题,进而被视为社会系统协调运行的必备项,那么解决这一问题的办法无疑是维持其"潜在的状态",因而此种做法只会继续加剧社会内部的撕裂。

总而言之,对默顿社会问题的定义及其分类的质疑,也是对功能主义理论的质疑。首先,是否存在一个广为共享的普遍标准,这一点值得思考。不可否认,在一个相对稳定的社会无疑会存在一个主流价值体系,这是全体社会成员的基本共识,比如爱国主义。但是,在此前提之下,也会存在复杂多样的亚型价值体系,分别由不同的利益群体共享,因而不同利益群体之间才会存在矛盾、冲突、斗争等对抗。而我们看到的现实是,这两种情况都是存在的,也难以判断与主流价值体系不一致的状况是多于还是少于与亚型价值体系不一致的状况。另外,在一些社会秩序紊乱的社会,比如正在经历战争的社会,主流的价值体系更难以甚至无法建立,普遍存在的是不同利益集团、利益群体之间针锋相对的利益和价值的对抗。默顿认为,"基本上,当人们认为应该是的状况与实际状况之间存在相当大的差异时,社会问题就会存在了"①。即社会问题是"应然"与"实然"的差异所导致的。但是这种差异是难以准确测量的,而且所谓的"应然"也未必总能达成所谓广泛的共识。其次,某一主导型的社会准则是否具有正义性,亦值得我们深思。正如前文所介绍的,在某一社会中处于主导地位的社会规则是以压制其他群体合法权益为基础的,可是这一社会规则是否必然是正义的?我们在利用默顿的定义进行社会问题诊断时,所得出的结论是否也是正义的?如果我们承认这一点那结果就是,与以种族主义为主导的社会规则体系是一致的社会状况就不会被视为社会问题,而那些与之相反的社会状况才是所谓的社会问题。正如 20 世纪 60 年代之前美国的状况,黑人坐白人公交车是有问题的,黑人和白人上同一所学校同样是有问题的,因为这些状况都与白人所信奉的种族主义为基础的社会规则体系不一致。但是,从人类的一般性价值出发,这种社会规则本是有问题的,将白人与非白人区别化对待也是有问题的。再次,社会学家是否具有判定

---

① Robert K. Merton,"Introduction" In *Contemporary Social Problems Fourth Edition* Edited by Robert K. Merton, Robert Nisbet, Harcourt Brace Jovanovich, Inc., 1976, p. 7.

社会问题的优先权。从默顿的定义来看，无论各种社会问题，都是需要社会学家来定性，尤其是对潜在的社会问题的判定。从默顿对社会学家的角色定位来看，社会学家具有优先判定权。他们能告诉我们什么样的状况是与广为共享的社会准则不一致的，能告诉我们什么样的状况是对社会系统的运转不利的，能告诉我们那些社会系统运转中的代价，也能在全部社会成员未普遍认识到某一状况是不正常的之前告诉我们事实的真相。所以，似乎在告诉社会成员，"真相就是如此"。正是基于上述三个方面的质疑，才有越来越多的研究者将社会问题的主观方面作为重要的问题，因而斯柏科特和基特苏斯才会将社会问题作为利益群体提出诉求而官方做回应的社会活动。他们所期待的是在社会问题的诊断中去掉社会学家的先入之见，推进社会问题诊断的平权化，更多地接近社会学中所谓的"价值中立"立场。

二 对国内社会问题三分类的反思

目前国内得到一定范围引用的结构型社会问题、变迁型社会问题和失范型社会问题的三分类模式，也存在一些值得商榷之处。通过仔细比较这三类社会问题，我们可以发现，在社会转型时期，社会结构性因素是引发各类社会问题的主导性因素。具体而言，结构型社会问题的成因是社会结构中既有的功能发挥不协调、不通畅；变迁型社会问题是社会变迁引发的社会结构内部各要素的变化，使得不同要素之间出现了不协调；而失范型社会问题则是由于社会变迁引发社会结构的变化，导致新旧价值规范之间的矛盾或不协调，进而引发社会成员的失范行为。因此，基于社会转型的中国社会问题研究，不能回避社会结构性因素的深刻影响，而这也是塑造有别于国外的中国社会问题的现实土壤。但是"社会结构"是极为抽象的概念，到底是社会结构中的什么要素导致了结构型社会问题、变迁型社会问题和失范型社会问题，至少在理论层面难以做出全面的定位和区分，而更多地借助于经验研究的总结。这就使得这样的分类不具备一般性和工具性，难以建立一种可行的分析框架。事实上，尽管有一定数量的学者认可这一分类，但是却很少从学理层面做出进一步的阐述，也没有明确提出一个具体的分类标准，而读者往往只能在每类社会问题的定义中寻找。同时，也由于类型划分的标准不够明确，边界不够鲜明，但是难以明确某一社会现象的具体归类。正如谷中原所言，"从制约社会发展较严重的角度来看，我国目前存在的社会问题有人口问题、环境污染问题、贫困问题、失业问题、就业问题、'黄赌毒'问题、黑社会犯罪问题、腐败问题、社会保障问题等。这些问题有的属于结构性问题，有的属于过失性社会问题，有的属于转变性社会问题。分析其具体成因，有的源于经济根源，有的导于文化根源，有的导于社会转型，有的各方面致因兼而有之"①。

同时，学者们对这三类社会问题更多的是介绍定义和具体内容层面，而很少采用相应的类型概念作为分析工具展开具体的分析。

比如，朱力在1997年将社会问题分为结构性、变迁性、越轨性和道德性四类，但是却集中关注后两类。朱力认为，"一些众所周知的社会问题，像人口膨胀、环境污染等社会结构性或变迁性社会问题，因为论述的已经较多，人们比较熟悉而不再重复，对社会转型期中大量增加的越轨性社会问题作为研究的内容，对一些人所忽视的、论述较少的社会问题，如集体行为、关系网、集体性坐视不救、各类社会病态等社会问题，作力所能及的探讨。侧重以越轨性行为为重点的社会问题的探讨将是本书的特色。"②朱力在该书中重点关注了转型期四类突出的社会问题：社会失调（人口、就业、农民工、环境污染、家庭失调）、社会颓风（公费消费、关系网和行业不正之风、毁坏公物、利他性行为衰减、假冒伪劣盛行）、社会病态（卖淫嫖娼、淫秽物品、赌博、拐卖妇女儿童、吸毒贩毒、封建迷信活动）、社会犯罪（青少年犯罪、黑社会势力、偷盗）、心理失常（自杀率、精神疾病）、社会风险（贫富分化、官员腐败）。③

接下来，朱力在其2002年、2008年和2018年所出版的社会问题教材中，将社会问题凝练为结构性、变迁性和越轨性三类，也对这三类社会问题做了较为详细的论述，但是该教材的重点依然并不在此。朱力提出，"本

---

① 原文将社会问题分为结构性社会问题、过失性社会问题、转变性社会问题等三类，但是作者在列举时出现了两次"转变性问题"，应为笔误，本书予以更正。参见谷中原《社会问题概述》，载章辉美等编著《当今中国社会问题研究》，中南工业大学出版社2000年版，第8页。
② 朱力：《大转型——中国社会问题透视》，宁夏人民出版社1997年版，第37页。
③ 朱力：《大转型——中国社会问题透视》，宁夏人民出版社1997年版，第69—75页。

书由于社会工作教材的需要,对一些众所周知的、宏观性的社会问题,如人口膨胀、环境污染、腐败等结构性或变迁性社会问题,就不再论述,而将重点放在与社会工作内容有关的社会问题上,仅仅对一些主要的,对社会成员生活有着直接影响的社会问题作一些揭示"[①]。进而著述中主要关注了社会工作主要面对的所谓四大"社会病人":异常群体(自杀、精神病)、越轨群体(青少年犯罪、婚姻性越轨、吸毒等)、弱势群体(失业、贫困、家庭、残疾、老年)和边缘群体(游民、乞讨等)。

总体而言,目前国内的学者们并未就社会问题的类型划分完全达成共识,也未形成一套具有操作性的关于社会问题的一般性分析框架,而是更多地将社会问题所涵盖的具体社会现象进行深入且细致的分析,形成了许多中层理论。当然,这种状况反映出我国学者关注焦点的多元化,但是对于推动建立社会问题社会学来说则是远远不够的。

三 社会问题新的二分类的提出

如前文所述,本书将社会问题定义为:相当数量的社会成员认为是非所欲求的,危害到社会成员正常生活且需要通过社会制度层面的行动加以应对和解决的社会状况。根据这一定义,社会问题的判定主体会根据某一社会状况所造成的社会性破坏后果来确定这一社会状况的"危害"性质,这是一种后果层面的判断。那么,我们可以将这种后果分为两种情形:一是被视为违背了社会的主流价值;二是被视为损害了特定群体或者全社会的现实利益。因此,本书尝试根据特定社会状况的后果将社会问题划分为价值型社会问题和利益型社会问题。价值型社会问题,是指被视为违背了社会主流价值体系的社会状况。比如"佛系心态""躺平心态""超前消费"等遭到了相当多的批评,被认为违背了青年人追求进步的价值取向,违背了量入为出的理性消费观。利益型社会问题,是指被视为损害了特定范围的社会成员或全体社会成员的现实利益的社会状况。比如犯罪、贪污腐败、人口性别结构失衡等。当然,根据这种依据所划分的两类社会问题也并非截然分开的,也会存在交叉重合。再如"走后门"这种社会现象,

---

[①] 朱力:《当代中国社会问题》,社会科学文献出版社2008年版,第41页。

既不符合社会成员对良好社会风气的价值追求，也会损害与"走后门者"存在利益牵扯的、走正常渠道的其他社会成员的现实利益，而如果这种社会风气得不到遏制，那么损害的是整个社会的凝聚力，伤害的是整个社会的现实利益。因此，这一类型划分的价值往往更多的是在经验分析层面，我们只有了解了判定者如何定义社会问题，我们才能知道某一社会状况到底属于何种社会问题。虽然在现实生活中，价值和利益是人们社会关系中的两个主要方面，但是我们在经验研究中可以去尽可能地确定哪一方面对于判定者来说更不能接受，从而进一步明晰社会问题的具体类型归属。当然，在理论层面，我们也可以进行一个初步的推断。一般而言，对于那些不会直接对社会成员造成损害的社会现象，人们往往抱以道德义愤的态度，而对于那些直接对社会成员造成损害的社会现象，人们则往往抱以道德义愤和利益补偿的心态，其中利益补偿的心态通常会更加强烈。对于前者，人们往往会掀起讨论热潮，形成社会舆论压力，迫使相关方做出回应和改变。对于后者，人们不仅会采取制造舆论压力的策略，更会直接参与诉求表达的活动，要求补偿利益损失或者恢复原状。关于如何进一步完善这一类型划分及其分析思路，则需要通过持续的经验研究来不断推进。

对社会问题进行分类总是一件困难的事情。由于社会问题极为复杂，有些问题的边界并不清楚，还有有些问题本身也是交叉的，[①] 因而各种各样的分类法不一定都适合于当今社会问题分析之用，但多一些了解会对我们今天的研究多一些帮助。而且也没有必要强行统一分类标准，只要运用正确的社会学理论，采取科学的态度，就一定会对社会问题的分类有一个正确的认识。[②] 因此，分类只是帮助简化复杂社会现象，提高分析效率的工具，而非研究的目标。我们要记住英格尔斯的提醒，这一提醒也适合于社会问题研究：

> 任何人如果想对于知识的某一领域划定界线，根本是枉费心机

[①] 魏曼华：《社会问题的理论》，载魏曼华等《当代社会问题与青少年成长》，福建教育出版社2005年版，第35页。

[②] 乐章：《社会问题》，载风笑天主编《社会学导论》（第2版），华中科技大学出版社1997年版，第246页。

的。因为无论我们如何划定界线，都难免忽略了某些应该包括进去的作品……但是任何学者都不可能去研究一门全然未经定义而且没有划定范围的学科……对于某一研究领域划定范围，就长远过程而言只是一种姿态而已。虽然如此，在研究之初某些暂定的界线是必要的。如果我们记住：我们所划定的任何界线，只是为了帮助我们了解，那就不会有任何危险了。这些界线应该当作宽松的外衣，而不是紧身的盔甲，否则会造成无穷的限制。①

---

① ［美］殷克勒斯：《社会学是什么》修订版，黄瑞祺译，台北：巨流图书公司 1985 年版，第 1 页。

第五章
社会问题的理论视角

艾尔·巴比（Earl Babble）认为，理论是"用来解释社会生活特定方面的系统化的关联性陈述"①。借助理论，我们可以认识世界、理解世界，更可以以之指导现实行动。在社会研究中，理论是指"一组具有逻辑关系的假设或命题"②。假设或命题是对社会世界的一种精练化的解释，也会在具体的经验研究中得到验证、修正或改变。所以，默顿将社会学理论定义为"逻辑上相关联并能推导出实验一致性的一组命题"③。经过一百八十余年的发展，社会学形成了层次不同的理论体系，从宏观层面、中观层面和微观层面分别采用不同的视角和命题解释我们所生活的世界。在社会问题研究领域，既有借助社会学的一般理论开展的研究，也有经验研究所形成的形形色色的中层理论。所谓中层理论，是指"既非日常研究中大批涌现的微观而且必要的操作性假设，也不是一个包罗一切、用以解释所有我们可观察到的社会行为、社会组织和社会变迁的一致性的自成体系的统一理论，而是指介于这两者之间的理论"④。那些单纯地用于解释某类现象、某类行为、某类组织等结论，正持续地为中层理论大厦添砖加瓦。那么，社

---

① ［美］艾尔·巴比：《社会研究方法》（第11版），邱泽奇译，华夏出版社2009年版，第44页。
② 风笑天：《社会学研究方法》（第3版），中国人民大学出版社2009年版，第23页。
③ ［美］罗伯特·金·默顿：《论理论社会学》，何凡兴、李卫红、王丽娟译，华夏出版社1990年版，第54页。
④ ［美］罗伯特·金·默顿：《论理论社会学》，何凡兴、李卫红、王丽娟译，华夏出版社1990年版，第54页。

会问题研究有形成独有的理论体系或者中层理论吗？这个问题目前或许并没有答案。一方面，就社会问题而言，社会学界并未形成一套统一的、综合的理论。正如默顿在多年前提到的，"一种综合性的社会问题理论至今并不存在，尽管这一理论也许正在形成中"①。甚至有学者对发展出这样的理论持不乐观的态度。贝斯特就认为，"社会学家既不可能发展出社会问题的一般理论，也不可能发展出越轨的一般理论，直到他们能够解决定义的问题，这个问题构成了（underpin）讨论这两个概念的基础"②。比如，我们无法用一个理论来同时且有效地解释自杀、犯罪、种族主义和全球变暖等社会问题。另一方面，就具体的社会问题而言，社会学界的确形成了经典的中层理论。比如，关于自杀的社会整合理论、关于吸毒的越轨理论、关于犯罪的差异交往理论、关于离婚的社会解组理论，等等。尽管如此，我们也有必要介绍业已形成的有关社会问题的中层理论，来呈现这一研究领域的理论概况。

第一节　一般理论

理论是社会研究的重心和目的。③ 研究社会问题，自然要先了解社会问题的相关理论。那么，到底有多少关于社会问题的相关理论呢？这个问题的回答难度似乎比回答社会问题定义的难度要小得多。总体来看，可以将社会问题研究的理论分为两大类型：一般理论和专有理论。其中，社会问题研究的一般理论，部分属于米尔斯所定义的"宏大理论"（The Grand Theory），部分则是微观理论。纵观社会学的发展历程，形成了较多的"宏大理论"，这些理论可以作为指导社会问题研究的一般性理论，其中比较具有代表性的是结构功能论、社会冲突论、符号互动论等现代社会学理

---

① Robert K. Merton, "Preface" In *Contemporary Social Problems Third Edition* Edited by Robert K. Merton and Robert Nisbet, Harcourt Brace Jovanovich, Inc., 1971, p. v.

② Joel Best, "Theoretical Issues in the Study of Social Problems and Deviance" In *Handbook of Social Problems: A Comparative, International Perspective* Edited by George Ritzer, Thousand Oaks, Calif. : Sage Publications, 2004, p. 26.

③ 风笑天：《社会学研究方法》（第3版），中国人民大学出版社2009年版，第21页。

论。本节将简略介绍这三种理论关于社会问题的主要观点。

一 结构功能论（Structural Functionalism）

结构功能论是现在西方社会学中有广泛影响的理论流派之一，在20世纪中叶一度是社会学中的主导性理论观点。这一理论的基本观点是将社会类比为有机体，将社会视为由相互依存的各部分构成的整体系统，各部分都在系统中承担一定的作用或功能，社会具有生存发展所必需的一些条件，即功能先决条件。[①] 正如孔德所言，"我们可以这样看待社会有机体，把它分解为家庭——它们是社会真正的要素或细胞，然后是阶级或种族——它们是社会真正的组织，最后城市和社区——它们是社会的器官"[②]。

现代结构功能论代表人物是塔尔科特·帕森斯（Talcott Parsons）和默顿。前者搭建了抽象功能论的理论体系，而后者则是建构了经验功能论的理论体系。在帕森斯看来，社会是一个由关系网络组成的系统，即社会系统。这个社会系统的稳定有赖于各组成部分正常地发挥其功能并且各部分之间达到一种均衡，而这种均衡则是人类社会的正常状态。如果发生冲突，那就意味着出现了一种反常因素，需要加以控制。而社会问题的产生则是由于社会（系统）中的某个部分不能正常地发挥功能，各部分之间失去了均衡。社会系统的稳定，也离不开社会成员正常地履行其社会角色，而一旦社会成员无法正常地履行其社会角色则意味着其是社会的"病人"，需要加以医治。在默顿看来，社会系统有一套所有成员都必须遵守的主流价值规范，而社会问题突出地表现为"社会失范"，具体表现则是形形色色的越轨行为的发生。导致越轨行为发生的根源在于社会结构或制度，尤其是社会结构和文化结构。这一点在对社会失范的"目标—行为"的分析框架中得到了鲜明的展现。关于这一点，后文会有详细的介绍。那么，结构功能论如何看待具体的社会问题

---

① 林聚任：《结构功能论》，载侯钧生主编《西方社会学理论教程》（第4版），南开大学出版社2017年版，第137页。

② ［美］乔纳森·H. 特纳：《社会学理论的结构》（第7版），邱泽奇、张茂元等译，华夏出版社2006年版，第22—23页。

呢？我们以犯罪为例：

> 从功能主义的角度来看，所有社会都产生自己独特的犯罪形式，也会有应对它们的独特方式。所有的社会学家都认识到，个人自身的一些原因有助于解释为什么一个人会成为罪犯，而另一个可能经历过同样情况的人却没有如此。但对于社会学家来说，特别是一个采用功能主义视角的人来说，这是一个重要的研究主题：为什么在某些社会中会产生特定的犯罪，并对之进行惩罚，而在其他的社会中则并不如此？为什么直到最近，一个被怀疑向白人女性求爱的黑人男性比一个涉嫌偷窃的人还经常受到更严厉的惩罚呢？为什么在西部边境偷窃一匹马会被立即判处死刑呢？为什么在新英格兰殖民地的清教徒定居点中，巫术被认为是如此令人发指的罪行呢？为什么当那些犯下这些罪行的人受到如此严厉的惩罚时，这些罪行还会继续发生呢？功能主义者的回答是，社会最害怕那些看起来会威胁到他们最珍视的价值的罪行，而那些敢于挑战这些价值的人将受到最严厉的惩罚。因此，允许马在公共土地上吃草的自由是西部边境社会的一个重要方面，在那里人们被偷马行为威胁。白人女性可以引诱（entice）黑人，他们的婚外情可以被解释为除强奸之外的任何事情，因为这威胁到了美国种族制度的基础。该种族制度认为黑人不如白人。在这两种情况下，都要采用即刻的、有时是残酷的惩罚来加强社会的核心价值。①

二 社会冲突论 (Social Conflict Theory)

社会冲突论是社会学最早的理论流派之一，马克思、韦伯、齐美尔等古典社会学家都为此提供了思想源头，并逐步形成了现代社会学理论中的社会冲突理论。社会冲突论在20世纪60年代随着结构功能主义的衰落而迅速发展的。在社会冲突论看来，社会并不总是处于均衡、稳定

---

① William Kornblum, Joseph Julian and Carolyn D. Smith, *Social Problems 14th Edition*, New Jersey: Prentice Hall, 2011, p.9.

的状态,而是充斥着各种矛盾、冲突,这才是社会的常态。社会成员之间会因为价值、利益、地位等稀缺资源的争夺而发生冲突,从而引发各种社会矛盾。因此,在分析社会问题的时候,要注意从其冲突的视角来看待,而非仅仅是从规范的偏离或者功能发挥不正常的角度去分析。拉尔夫·达伦多夫(Ralf Dahrendorf)和刘易斯·科塞(Lewis Coser)是其中的代表人物。达伦多夫认为,由统治与服从之间的权威关系所建立起的阶级结构是社会冲突的根源,而从准群体(quasi group)到显群体(manifest group)的转变则为社会冲突的发生提供了条件。达伦多夫同时认为,在现代社会中,一旦社会冲突形成,那么只能通过制度化的手段来进行调节,并不能压制和消灭。虽然社会充满着冲突,但是冲突也有一定的正功能,即促进社会的变迁,而对社会冲突的调节则会有利于维护现存的社会结构和社会秩序。科塞认为,对价值、稀有地位、权力和资源的争夺斗争是构成了社会冲突的物质性根源和非物质性根源,进而形成现实冲突与非现实冲突、紧密关系中的冲突、内群体冲突和外群体冲突以及意识形态下的冲突等类型。而不同类型的社会冲突对社会结构而言既具有正功能,也具有反功能,尤其是科塞所提出的"社会安全阀制度"。通过借助制度化的形式为社会结构内的不满情绪、敌对情绪提供适当的发泄途径,既可以避免冲突,也可以促进社会结构的稳定。虽然这一社会制度并不能从根本上消除社会冲突的基础,但是却可以增强社会结构的活力,降低社会冲突的风险,因而对于任何社会而言均是有必要的。虽然科塞批评了结构功能主义,也看到了社会冲突的普遍性及其正功能,但是他并没有彻底否定结构功能主义,而是进行了扬弃和补充,因而其冲突论思想也被科塞自己称为一种"局部的理论"。[①] 因此,在社会冲突论看来,社会冲突的存在使得某些社会问题得以产生、发展,也会使某些社会问题得到解决。那么,具体而言,社会冲突论如何看待具体的社会问题呢?我们以劳资关系为例:

[①] 林聚任:《社会冲突论》,载侯均生主编《西方社会学理论教程》(第4版),南开大学出版社2017年版,第189页。

自改革开放以来，我国社会主义市场经济蓬勃发展，国内私营企业和外资企业数量激增。然而作为社会主义国家，我们旗帜鲜明地坚持马克思主义阶级分析法。无论是私营企业还是外资企业，都是生产资料私有制经济。企业主与被其雇佣的劳动人民，从本质上来说，是一种剥夺与被剥夺的关系，冲突和对抗无疑会一直存在着。

企业主为了使得企业利益最大化，在劳动生产中，不断剥削和压榨着被雇佣劳动阶层。他们不在乎被雇佣劳动人民的生存环境、思想和心理状况，只在乎自己企业利益是否最大化。因此重大人身伤害事故、心理伤害事故不断发生。企业主在追求利益时不顾及环境保护，放肆地开采和掠夺环境资源。对于员工来说拖欠、克扣工资的事情屡见不鲜。因此，目前雇主和劳动者之间的关系是有对抗性在里面的。[①]

三　符号互动论（Symbolic Interactionism）

符号互动论于20世纪30年代在美国兴起，在20世纪六七十年代开始盛行。这一理论流派关注人们互动的过程及其所赋予的解释和意义。布鲁默是符号互动论的定名者，也是这一理论学派的主要倡导者和代表人物。布鲁默认为，"'符号互动'一词指的是人类之间发生互动时而具有的独特的（peculiar）和不同的（distinctive）特征。这个独特性包括这一事实，即人类解释或'定义'彼此的行动而不是仅仅对彼此的行动作出反应。他们的'反应'不是直接对彼此的行动作出的，而是基于他们赋予这些行动的意义。因此，人类的互动是以符号的使用、解释或者确定（ascertain）另一人的行动的意义为媒介的。这个媒介相当于在人类行为中的刺激和回应之间插入一个解释的过程"[②]。因此，在布鲁默看来，社会问题的研究关键在于从人们互动的过程中确定人们对社会问题的定义、解释或建构。所以，布鲁默才会将社会问题作为一种"集体行为"，是经由社会成员的互

---

① 谭全万主编：《法律社会学》，西南交通大学出版社2017年版，第146页。
② Herbert Blumer, *Symbolic Interactionism: Perspective and Method*, Englewood New Jersey: Pentice-Hall, 1969, pp. 78–79.

动而建构起来的。欧文·戈夫曼（Erving Goffman）是符号互动论这一理论流派中另一位极具创造性的学者，创立了拟剧论。而在戈夫曼众多著作中，《污名——受损身份管理札记》一书与社会问题中的越轨研究有着极为密切的关联。在这本著作中，戈夫曼明确提道："如果一个人怀有这种很普通的观念，即一群人共同拥有某些价值观、共同遵循一套与行为举止和个人特征有关的社会规范，那么他会把任何不遵循这套规范的个人当作偏常者，把他的特立独行看成偏常……那些聚在一起形成亚社群或小环境的人，可称为社会越轨者（social deviants），他们的共同生活则组成一个越轨者社群。他们构成偏常者的一种特殊类型，但只是一种而已。"① 在戈夫曼看来，这些所谓的违反特定规范的社会越轨者的身份是别人定义的，从而使得他们成为社会问题。"妓女、吸毒者、为非作歹者、犯罪分子、爵士乐手、放荡不羁的文化人、流浪汉、游艺团成员、游民、酒鬼、剧团成员、职业赌徒、海滩居民、同性恋者、城市里不知改悔的穷人——这些都属于社会越轨者的核心。别人觉得他们仿佛在集体拒绝社会秩序。别人感到，他们不能利用现成机会在各种公认的社会通道上飞黄腾达；他们公然对上司表示不敬；他们缺乏虔诚；在社会激发世人积极性的各种规划中，他们代表了失败。"② 总体而言，符号互动论视野中的社会问题是在社会互动中被建构的，这种建构过程包含着互动形式与内容、意义解释、权力关系等多元的社会机制。那么，具体而言，符号互动论如何看待具体的社会问题呢？我们以"街角青年"为例：

> 要想成功，科纳维尔人必须或进入商业和共和党政治的世界，或进入民主党政治和非法活动团伙的世界。他不能脚踩两只船；这两个世界相距甚远，以致二者之间几乎毫无联系。如果他在第一个世界内获得发展，他就会被整个社会看作一个成功的人；但在科纳维尔，他只会被认为是这个地区的一个异己分子。如果他在第二个

---

① ［美］欧文·戈夫曼：《污名——受损身份管理札记》，宋立宏译，商务印书馆2009年版，第188—189、192页。

② ［美］欧文·戈夫曼：《污名——受损身份管理札记》，宋立宏译，商务印书馆2009年版，第192—193页。

世界内获得发展，他就会在科纳维尔获得承认，但在其他地方有身份的人们眼中会变成一个被社会抛弃的人。街角青年在其本地区社会生活中受到的全部教育使他为从事非法活动或进入民主党政治作好了准备。如果他向其他方向发展，就必须花大力气切断曾将他留在科纳维尔的大部分联系。实际上，整个社会鼓励人们不要忠于科纳维尔，并使那些最适应这里的生活的人处于不利地位。与此同时，社会还对那些"成功的"人给予金钱或物质财富方面的令人动心的奖赏。对于多数科纳维尔人来说，只有通过在非法团伙和政治的世界中发展才能获得这样的奖赏。①

通过上述介绍，我们可以进一步比较这三种一般性理论对社会问题的基本观点及其差别，并梳理其所存在不足（如表5-1所示）。

表5-1　关于社会问题研究的三种主要的一般理论的比较

	结构功能论	社会冲突论	符号互动论
理论层次	宏观层次	宏观层次	微观层次
对社会和社会问题的看法	将社会视为一个巨大的有机体，其组成部分相互关联；社会问题是对这一系统的破坏；社会制度的问题产生了异常行为模式，社会制度必须通过策略性的社会变革来解决这种模式	认为社会是由于阶级、种族、族群、性别、年龄和其他产生冲突性价值的分歧的不平等而产生冲突的特征；将社会问题定义为不符合社会价值观的状况	认为对越轨或社会问题的定义是主观的；将越轨者与非越轨者隔离开来不是因为他们所做的事情，而是因为社会对他们所做的事情的反应
社会问题的原因	急剧的社会变迁；破坏和谐和均衡的社会解组；不充分的社会化以及（或者）薄弱的制度	不平等；一些群体对其他群体的支配；压迫和剥削；群体之间的竞争	对角色的不同解释；将个人、群体或行为贴上越轨的标签；关于客观状况的定义是一个社会问题
社会问题的解决方案	修复薄弱的制度；确保正常的社会化；培养一种强烈的集体的是非意识	将竞争最小化；建立一个公平的资源分配制度	减少贴标签及其相关污名化的影响；改变关于社会问题的定义

---

① ［美］威廉·富特·怀特：《街角社会：一个意大利人贫民区的社会结构》，黄育馥译，商务印书馆2017年版，第274页。

续表

理论层次	结构功能论	社会冲突论	符号互动论
	宏观层次	宏观层次	微观层次
相关批评	被称为"阳光社会学"（sunshine sociology）；支持维持现状；需要询问"为谁发挥功能"（functional for whom）；不处理权力和冲突的问题；错误地假定存在一种共识；在社会视野上太过保守	倾向于把所有社会问题归结为经济与狭隘的马克思主义政治世界观；忽视了人们之间真实的生物差异；其关于阶层如何形成的观点具有天真性；否认合作和公平交换的存在；不能解释凝聚力和和谐。相对于功能主义的"阳光社会学"，这是"悲观社会学"	只关注微观问题；未能将微观问题与宏观层面的关注点联系起来；方法过于心理化；假定贴标签放大了问题；低估了形成社会问题的客观条件的作用

资料来源：主要参考：Linda A. Mooney, David Knox and Caroline Schacht, *Understanding Social Problem Seventh Edition*, Massachusetts：Wadsworth, Cengage Learning, 2001, p.16；班建武：《回避抑或正视？——社会问题视角中的学校德育反思》，北京师范大学硕士学位论文，2005年，第11—12页；William Kornblum, Joseph Julian and Carolyn D. Smith, *Social Problems 14th Edition*, New Jersey：Prentice Hall, 2011, p.8；John J. Macionis, *Social Problems Fourth Edition*, Census Update, Massachusetts：Prentice Hall Pearson, 2010, p.14.

当然，除了上述三类主要的宏大理论外，近些年兴起的女性主义（Feminism）和后现代主义（Post-modernism）也慢慢地成为社会问题相关教材或著作中经常介绍或使用的理论流派。女性主义随着女权运动的兴起而逐渐成为一种重要的社会理论或思潮，追求的是男女平等的实现。在女性主义看来，现实世界存在严重的性别不平等，而这种不平等与父权制密切相关。"女人并不是生就的，而宁可说是逐渐形成的。"[1] 这句话可以说很好地代表了女性主义者对性别关系、社会性别看法。因此，作为社会问题的性别不平等问题无疑是父权制及其社会文化制度的产物，所以社会问题的解决也需要改变现有性别不平等的社会文化制度，改变以男性为中心的社会问题的观察、界定和解释的相关研究视角。后现代主义是20世纪六七十年代从文学艺术和建筑设计等领域兴起的一股思潮，并逐渐蔓延到人

---

[1] ［法］西蒙娜·德·波伏娃：《第二性 全译本》，陶铁柱译，中国书籍出版社1998年版，第309页。

社会问题导论

文社会科学领域,之后诞生了后现代主义社会学。后现代主义社会学的倾向之一便是从后现代主义的角度来研究社会问题,并对现代社会学理论提出质疑和进行反思,进而建立一种辩证性的、非还原的多向度的后现代主义社会学理论。① 正如何雪松所言:

> 与此同时,后现代主义思潮也让人们更加注意第三世界、贫穷、女权、种族中心主义、环境等问题,后现代理论对现代社会的批评使人类致力于发展的反思与探索,后现代主义者所创造的众多理论观念亦正逐步整合到主流社会学的理论之中,并成为阐释社会问题的重要理论视角。后现代主义更是让我们洞见到,知识即权力,任何问题的界定背后都有特定的社会脉络和权力系谱。②

作为研究社会问题的学者,也许我们都会有也需要有建构社会问题研究的一般理论的雄心壮志,即使面临重重困难。这些雄心壮志或许未必能够实现,或许能够实现。我们相信,这样的努力最终是可以获得丰硕的成果,我们所需要的是更长的时间和不懈的奋斗。正如杨国枢所言,"建构一种可以同时解释或预测多种社会问题的理论也许并非全不可能,但这却必须俟诸未来的时日"③。在宏伟目标实现之前,我们要做的是既躬耕于中层理论,也朝着综合性的理论努力奋进。当然,我们也不能忘了默顿的告诫:

> 一旦社会面临困境时,就会有大量冒牌社会学家出现,他们宣称很快会医治令我们头痛的社会问题,然而事实上,由于社会组织和人类行为如此复杂和难辨,对这些声称能说明组织和行为的方方面面的解释,我们最好加以防范。④

---

① 张广利:《福柯的后现代社会理论》,载侯均生主编《西方社会学理论教程》(第4版),南开大学出版社2017年版,第445页。
② 何雪松:《社会问题导论:以转型为视角》,华东理工大学出版社2007年版,第14页。
③ 杨国枢:《绪论(代序)》,载杨国枢、叶启政主编《台湾的社会问题1991版》,台北:巨流图书公司1991年版,第16页。
④ [美]罗伯特·金·默顿:《社会研究与社会政策》,林聚任等译,生活·读书·新知三联书店2001年版,第51页。

第二节 专有理论

社会问题研究的专有理论，往往属于默顿所定义的"中层理论"（The Middle Range Theory）。前文所介绍的宏大理论在解释社会现象上具有一般性、总体性，因而属于研究社会问题的一般理论。这些一般理论的适应性比较宽泛，可以用于社会学诸多分支对社会现象的解释。而要相对社会问题及其类型进行更深入的研究，不可避免地要采用相关的中层理论或者建构特定的中层理论，这些理论属于研究社会问题的专有理论。这些专有理论的针对性更强，是直接针对"社会问题"的理论。只有将专有理论体系不断丰富、扩展，才能不断丰富和深化社会问题的研究。默顿认为，"即使社会学家还远没有提出统一的、有力的、包容一切的社会问题的理论，但是他们已有了关于社会问题的一种基本的理论取向。相近的社会学观点和相近的社会学分析程序，正被用于大部分极不相同的社会问题的研究。如果说还没有一个理论能对社会问题中所出现的所有重要难题加以解释的话，但至少已有了一种社会学的观点，以此可说明一些相关的难题，并且有时在一定程度上还可提供尝试性的答案"[①]。因此，有必要介绍那些已经相对成熟的关于社会问题的社会学中层理论。那么，在建构专有理论方面，目前学界形成了哪些具体的理论呢？在这个问题上似乎没有完全达成共识。

一 西方学者的研究

1973 年，美国社会学家肯尼斯·韦斯特休斯（Kenneth Westhues）指出，"当今的社会学家面临数不尽的社会问题研究取向（approach），其中包括社会解组、社会病理学、秩序、价值冲突、自然史、越轨行为、互动主义、标签论、社会政策、人格障碍、集体行为、比较性的、激进的、道德

[①] ［美］罗伯特·金·默顿：《社会研究与社会政策》，林聚任等译，生活·读书·新知三联书店 2001 年版，第 52 页。

的和客观的等",所以"面对这样的多样性,选择也许比发明更明智"①。那么,我们如何从纷繁复杂的表象中找到适合我们的研究理论呢?总体而言,在国内外相关作品中,其中以厄尔·鲁滨顿(Earl Rubington)、马丁·S. 温伯格(Martin S. Weinberg)所编撰的梳理社会问题研究理论视角的作品比较具有代表性。二位作者在1971年出版的《社会问题研究:五种视角》(*The Study of Social Problems*:*Five Perspectives*)中,主要介绍了社会病理学、社会解组、价值冲突、越轨行为和标签论五种视角。这部作品于1988年在中国台湾以《社会问题导论:五种视角》为名出版。在1995年出版的《社会问题研究:七种视角》(*The Study of Social Problems*:*Seven Perspectives*),则补充了批判视角和社会建构主义两种新的视角。这期间,二位作者还与苏·基弗·哈密尔史密斯(Sue Kiefer Hammersmith)1973年共同编撰了《社会问题的解决方案:五种视角》(*The Solution of Social Problems*:*Five Perspectives*)。这部作品所介绍的理论分支和1971年的版本是相同的,并在1992年由我国吉林人民出版社出版中文版《解决社会问题:五种透视方法》。本节对社会问题研究专有理论的介绍主要基于《社会问题导论:五种视角》②《解决社会问题:五种透视方法》③ 和《社会问题研究:七种视角》④ 三部作品,主要涉及社会病理学、社会解组、价值冲突、越轨行为、标签论、批判视角和社会建构主义。⑤

(一)社会病理学(Social Pathology)

社会病理学是19世纪末逐步兴起的一种社会理论。这一理论是在达尔文进化论基础上发展而来的。该理论将社会视为一个生物有机体,即社会有机体。和生物有机体一样,社会有机体也会有健康或不健康的时候。当

---

① Kenneth Westhues, "Social Problems as Systemic Costs", *Social Problems*, Vol. 20, Issue 4, Spring 1973, pp. 419 – 431.

② [美]鲁滨顿、温伯格:《社会问题导论:五种视角》,陈慧娟译,台北:巨流图书公司1988年版。

③ [美]马丁·S. 温伯格、厄尔·鲁滨顿、苏·基弗·哈密尔史密斯:《解决社会问题:五种透视方法》,单爱民、李伟科译,吉林人民出版社1992年版。

④ Earl Rubington and Martin S. Weinberg (ed.), *The Study of Social Problems*:*Seven Perspectives Sixth Edition*, New York Oxford: Oxford University Press, 2003.

⑤ 本书对七个专有理论视角的介绍是基于三部作品进行整合,因此不再逐一标注页码,而是标注某些原文引用,同时对具体例子的引用也标出了出处。

社会问题出现时,意味着社会有机体就"患病"了。因此,社会问题是社会有机体的疾病,需要通过一定的方式进行治疗或根除。因此,社会病理学带有社会医学的色彩。从发展的过程来看,可以将社会病理学分为两个阶段:一是19世纪末到20世纪50年代末的早期社会病理学;二是20世纪60年代复兴的现代社会病理学。这两个阶段的社会病理学有一个基本共识:社会问题具有道德性质的,那些符合他们所支持的道德和人道主义的现象和人是正常的和健康的,而那些不符合他们所支持的道德和人道主义的现象和人则是不正常和不健康的,因而必须建立一种道德责任感。但是,两个阶段的社会病理学之间也有非常多的观点分歧:(1)早期社会病理学家认为社会有机体是完美无缺的,有问题的个人是社会问题的原因,并且对有问题的人的判断存在"血统论"的色彩;现代社会病理学则认为社会有机体并非完美无缺,有问题的个人是病态的基础结构或病态的社会的牺牲品,病态的基础结构或病态的社会才是社会问题的原因。(2)早期社会病理学判断健康或病态的标准是参照宗教、法律等公共性的规范;而现代社会病理学则认为那些为公众接受的习俗和基础结构是存在问题的,是这些习俗和基础结构将正常的事物说成了病态的。(3)早期社会病理学家多是关注个人及其越轨行为;而现代社会病理学家则不仅看到了个人及其越轨行为,也看到了个人行为之外的战争、环境污染等现象。(4)早期社会病理学家将社会问题归咎于个人越轨者,进而要求采取道德教化,防止道德缺陷的代际遗传,他们坚信人是向善的,所以只要树立正面榜样就可以改变人们的命运;而现代社会病理学家则将社会问题归咎于整个有机体——有病的社会与不合情理的基础结构,因此要改变的是整个社会及其基础结构。总体而言,社会病理学带有强烈的道德判断的色彩,但是,如果没有提供确切的、清楚的病理学指标,那么这一视角则面临成为分析者的个人偏见的风险。例如:

> 人的最初的社会形式是简单的原始村落,他们在小群体中过狩猎生活,彼此被一种熟悉的、友爱的、亲近的关系包围着。然而,今天的城市居民却被非自然增大的密居环境包围了。人们互相丧失信任、日益疏远、人情淡薄、备受制约。莫里斯指出,这种情况是由于严格

限制人们彼此间的爱抚造成的。他说，人有非性关系的身体接触的需要。如果忽视了这一基本需要，在家庭关系上，不安全感就会产生，因而影响家长的作用。近些年，很多人做了一些大胆的尝试。他们建立了一些合法的爱抚团体，企图通过肌肤亲近来解决这一问题。然而，这种解决办法还必须涉及广泛的再教育问题，它不仅要求改变公众的舆论，而且还要废黜一些禁止亲近的常规陋习。这样，人类就能更多地享受彼此依恋的益处，更大限度地满足他们的基本需求。（摘录自德斯蒙德·莫里斯的文章《亲近行为》）[1]

(二) 社会解组论（Social Disorganization）

社会解组论产生于"一战"后迅速工业化的美国社会。社会解组与社会组织化对应，后者意味着存在行之有效的社会规则，而前者则意味着社会规则的缺失。这种缺失分为三种情况：（1）缺少明确的社会规则。一旦缺少可供指导的社会规则，人们发生越轨行为的风险会增加，而人们之间的相互合作、团结的可能性就会降低。（2）多种社会规则之间存在矛盾或冲突，即文化冲突。在这种情况下，社会规则并不缺乏，而是存在多种社会规则，但是这些社会规则之间却是势不两立。因此，遵守一种社会规则势必就会违犯另一社会规则。这种文化冲突往往不仅存在于不同的族群之间，也存在于同一社会中的传统规则与现代规则之间。社会规则之间的矛盾或冲突，让身处其中的人们容易茫然而无所适从。（3）社会规则失去实际效用，即制度失效。这种情况表现为虽然存在明确的社会规则，但是遵守者并不能获得正面回报。社会规则无法为遵守者提供正面的激励，从而沦为空中楼阁。因此，在认可社会解组论的社会学家看来，社会问题源于社会解组。那么社会解组的动力是什么呢？是社会变迁。正是在快速的社会变迁中，新事物缺少新的社会规则约束，旧的事物所遵循的社会规则与新事物奉行的社会规则不一致以及旧的社会规则无法控制新的事物。社会学家奥格本所提出的"文化堕距"正是这一观点的鲜明体现。正是在快速

---

[1] ［美］马丁·S. 温伯格、厄尔·鲁滨顿、苏·基弗·哈密尔史密斯：《解决社会问题：五种透视方法》，单爱民、李伟科译，吉林人民出版社1992年版，第23—24页。

的社会变迁中，物质性的东西变化要先于和快于非物质性的东西，从而造成了一种文化失调。因此，要解决社会问题，就要从社会规则入手。如果是因为缺少明确的社会规则而导致的社会问题，那就应该建立一组明确的控制规则；如果是因为文化冲突导致的社会问题，那么解决方案或是控制社会的变化率（如限制城市发展的速度），或是进行不同规则之间的融合；如果是因为制度失效导致的社会问题，那么应该由集中、信息传播和反馈的办法加以解决，比如精简机构、协调部门工作与强化部门信息沟通等。在社会变迁大背景下，利用社会解组论的确具有相当的价值，但是这一理论视角也因未能提供社会解组的客观指标和使用抽象的概念掩盖固有的（implicit）价值判断而遭受质疑。例如：

> 然而由于大城市的增长，机械工业中精细的分工，以及在交通、传播工具的增加与各种运动、变迁的配合之下，代表家庭、邻里和社区的旧式社会控制已经开始受到破坏，而且他们的影响力也大幅度地降低。早期文化、社会控制系统的权威与影响，最后终于被降低并且破坏无余，而这些就是汤玛斯（Thomas）所描述为"个人主义"形成的过程。汤玛斯是从个人角度来看待这件事情的，然而从社会和社区的观点来看它，则是一项社会解组的过程。（摘录自罗伯特·帕克的文章《社会变迁和社会解组》）[①]

（三）价值冲突论（Value Conflict）

价值冲突论是在社会冲突理论的基础上发展而来。与社会病理学和社会解组论不同的是，价值冲突论更加关注的是社会问题的主观层面和群体性。因此，价值冲突论并不将社会问题视为一个整体性的事物，而是不同群体之间的价值冲突及其引发的社会后果。因为在价值冲突的理论家看来，社会由不同观点、利益的群体或团体构成的，而非单纯是一个整体或系统。正因为存在观点、利益不同的群体或团体，才使社会问题得以发

[①] ［美］鲁滨顿、温伯格：《社会问题导论：五种视角》，陈慧娟译，台北：巨流图书公司1988年版，第85页。

生。按照价值冲突论的观点，只要人们认定某一社会状况是社会问题，那么这一社会状况就是社会问题。因此，人们意识到这种社会状况是有害的且逐渐产生公愤并希望情况尽快好转，这就充分有力地定义了社会问题的基本前提。在富勒、迈尔斯等人看来，价值冲突论中的"价值"有三个层面的含义：（1）价值判断引导人们将客观状况定义为社会问题；（2）价值判断上的分歧是所有社会问题的根本原因；（3）价值判断既有助于消除或解决社会问题，也会成为阻碍因素，因为人们会因为价值差异而在解决方案的制订和实施过程中产生冲突。[1]

价值冲突论有三个突出的特点：（1）群体中心的思想。价值冲突论的理论家们认为，社会问题既不是由不道德的个人造成，也不是因为缺乏社会规则造成，而是因群体之间的价值冲突造成的。社会问题是一个群体在追求自身利益和价值时与反对势力进行斗争的外在表现。（2）求值型。价值冲突论的理论家们认为，关于社会问题的定义并非绝对客观的，而是充斥着主观价值判断，那些用来定义社会问题的规则或标准，在他们看来也许就是带有中产阶级性质的。（3）重视行动。价值冲突论的兴趣在于制定有效的行动策略而非抽象的理论建构。按照价值冲突论，解决社会问题的办法包括交涉、协商和赤裸裸的暴力。这三种办法的烈度是逐步升级的，而暴力则是最为激烈的。除此之外，还可以借助舆论。通过舆论，各方可以找到共同立场，求得价值观上的一致。要切实地实施这些办法，行动者可以有三个具体的策略：一是建立一个持久性的组织来唤起人们的注意，并让人们采取相应的行动，比如工会；二是采取对抗行动，包括游行示威、罢工等；三是保证该群体的价值被长久地承认，要让反对派和公众承认他们的价值，比如争取立法行动、谋求改变政府的政策等。无论采取何种解决办法和具体策略，秉持价值冲突论的理论家都坚持站在群际视角的立场分析问题，并将群体之间因价值不同而引起的斗争视为社会的常态。采用这一视角通过分析不同群体之间的价值和利益冲突，进而思考社会问题，是非常有价值的，但困难则在于

---

[1] Richard C. Fuller and Richard R. Myers, "Some Aspects of A Theory of Social Problems", *American Sociological Review*, Vol. 6, No. 1, February 1941, pp. 24–32.

如何将对立的价值或利益清楚地确定。下面的例子可以很好地表现出不同群体间的价值和利益冲突：

> 教育署认为该学校可以消除种族隔离，但家长们认为不能，因此，在建校期间，他们在土地周围举行示威。当看到建筑物没有窗户，家长们更火了，质问这是什么建筑风格，是不是想把孩子们隔离起来。
>
> 1966年，学校登记了600名学生，全是黑人和波多黎各人。学生的家长恐吓说，如果到秋天还不能消除这样的种族隔离现象，他们就举行抗议示威。教育署为了敷衍这些家长，只好于6月份在白人居住区分发了1万张招生表。
>
> 不消说，谁也不能在地铁或某个胡同捡来个招生表就决定把孩子送该学校上学，并且，没有几个白人愿意让自己的孩子去哈莱姆区上学。招生表成了一堆废纸。9月7日，教育署不得不承认说，他们没办法"消除这种隔离"。由于害怕黑人群众示威，该校没能在1966年9月12日如期开学。
>
> 到了这种地步，家长们别无选择，只好要求参加学校的管理来打破这种界限分明的状况。针对白人不送子女入该校上学这一事实，一位黑人家长说："我们只好按照种族隔离的方式去办自己的高质量学校了，但是，我们需要有发言的权利和内部保障。"孩子的家长们懂得，虽然学校的条件好，但这样一下去，用不了几年，它也会像其他黑人学校一样，被那些漠不关心的官僚主义所毁掉。因此，这些家长们决定要自己控制学校。（摘录自斯托克莱·卡麦奇和查理斯·哈密尔顿的文章《黑人及不平等教育》）①

（四）越轨行为论（Deviant Behavior）

越轨行为论关注的是违反社会规范的行为，这一点与社会病理学、社会解组论的关注点是有相似之处的。但是，越轨行为论超出二者的视

---

① ［美］马丁·S. 温伯格、厄尔·鲁滨顿、苏·基弗·哈密尔密斯：《解决社会问题：五种透视方法》，单爱民、李伟科译，吉林人民出版社1992年版，第92页。

野,将越轨角色的产生及人群差异作为分析对象,而非单纯的越轨行动。这一理论视角的分析视角是将越轨行为与更大的社会结构或社会环境联系起来,从中发现规律。因此,在分析越轨行为时,要充分考虑到社会结构或社会环境中所提供的机会结构——无论是合法的还是非法的——都会对个人的越轨行为产生影响。简言之,合法的机会结构、接近非法机会结构(如越轨亚文化的供给组织)、非正当的社会关系,都会成为导致越轨行为、进而产生社会问题重要的源头因素。同时,越轨行为论是非常注重实际的理论。这一理论不仅要分析越轨角色的根源,也致力于对越轨者进行社会矫正。在越轨行为论的理论家们看来,所有的社会角色,无论是越轨还是常规的,都是从初级群体学得的。因此,矫正的路径就在于让越轨者回归常规群体,学习常规角色,进而改过自新。具体而言即自我帮助和社会改造两种办法。自我帮助,是由越轨者们自行组织建立专门的团体或组织,制定具体的目标和标准,并提供初级群体的环境,习得常规角色和行为,进而实现"浪子回头"。这类办法注重切实的现实效果,而非理论贡献。社会改造,则是由建立的专门机构(如少管所)有计划地改造越轨者。社会改造中的具体方法之一便是注重建立初级群体,并有步骤地强化那些鼓励正常行为和自我形象的初级群体。这两种具体的矫正办法,都是旨在改造角色而非人格,都是通过群体内的常规角色对越轨角色的影响来进行改造而非纯粹的个人规劝。除此之外,还可以在社会结构方面进行改革,给弱势群体提供更多的社会机会。无论是提供经济机会、文化机会还是教育机会,都是有利于解决这些越轨问题的。越轨行为论有三个具体的理论来源:默顿的失范理论(anomie theory)、埃德温·萨瑟兰(Edwin H. Satherland)的差异交往理论(differential association theory)和亚文化理论(subcultural theory)。萨瑟兰于20世纪30年代末到40年代末提出和修正了差异交往理论(differential association theory)。这一理论的基本观点是:个人的越轨行为是通过社会交往习得的,其中初级群体、同辈群体的影响是非常大的。这一理论的基本观点正如我们常说的"近朱者赤,近墨者黑"。亚文化(subculture)是与主流文化相对应的概念,是指一部分社会成员或某一社会群体所接受或持有的文化。亚文化最初往往是与越轨、犯罪研究联系在一起的。亚文化研究的代表人物之一美国犯罪学家艾伯特·柯西德尔·科恩在其著作《少年犯罪人：帮伙亚文化》中解释了下层阶级贫民区中发现的极其庞大的少年犯罪，其核心观点是：下层阶级青少年的少年犯罪行为是对美国中产阶级主流文化中的规范和价值观的一种反抗。[①]在这里，我们需要重点介绍默顿的失范理论。

默顿在1938年发表论文《社会结构与失范》（Social Structure and Anomie）提出了社会结构与失范的关系问题，并在1949年的《社会结构与失范：修正与扩展》（Social Structure and Anomie: Revisions and Extensions）中做了进一步讨论和完善。默顿将越轨行为视为对机会不均等情况的修正，强调社会结构或制度对个人行为的影响。其论文旨在为研究越轨行为的社会文化根源提供一种一致的、系统的方法，主要目标在于发现某些社会结构是如何使得某些个人采取了非遵从而不是遵从行为。在社会文化结构的要素中，默顿提出文化目标（cultural goals）和制度规范（institutionalized norms）是比较重要的两个要素。文化目标是由文化所定义的目标、目的和利益组成，包含了一个有抱负的参考框架，构成了所谓的"群体生活设计"（designs for group living）的基本组成部分。制度规范主要是指相关制度所定义、规范和控制实现文化目标的可接受的模式。每个社会群体总是将其所期望的目标的规模与实现这些目标所被允许的和必要的程序的道德或制度规定结合起来。面对文化目标，社会成员会采取不同的适应模式，可以分为五种情况（如表5-2所示）：（1）遵从（conformity），即个人既接受现有的文化目标，也采用了制度化手段。这是最常见的和广泛传播的行为模式，能保证社会的稳定和连续性，是社会的常态。如采取合法的方式发家致富。（2）创新（innovation），即个人虽然接受现有的文化目标，但却未采用制度化手段，这无疑是一种越轨行为。当个人接受了文化目标中对成功的重视，但是却没有同等地内化那些管理文化目标的实现方式和手段的制度规范时，这种行为就会产生。社会化不足使得个人通过放弃制度化手段和保持成功的愿望来消除内心的冲突和挫折感。如通过盗窃、抢

[①] 张威：《改革开放以来我国犯罪问题的宏观分析》，中国政法大学出版社2018年版，第113—114页。

劫牟取钱财。(3) 仪式主义 (ritualism)，即个人虽然不接受现有的文化目标，但却采用了制度化手段。这一行为模式的文化背景是，制度需求的极端同化 (assimilation) 将会导致仪式主义，即目标被抛弃，因为人们无法达到，但是却仍坚持对道德习俗 (mores) 的遵从。采取这类行动的个人，拒绝了所谓的"在世界上取得领先地位"(to get ahead in the world) 的文化要求，也会降低对目标的要求，在激烈的地位竞争中采取这类行动来缓解地位焦虑。因此，他们会说"我谨慎行事""我对我所获得的感到满意""不要把目标定得太高，那么就不会失望了"。简言之，采取这种类型行动的个人认为雄心壮志会引起挫折和危险，而较低的抱负则会产生满足和安全。如奉行官僚主义的官员们。(4) 隐退主义 (retreatism)，即个人既不接受现有的文化目标，也不采用制度化手段。这是最不常见的情况。采取这种适应模式的个人虽"身在社会"，却"心不在社会"。从社会学意义上讲，这些人没有共同的定位 (orientation) 框架，他们只能在一种虚构的意义上 (in the fictional sense) 被囊括在社会人口之中。这些人可以是精神病患者、慢性自闭症患者、瘾君子、流浪汉等。从社会学上讲，这些都构成了真正的"异类"(aliens)。在某些活动领域，这些人已经放弃了文化上所定义的目标，他们的行为调整并不遵从现有的制度规范。与遵从者正相反，隐退主义是一种非生产性的责任 (nonproductive liability)；与创新者相反，隐退主义者认为文化如此珍视的成功目标没有价值；与仪式主义者相比，隐退主义者很少注意制度化的实践。(5) 反叛 (rebellion)，即个人既接受现有的文化目标和采用制度化手段，却又同时拒绝它们，试图建立一种新的社会秩序。当个人从统治性的标准中被解放 (emancipation) 出来，就会使得个人尝试引入一种"新的社会秩序"。当制度系统被视为实现合法化目标的障碍时，反叛就会成为一种适应性的反应。如政治恐怖主义。①

---

① Robert K. Merton, "Social Structure and Anomie", *American Sociological Review*, Vol. 3, No. 5, October 1938, pp. 672 – 682; Robert K. Merton, "Social Structure and Anomie: Revisions and Extensions" In *The Family, Its Function And Destiny* Edited by Ruth Nanda Ansgen, New York: Harper & Brothers Publishers, 1959, pp. 226 – 257.

表 5-2　　　　　　　　　　默顿的失范理论模型

	文化目标	制度化手段
I. 遵从	+	+
II. 创新	+	−
III. 仪式主义	−	+
IV. 隐退主义	−	−
V. 反叛	±	±

注:"+"表示接受(acceptance),"−"表示拒绝(elimination),"±"表示拒绝并代之以新的目标和标准(rejection and substitution of new goals and standards)。

资料来源:Robert K. Merton,"Social Structure and Anomie", *American Sociological Review*, Vol. 3, No. 5, October 1938, pp. 672–682。

因此,从越轨行为的视角来看,当个人在社会化过程中认同既定的文化目标(如成功、财富、权力等),但是却没有同等地内化实现这些文化目标的道德规范时,越轨行为就会发生。相反,如果文化目标中过度强调所谓的成功,而获得成功的合法性手段被过度限制,那么无疑"目的证明手段的合理性"(the-end-justifies-the-means)就会成为社会成员的行动原则。当然,上述所谓的五类适应性行为在特定情境下的角色行为,不仅是非人格(personality)同时也是持久性反应,而不是人格组织的类型。例如:

> 根据默顿的反常理论,精神病是一种逃避现象。患者们不愿意、也不能够追求传统的目标、充当正常人的角色。本文作者费尔成瑟·桑德尔、克莱斯勒和梅奈尔对一种新式的精神病疗养院——亚文化生活区,进行了系统的阐述。患者们在这个疗养院里生活工作,与外界社会保持紧密的联系。一旦他们的能力恢复了,就马上让他们重返社会。因此,在疗养院中,外部社会的目的和价值,如工作观念、所有权观念和升迁意识也一直被强调,作为患者的追求目标。同时,疗养院还指导病人如何在宿区以外扮演常规角色。该重建计划的目的就是

让精神病患者能重返社会。(摘录自乔治·W. 弗尔威慈和戴维·L. 克莱斯勒的文章《精神病患者疗养院》)①

(五) 标签论(Labeling)

标签论是在符号互动理论的基础上发展起来的一个分支,是社会问题研究的主观派。同时,这一理论流派与越轨行为论有共同的研究对象——越轨行为。在社会问题研究的客观派看来,越轨行为是一种可观察的客观现实,而标签理论却认为越轨行为是被社会创造出来的。因此,这一理论的基本观点是:某些社会状况或个人之所以成为社会问题,是因为被贴上社会问题的标签。

在提出、应用和发展标签理论的学者中,以雷蒙特和贝克尔二人比较具有代表性。雷蒙特将越轨分为"初次越轨"(primary deviation)和"二次越轨"(secondary deviation)。以往研究者多是关注前者,而少有关注后者。雷蒙特认为,只要越轨被合理化或者作为社会可接受的角色的功能进行处理,那么这种越轨依然是初次越轨。一旦当一个人开始利用他的越轨行为或是基于越轨行为的角色作为防御、攻击或者适应随越轨行为而产生的社会反应所创造的公开性或隐蔽性,那么他的越轨就是二次越轨。具体而言,导致二次越轨的互动顺序大致为:(1) 初次越轨;(2) 社会惩罚;(3) 进一步初次越轨;(4) 更强烈的惩罚和拒绝;(5) 进一步的越轨,也许开始将敌意和怨恨集中于那些做惩罚的人;(6) 危机达到容忍系数,通过社区对越轨者进行污名化这样的正式行动来呈现这种危机;(7) 作为对污名化和惩罚的反应,越轨行为得到加强;(8) 最终,接受越轨社会地位并基于相关角色努力进行调适。② 从"初次越轨"到"二次越轨",塑造了越轨者的"越轨生涯"(deviant career)。

贝克尔认为,所有的社会群体都有自己的群体规范,这个规范会定义具体的行为是否正确,而那些违反群体规范的人就会被该群体视为异类并

---

① [美]马丁·S. 温伯格、厄尔·鲁滨顿、苏·基弗·哈密尔史密斯:《解决社会问题:五种透视方法》,单爱民、李伟科译,吉林人民出版社1992年版,第128页。

② Edwin M. Lemert, *Social Pathology: A Systematic Approach to the Theory of Sociopathic Behavior*, New York: McGraw-Hill Book Company, Inc., 1951, pp. 75–77.

受到排斥，成为局外人（outsider）。当然，对于那些被定义为局外人的社会成员来说，也会将实施规范的人视为局外人。如此，便形成了一道鸿沟。因此，所谓的越轨就是"社会群体通过制定规范使那些不符合此规范的行为成为'越轨'，并通过对规范的实施和执行将'违规者'标签为局外人"[1]。而所谓的越轨者则是被他人成功贴上越轨标签的人，越轨行为亦是如此。在贝克尔看来，"标签学说的理论意义完全是在另一个层面。各种类型的行动，特别是一些具体的例子，对该行动的不同受众来说都有可能被认为属于或不属于越轨行为。人们在越轨定义以及行动标签的看法上的差异，都会对行动者以及行动受众随后的行为造成影响"，因此"并非标签理论的所有目标与成就都与它的名字联系在一起，也不是如一些人认为的那样该理论只关注标签这一行动过程。事实上它是看待一般人类活动的一种视角，其价值体现在可以使原本模糊的意义逐渐清晰起来"[2]。

不同于社会问题的客观派，持标签论的理论家看到了人们因为立场、利益、价值等因素的差异而对同一社会状况或同一社会行为持不同看法或表现出的不同反应。因此，人们的反应决定了社会问题是否存在，而非现实的状况或行为。至于被贴上社会问题标签的社会状况或个人及其行为是否会对社会有害，是否真的违反了社会规范，在持标签论的理论家们看来不是重要的问题。重要的问题是标签是如何成功地被贴上的。也就是说，社会问题不存在于社会状况或个人行为中的固有的本质和属性，而是存在于其他人所规定的一种状态。那么，由此可以提出三个问题。

（1）具有贴标签权力的主体。持标签论的理论家认为，任何人都能成为贴标签的主体，只要他能影响公众舆论和官方行动。具体而言：一般社会成员对某些现象或某个人的看法形成了所谓的"街谈巷议"的民间舆论，从而定义了社会问题，制造了极大的舆论和道德压力；法律法规的制定者，将官方的意志贯彻于文本之中，规定了具体的"罪行"或"非法活

---

[1] ［美］霍华德·S. 贝克尔：《局外人：越轨的社会学研究》，张默雪译，南京大学出版社2011年版，第8页。

[2] ［美］霍华德·S. 贝克尔：《局外人：越轨的社会学研究》，张默雪译，南京大学出版社2011年版，第148—149页。

动",并给这些"罪行"或"非法活动"提供合理的界定标准和具体解释;大众媒体也能影响人们界定社会问题的重要因素,比如流行书籍能改变公众对既成定义的看法,新闻传播可向公众灌输新的、不同的观念,同时大众媒体也能成为推动某些问题解决的重要力量。

(2)标签的具体内涵及其历史变化。持标签论的理论家认为,在人们限定问题及集体行动之前,必须得有被社会广泛承认的"现成的"标签。而某一标签的具体内涵通常不是一成不变,而是会随着时代的变迁而发生变化的,是文化和历史的产物。一些标签不实用了而另一些标签却时兴起来;一个时期被看作是可接受的事,而在另一段时期却被看成是有问题的。人们把一种情况说成是社会问题,他们这样做是由于在他们的文化环境里,这个标签便利,可以信手拈来。比如在明朝初期,"衣冠禽兽"一词是指当时的文武官员,衣冠是权力的象征,禽兽是官服图案,代表官员类型和品级高低,可以说是一个褒义词。明朝中晚期以后,由于官员的贪污腐败,"衣冠禽兽"成了一个贬义词。到了现代中国社会,"衣冠禽兽"的含义已被固定为:比喻道德败坏、行为如同禽兽的人。当然,标签与真实情况未必完全相符。那些人们见怪不怪的现象(如婚前性行为)未必会被贴上相应的标签,而在另外的一些情况下,标签却可以作为"欲加之罪,何患无辞"的工具。影响一个标签是否可以持久存在并且发挥影响力,公开出版物、官方记录、标签的质量以及个人的特殊情况等都是重要的因素。

(3)贴标签的后果及其应对之策。贴标签的过程,可以使贴标签的人"受益",也可以给被贴标签的人制造压力。对于贴标签的人来说,可以通过发放标签或分配标签来证明其工作能力和业绩(比如记者的新闻报道),可以用来转移视线或欲盖弥彰(比如将利益问题道德化),也可以用来谋得一些好处(比如罪犯以"精神问题"为由逃避或减轻刑罚)。对于被贴上标签的人来说,尤其是对于那些"无辜者"来说,标签却是不得不承受的巨大压力,带来污名和管制,带来歧视和痛苦,甚至会使得人们忽视或加剧某些重要问题。在某种特殊情况下,标签既会导致诸如死刑等严重的后果,也会对一个人的社会关系及自我认识造成巨大的影响。

那么,为了应对贴标签所带来的负面后果,人们可以采取的策略有哪些呢？一是使用标签的人要慎重行事，把握深浅，尽可能避免对那些与自己的生活方式或价值观念不同的人滥用标签，尤其是当某个标签会引起严重后果（污名、坏影响）的情况下。二是尽可能地减少标签数量，这既会相应地减少第二次越轨行为，也会减少人们花费在飞短流长上的无谓消耗。三是废除一些法律，特别是废除那些所谓的"无受害者"的犯罪法律，如同性恋法等。四是要改变一些解释反常行为的专业语汇，如将同性恋从"精神失常"的类型中剔除。五是管教规化和管教机关采取"不干涉主义"，这既可以减少第二次越轨机会，还可以让年轻人在今后的生活中更容易回到正常的生活道路上来，获得正常的生活地位。同时，官方的案卷要秘密存放，短期保存，以便让有犯罪劣迹的人放下包袱，改过自新。例如：

> 种族问题研究表明，矫正社会对少数派的否定态度的最有效的做法是改变支撑歧视的那个制度。制度被改变后，人们的态度也会随之改变。因此，要改变的最初目标应该是社会组织中坚持道德含义的机制，是它们给同性恋扣上了罪孽的、有害的、堕落的以及病态的帽子。研究性行为的专家们一致认为下述范畴是急需改变的。
>
> 在美国，倘若某人曾以同性恋被逮捕，不管定罪与否，他的就业机会都会受到影响。很多雇主都询问申请人是否被逮捕过。如果回答"是"，雇主就能从法庭记录中查到具体罪证。被捕人若没有被判罪服刑，逮捕记录就应该被销毁，否则，许多人的就业机会就会受到不正当的影响。对同性恋者来说，这种情况尤为真实。（摘录自马丁·S.温伯格和柯林·J.威康姆斯的文章《同性恋及其污名》）①

（六）批判视角（Critical Perspective）

在20世纪70年代兴起的批判视角，其思想来源有很多，其中之一便是马克思主义的传统。终其一生，马克思对资本主义制度进行了深入

---

① ［美］马丁·S. 温伯格、厄尔·鲁滨顿、苏·基弗·哈密尔史密斯：《解决社会问题：五种透视方法》，单爱民、李伟科译，吉林人民出版社1992年版，第187—188页。

骨髓的揭露和批判，为工人阶级的解放而不懈奋斗。如果说《资本论》是我们分析资本主义制度的工具书，那么《共产党宣言》则为工人阶级推翻资本主义制度获得解放提供了行动指南。正如马克思和恩格斯所指出的那样，人类社会的历史是阶级斗争的历史，而在资本主义制度下则是资产阶级和工人阶级的阶级斗争。在资本主义社会，资产阶级来寻求一切可能的方式如何以最低成本获得最大利润，享受着高质量的生活，而工人阶级则经历着贫困、失业、健康不佳等痛苦。资本主义制度下的诸如犯罪等社会问题的根源就是来自资本主义制度本身。因此，解决这些社会问题的根本之路就是进行革命，推翻资本主义制度，建立社会主义制度，并朝着共产主义奋斗。从马克思主义思想的角度来看，经济机构本质上有两种职位——一种是人们拥有或控制经济企业，另一种是他们主要为前者的利益而劳动。这些阶级都发展出自己在经济企业中的生活模式。人们通过与经济机构中类似的其他人的联系，来学习阶级利益和价值观。阶级成为关键的社会单位，因为通过这些阶级之间的关系动态，人们可以预测将要出现的社会问题的种类。这一系列问题的核心是阶级统治地位和冲突。当其中一个阶级的成员代表他们自己的阶级利益行事时，就会与另一个阶级的利益发生冲突，因为后者的利益截然相反。例如，拥有和控制经济企业的阶级对政府有相当大的控制力。因此，它对政府制定的法律产生了更大的影响。这一阶级通过了符合其经济利益的民法。此外，它还有助于塑造刑法。它将注意力转移到那些最有可能违反某些支持资本主义的法律，并给社会控制机构带来压力，以确保这些人因任何违法行为而被抓住、审判和受到惩罚的人身上。统治阶级还转移其内部任何违反规则者的注意力，保护他们不受暴露与执行。因此，拥有和控制经济企业的阶级将其影响扩展到生活的其他一些方面。因此，这就是批判性的观点所要试图解释一系列的社会问题。每当西方社会遇到危机，他们就会再一次重新审视马克思主义，再一次反思和批判现有的资本主义体制。危机让人们对旧观点提供理解或补救行动的能力提出了质疑。这些是产生了批判的观点的社会和文化环境。与社会问题有关联的持续危机引起了一些思想家的怀疑，即任何一种现行的视角都可以为似乎是社会问题的问题提供有意义的解释。面对社会政策和社会思想面临的双重危机，一些思想家将各种观点与早期的社会思想传统结合起来，创造了批判性观点，形成了诸如"批评理论""批判犯罪学""新犯罪学""激进犯罪学""激进社会学"和"新马克思主义"等流派。

20世纪70年代的经济危机①，使理论家们集中关注这些危机的政治本质及其所反映的社会问题。也就是说，理论家们认为是统治阶级本身制造了这些社会问题。当然，社会学家也在关注者的队伍之中。于是，就有社会学家们开始反思。一些社会学家认为现有的任何一种视角都无法解释社会问题的过量（plethora），一些社会学家认为现有的视角忽略了其所关注的社会问题的理论性。因此，必须采用一种更宽泛、更宏观、更整体性（holistic）的观点。社会学家们开始审视不同的社会问题如何与社会的政治经济结构有关联。于是，马克思主义传统似乎就为他们看待和解决社会问题提供了最富有成效的方式。这些理论家们赞同将社会问题定义为：社会问题是这样一种情景，它源于对工人阶级的剥削。因此，整体主义是批判视角的一个预设，所要求的是反思整个社会系统，而非系统中的某个特定的部门。因为，社会问题是资本主义整个社会系统的产物。当然，批判视角也面临一些批评和质疑。其中最普遍的批评就是认为这一视角是一种政治意识形态，或者是一种与大多数标准理论不同的理论，并没有具体说明它可以被证明的条件。但是，以马克思主义传统为根源的批判视角绝非简单的一种意识形态，而且也得到了诸多实践，而现实的危机则再一次证明了这一视角的穿透力和有效性。无论如何，批判性观点仍然是研究社会问题的重要观点。例如：

> 马克思主义范式还必须解释这样一个事实，即法律也会反映统治阶级成员之间的冲突（或统治阶级成员与管理官僚机构的上层阶级，即"权力精英"之间的冲突）。例如，限制信托成立的法律、广告中的虚假陈述、获得商业行为执照的必要性，这些法律通常都是用来减少统治阶级之间的竞争并将资本集中在少数人手中的。然而，这些法

---

① 20世纪60年代末70年代初，美国等资本主义国家由于恶性通货膨胀和急剧通货膨胀而产生了经济危机"滞胀"。

律适用广泛，因而也适用于统治阶级。因此，当他们违反这些法律时，他们就是在实施犯罪行为。同样，执法行动消除了法律的有效性，并保证统治阶级很少会感受到法律的刺痛，但他们的违法行为仍然是我们必须考虑的事实。

从对伊巴丹和西雅图的比较研究中还可以得出结论，执法系统不是为了减少犯罪或加强公共道德而组织的。而是通过与大多数犯罪集团合作，对那些犯罪最少的人执法，从而组织起来管理犯罪。这样，通过与犯罪集团合作，执法实际上产生了更多的犯罪。犯罪也产生于执法实践，即通过向那些在政治界、法律界和商界从事有组织犯罪活动的罪犯许诺利润和安全，从而选择和鼓励其犯罪生涯的延续。（摘录自威廉·J.查姆布利斯的文章《迈向一种犯罪的政治经济学》）[1]

（七）社会建构论（Social Constructism）

社会问题的建构论，与前文所提及的标签理论是有相似的分析路径——某一社会现象或社会行为如何被建构为社会问题。标签理论在被提出之后得到了广泛引用，这是因为其核心概念"贴标签"（labeling）的简易性（simplicity）和巧妙性（neatness）。但同时也不可避免地遭遇外部的质疑。其他理论家们认为，标签理论忽视了标签的生成，而是聚焦于谁对谁用标签以及被贴上标签的人们如何与这些标签共存。因此，标签理论的成败成为社会问题的社会建构主义得以产生的重要原因。无论是概念上的批评还是经验上的批评，都集中于两个方面：一是该理论在病因学（etiology）上的沉默，即未对社会问题产生的原因进行充分地阐释；二是该理论的核心命题，即规则的实施增加了越轨行为，启动了人们的越轨生涯并制造了越轨亚文化。这两个方面的批评，主要来源于社会问题中的"客观派"。"客观派"专注于社会问题的因果解释，作为研究越轨行为的理论，标签理论在两个方面是失败的：要么从其各种假定（postulates）中推导不出可验证的"假设"（hypotheses），要么是其假设被"事实"（facts）驳

---

[1] Earl Rubington and Martin S. Weinberg (ed.), *The Study of Social Problems: Seven Perspectives Sixth Edition*, New York Oxford: Oxford University Press, 2003, pp. 241-242.

倒。"客观派"严重依赖官方统计数据和问卷数据。毫无疑问，标签理论属于社会问题的"主观派"。"主观派"更多地聚焦于人们如何理解他们自己和他人的行动，聚焦于被指定为社会越轨者的人们如何处理越轨角色的问题以及参与越轨亚文化是否有助于他们解决这些问题。"主观派"更倾向于通过田野工作收集数据。无论是"客观派"还是"主观派"，都对越轨行为者产生的具体条件缺少足够的关注，而更多地将关注点放在越轨行为的标签，并没有标记社会问题。比如，1963年贝克尔的《局外人》发表之后，大部分的后续研究都是关于越轨者的标签以及贴上标签的后果，而不是社会问题。此后，两位社会学家的争论使得标签理论进一步衰落。1966年托马斯·谢夫（Thomas J. Scheff）在其出版的《患有精神疾病：一种社会学理论》（Being Mentally Ill: A Sociological Theory）[①] 一书中认为，导致精神疾病的最重要因素是贴标签。进入70年代，标签理论遭到质疑。比如沃尔特·戈夫（Walter R. Gove）认为导致精神疾病的主要原因是精神错乱的（disturbed）行为，而不是社会对这种行为的反应。1975年，戈夫在其所编的《越轨的标签：评价一种视角》（The Labelling of Deviance: Evaluating A Perspective）[②] 一书中明确地拒绝了标签理论对越轨行为的解释，并从智力迟钝、药物成瘾、精神疾病和酗酒等具体社会问题的分析中驳斥了标签理论。

本书前两章都已经提及，从1973年开始，基特苏斯和斯柏科特合写的两篇关于社会问题的论文，标志着社会问题研究的社会建构主义诞生了。二人认为，已有的研究既没有提出一个真正的社会问题理论，也没有产生真正的社会问题社会学。基特苏斯和斯柏科特是典型的社会问题的"主观派"，他们将社会问题视为是提出权益主张和获得回应的活动，而非我们通常所认为的社会失调现象、越轨行为。在社会问题活动中，利益群体定义社会问题，而官方则是需要作出回应的一方。在这种互动过程中，体现了利益群体的主张能否得到回应，回应能否会使得利益群体满意，以及如

[①] Thomas J. Scheff, *Being Mentally Ill: A Sociological Theory*, Chicago: Aldine Publishing Company, 1966.

[②] Walter R. Gove (ed.), *The Labelling of Deviance: Evaluating A Perspective*, Washington: Halsted Press, 1975.

果不满意利益群体又将如何行动等一系列的博弈过程。当秉承这样的理论视角时,利益群体所提出的社会状况是否真的存在或者是否真的有问题已经不再重要,而重要的则是这些主张能够得到回应,并促使官方做出相应的改革行动。基特苏斯和斯柏科特的理论观点,刺激了后续的大量研究,也使得社会建构主义成为社会问题研究领域的重要理论分支。在社会问题研究领域,当研究者的兴趣是一个被声称的情境如何称为一个社会问题时,这一视角的应用性最强大。① 例如:

> 在过去的25年里,宣布新的被害形式已变得司空见惯。记者、活动家、学者和脱口秀主持人呼吁关注被忽视的或未被注意受害者,这些受害者来自婚内强奸、熟人强奸、约会强奸、虐待老人、兄弟姐妹虐待、同伴虐待、情感虐待、电话虐待、神职人员虐待、邪恶仪式虐待、性虐待、性骚扰、性成瘾、爱成瘾、食物成瘾、饮食失调、创伤后应激障碍、多重人格障碍、慢性疲劳综合征、错误记忆综合征、信用卡依赖、相互依赖、功能障碍家庭、仇恨犯罪、殴打、跟踪、酒后驾车和UFO绑架。其中一些说法得到了广泛地接受,而另一些说法则遭到了相当大的怀疑。但是,争论特定主张的优点忽略了当代美国人解读受害行为的潜在模式。在20世纪60年代,美国人对受害者和受害行为越来越敏感;到了20世纪70年代,已经有了一种普遍的被害意识形态。随着这种意识形态在关键机构中得到接受,它创造了一个被害者产业——一套支持识别大量受害者的社会安排。(摘录自乔尔·贝斯特的文章《伤害和被害者产业》)②

当然,上述的七种视角为研究社会问题提供了独树一帜的分析路径,也各有侧重点。社会病理学侧重于个人,社会解组论侧重于规则,价值

---

① 事实上,建构主义的社会问题既面临客观主义者的批评,在其内部也存在不同取向。详情参见 Joel Best, *Images of Issues*: *Typifying Contemporary Social Problems Second Edition*, New York: Routledge, 2017。

② Earl Rubington and Martin S. Weinberg (ed.), *The Study of Social Problems*: *Seven Perspectives Sixth Edition*, New York Oxford: Oxford University Press, 2003, p. 305.

冲突论侧重于价值和利益，越轨行为论侧重于角色，标签理论侧重于社会反应，批判视角侧重于阶级关系，而社会建构主义则侧重于某一群体作出宣称的过程。同时，每一个视角都有自己的因果链条，而这些链条中的要素则是相互联系的。比如，越轨行为论和标签理论处理的都是越轨角色和社会反应，其中越轨行为认为越轨角色加速了社会反应；而标签理论则将越轨角色视为社会反应的共识。再如，价值冲突论认为，价值和利益产生了角色，批判视角认为角色产生了价值和利益；而社会建构主义则认为社会反应产生了做出宣称的角色。[①] 通过比较这七种理论视角的发展过程及其主要观点，我们可以进一步了解这些理论视角的优势和不足（见表5-3）。

二 中国学者的观点

社会学是舶来品，因而很多社会问题研究都引用了西方社会学，尤其是美国社会学界的理论。这些理论不可避免地带有"西方中心主义"的色彩。研究中国的社会问题，不仅要借鉴西方社会学界已经比较成熟的理论视角，同时也要注意总结本土性的理论视角，推进社会问题研究的本土化。首先，国内学者在介绍社会问题的理论视角方面呈现出一定的差异。

（1）三分类。程胜利在李芹主编的《社会学概论》中介绍了功能学派的社会整合论、冲突学派的社会冲突观点、奥格本的文化失调理论。[②]

（2）四分类。青连斌在其论文中介绍了功能学派（社会病态论、文化堕距论、社会失范论、差异交往论）、冲突学派（价值冲突论、群体冲突论、阶级冲突论）、生物社会论（体质论、染色体论）、标签理论。[③] 郭星华在郑杭生所编的《社会学概论新修》（第5版）中主要介绍了社会整合

---

① Earl Rubington and Martin S. Weinberg (ed.), *The Study of Social Problems: Seven Perspectives Sixth Edition*, New York Oxford: Oxford University Press, 2003, pp. 359–360.
② 程胜利：《社会问题》，载李芹主编《社会学概论》，山东人民出版社1999年版，第352—360页。
③ 青连斌：《社会问题的界定和成因》，《中共中央党校学报》2002年第3期。

表 5-3　社会问题研究的七种理论视角及其比较

发展阶段	阶段 1	阶段 2	阶段 3	阶段 4		阶段 5	阶段 6
	建立基础	形成科学的政策	整合理论、研究和应用	培养专门性		宏观理论再现	社会建构论处于优势地位
时间段	1905—1918	1918—1935	1935—1954	1954—1970	1970—1985	1985—	
理论视角	社会病理学	社会解组	价值冲突	越轨行为	标签论	批判视角	社会建构论
定义	社会问题是对道德期望的违犯,而违犯者被视为"病人"	社会问题是由社会解组引起的,社会解组的失败,规范冲突和崩溃	社会问题是指一群人群体的价值不相容的社会状况,偏离一群体的成员成功实现了对行动呼吁的宣传	社会问题是由社会规范性期望的违反,偏离规范是越轨的行为或同情境是越轨的	社会问题或社会建轨是由所谓违规则或期望的行为和对所发生的社会反应决定来决定的	社会问题是一种剥削工人阶级的情境	社会问题是指在文化上被定义为麻烦的、普通的和需要改变的和需要改变的状况
原因	社会化的失败	社会问题的根源是社会变迁,社会系统的各部分之间的变化不协调	社会问题是由不同群体的价值或利益的冲突引起的	越轨行为是由不合适的社会化促成的	公众或社会控制机构的关注	从最广泛的意义上说,资本主义形式的社会组织形式造成各种各样的具体的社会问题	人们在寻求解决不满时所从事的问题定义的活动
条件	早期社会病理学家认为某些人天生就有严重的社会环境是社会病发生的影响因素	早期社会病理学家认为社会系统的各部分完全保持从未保持完全的协调	群体间的竞争和联系的产生,持有和结果的频率,增加、背景条件	学习常规行为的机会有限,学习越轨行为的机会增加,实现合法目标的机会有限,压力模式,接近越轨的意识形态模式	当一个人或一情境被贴上有问题或越轨的标签时,贴标签者必须从中获益,且其必须有负面标签可用和使其固定的权力	阶级统治和冲突的广度和烈度,工人阶级意识形态的波动	只有经验研究才能对后果问题给出假设性的答案
结果	社会增加了维持下去的成本,最健康的生活下来;当代社会缺乏道德意识,对自己的诊断并不完全乐观	对个人来说,社会产生压力、社会失序和后果,社会系统的改变,系统继续稳定运转或系统崩溃	冲突可能是令人厌恶的且代价高昂的	结果多样,增加社会成本	当一个人或一种情境被贴上有问题或越轨的标签时,可能导致以促进一步的"越轨",标签也可以通过对社会的重新调整人类关系	社会主义发展才能推进是资本成比例的后果	只有集体行动保持沉默,认为问题是这个过程的生命历程的研究来解决的
解决方案	道德教育	做出正当的诊断	共识、交换和赤裸的权力 (naked power)	对越轨者施行再社会化,最佳方式是增加合法群体的接触,减少与越轨群体的接触	改变标签定义和消除贴标签过程中的坏处	只有政治行动主义才能解决资本主义制度中的弊端	对解决问题保持主导致,认为问题是通过对定义过程的研究来解决的

资料来源: Earl Rubington and Martin S. Weinberg (eds.). *The Study of Social Problems: Seven Perspectives Sixth Edition*, New York Oxford: Oxford University Press, 2003, pp. 360-361.

理论、文化失调理论、社会解体理论、价值冲突理论。① 杨彦在李芹主编的《社会学概论》中主要介绍了社会整合论、社会病理学、社会解组论、价值冲突论。②

（3）五分类。赵子祥在其所著的《中国社会问题评价》一书中主要介绍了文化失调的观点、社会解组的观点、价值结构与价值冲突的观点、反常行为的观点、比较研究的观点。③

（4）六分类。乐章在风笑天主编的《社会学导论》（第2版）中主要介绍了社会病态论、社会解组论、价值冲突论、偏差行为论、符号互动论、社会整合理论。④

（5）八分类。朱力在其所著的《大转型——中国社会问题透视》一书中主要介绍了社会病态论/社会病理学、社会解组论、价值冲突论、行为偏差论、标签论/标示论五种理论，并补充了经济制度论、社会冲突论、综合要素论。⑤ 魏曼华在其所著的《当代社会问题与青少年成长》一书中主要介绍了社会病理学理论、生物社会学理论、结构功能理论（社会失范论/社会解组论）、冲突理论、互动理论、批判理论、女性主义、后现代理论。⑥

（6）十二分类。雷洪在其所著的《社会问题——社会学的一个中层理论》介绍了社会病态论、生物社会论、社会解组论/社会失控论、文化失调论/或文化堕距论、亚文化论、价值冲突论、群体冲突论、阶级冲突论、越轨论、标签论/标示论/标志论、人格论、心理失调论、比较论、要素论。⑦ 谷中原在章辉美等编著的《当今中国社会问题研究》一书中介绍了

---

① 郭星华：《社会问题》，载郑杭生主编《社会学概论新修》（第5版），中国人民大学出版社2019年版，第421—423页。
② 杨彦：《社会问题》，载李芹主编《社会学概论》，山东人民出版社2012年版，第304—307页。
③ 赵子祥：《中国社会问题评价》，辽宁人民出版社1989年版，第15—16页。
④ 乐章：《社会问题》，载风笑天主编《社会学导论》（第2版），华中科技大学出版社2008年版，第195—199页。
⑤ 朱力：《大转型——中国社会问题透视》，宁夏人民出版社1997年版，第9—12页。
⑥ 魏曼华：《社会问题的理论》，载魏曼华等《当代社会问题与青少年成长》，福建教育出版社2005年版，第36—66页。
⑦ 雷洪：《社会问题——社会学的一个中层理论》，社会科学文献出版社1999年版，第10—18页。

社会病态论、社会解组论、价值冲突论、行为偏差论、文化失调论、亚文化论、群体冲突论、阶级冲突论、人格论、心理失调论、要素论。①

从上文的介绍来看，我们可以发现：一是数量差异较大。这些专著中最少介绍了3种理论，最多的可达12种理论。这既可以说明研究社会问题可参考的理论分支比较多，也说明了专有理论数量的不足。二是部分作者所介绍的不同理论之间存在理论层次的差别。比如，在乐章所介绍的六种理论中，对于社会问题的发生、发展和解决都有独特的观点，社会病态论、社会解组论、价值冲突论、偏差行为论等可以说是中层理论，社会整合理论是宏观层次的抽象理论，而符号互动论则属于微观的一般性理论。由于宏观理论、微观理论的内部分支也很多，因此将它们作为同一层次的理论并列并不合适。再如，青连斌在其论文中所介绍的四种理论，功能学派、冲突学派和生物社会论同属宏观层次的理论，将其与符号互动论的分支之一的标签论并列，也并不妥当。虽然作者在前三个学派的介绍中进一步阐述了相关中层理论的基本观点，但是从阅读体验上容易使得人们将四种理论视为同一层次。三是部分理论的社会学色彩并不浓厚，且存在不少已经不被社会学界接受的理论。比如，在魏曼华所介绍的七种理论中，所谓的"生物社会学理论"，将犯罪等越轨行为进行生物学因素的归因，认为犯罪基因导致了犯罪行为，其并不能直接有效地解释社会问题的产生，反而含有某类社会歧视、社会偏见的话语要素。再如，雷洪、章辉美所提及的人格论、心理失调论则更多地带有心理学的色彩。人格论将人的越轨行为归结为特定的人格特质，而心理失调论则认为社会问题是由那些心理失调的人造成的。这些观点具有非典型的社会学色彩，因而事实上在社会问题研究领域并未得到广泛应用。

其次，在本土化理论探索方面，一些国内学者做出了自己的努力。他们关注在中国转型的时代背景下，政治、经济、文化和社会等方面所面临的新问题、新挑战，作出了相当深入的分析，也提出了一些在国内学界得到认可和应用的理论视角。比如，21世纪初孙立平连续出版的《断裂——

---

① 谷中原：《社会问题概述》，载章辉美等编著《当今中国社会问题研究》，中南工业大学出版社2000年版，第43—49页。

20世纪90年代以来的中国社会》(2003)、《失衡——断裂社会的运作逻辑》(2004)、《博弈——断裂社会的利益冲突与和谐》(2006)三部作品被称为"社会断裂三部曲",从社会学的视角集中关注和探讨了自20世纪90年代以来作者所定义的"断裂社会""利益博弈时代"——各类社会问题从中产生。再如李强利用第五次和第六次人口普查数据,从社会分层的角度分别提出了中国社会结构的特点:"倒丁字型"和"土字型"。并认为10年间,中国社会结构变化的总体特征是实现了从"倒丁字型社会结构"到"土字型社会结构"的转变。① 无论哪一种特点的社会结构,其所折射出来的都是当前中国阶层结构所存在的现实问题。当然孙、李二位均是从宏观的视角来看待中国社会结构的变迁及其所引发的各类社会问题,同时所建构的理论命题可以说是社会问题研究的一般性理论,而非专有理论。在国内从事专门的社会问题研究(包括理论建构和经验分析)的学者,多数是引用西方社会学界已有的理论视角,而真正实现了社会问题专有理论建构的则是少数。本节主要介绍朱力和何雪松对社会问题的专有理论的建构。

(一)朱力:失范的三维模型

默顿所提出的失范的二元分析框架得到了广泛应用。同时,也有一些学者在此基础上做了进一步的探索。如朱力在2006年出版的《变迁之痛——转型期的社会失范研究》将失范定义为社会的价值与规范产生紊乱,人们的行为失去了标准,并不遵守规范,整个社会秩序呈现无序化局面。因此,失范不仅包括社会规范的失范,也包括个人行为的失范,而价值层面的失范是二者之间的精神纽带。价值层面的失范,也可以包括社会价值理念的失范和个人价值理念的失范,前者是指由规范建设的价值理念的混乱而引起的规范的解组现象,后者则是指因个人无法认同规范所蕴含的价值理念而引起的行为上与规范的背离现象。② 进而,朱力从价值、规范和行为三个维度划分了失范的八种类型(见表5-4)。③

---

① 李强:《我国正在形成"土"字形社会》,《北京日报》2015年5月25日第18版。
② 朱力:《变迁之痛——转型期的社会失范研究》,社会科学文献出版社2006年版,第118页。
③ 朱力:《变迁之痛——转型期的社会失范研究》,社会科学文献出版社2006年版,第134—137页。

（1）无失范型，即价值理念、社会规范与社会成员的行为相吻合的一种形式。从社会结构的角度看，这是最完美的类型，是一种有秩序的社会，也是人们理想中的社会状态。在现实社会中不可能没有任何失范而只有规范与秩序。但是，从行动者的角度看，这种社会是可以出现的。

（2）价值理念失范型。从社会结构的角度看，社会仅仅存在价值观念的混乱，价值理念与规范产生了脱节，也超越了人的行为。行动者对规范所蕴含的价值理念并不认同，但迫于规范的强制性压力，价值理念的偏离并未在行为上显现出来，行动没有产生与规范的冲突。这只是一种隐蔽性的，或有可能发生的潜在的失范。

（3）行为失范型。从社会结构的角度看，价值理念与规范是吻合的，社会秩序是稳定的，只是某些社会成员在行为上冲击了规范。从行动者的角度看，是指行动者认同价值理念，也遵守规范，但在行为上却出现了失范，认识与行动发动了断裂。这在理论逻辑上是不成立的，但在现实生活中却有可能发生。如好心办坏事、过失行为、意外事故导致的失范等。

（4）价值理念、行为失范型。从社会结构的角度看，在价值层面上产生了混乱，规范赖以安身的理论基础动摇了，但规范依然维系着社会并发挥着功能，部分社会成员在行为层面上也产生了失范，出现了"两头脱节"的现象。从行动者的角度看，是在认识上对规范的价值理念不认同或否定，也是在行动上对规范的违背。这是现实生活中最为普遍的失范类型。例如行贿受贿、制假售劣、刑事犯罪等。

（5）价值、规范失范型。从社会结构的角度看，价值理念的混乱与规范的解组已经产生，但还没有影响到人的行为，社会成员洁身自好没有失范。从行动者的角度看，是指人们对规范的价值并不认同，对规范也不遵守，但在行为上没有表现出来，仍然是遵守规范的，即出现了混乱的价值与规范，却有守秩序的社会成员。这一失范类型是纯粹理论上的思辨，在逻辑与经验上是不成立的。

（6）规范、行为失范型。从社会结构的角度看，社会文化的价值依然存在，但规范已经产生了混乱，人们的行为层面也产生了混乱。从行动者层面上讲，尽管行动者依然认同价值理念，但并不遵守规范，行动者的行为违反了既有的规范，产生了失范行为，价值理念与规范和人的行为产生了脱节。例如，有些地方政府的价值理念是为了发展经济，但制定了某些乱收费的规定，产生了乱收费的行为，规范的制定者违背了自身的价值理念。

（7）规范失范类型。从社会结构的角度看，仅仅是指社会规范产生解组现象，规范与价值理念产生了不和谐，但规范失范没有影响到社会成员的行为。从行动者角度来看，行动者依然认同价值理念，规范的混乱并没有影响其观念与行为，在行为上没有产生失范。例如城市收容遣送无法适应以人为本的价值理念与保障遣送对象的权利，最后被废除。

（8）全失范类型。这是价值理念崩溃、规范混乱、人的行为越轨。这是一种理论型的完全失范，是一个社会崩溃的现象。而这种失范从社会结构分析的角度会产生，从个人行动的角度也会产生。但这是一种极端的失范现象，不具有典型性。

表5－4　　　　　价值、规范与行为三维视角下的失范模型

	失范类型	价值理念	社会规范	行为
1	无失范型	＋	＋	＋
2	价值理念失范型	－	＋	＋
3	行为失范型	＋	＋	－
4	价值理念、行为失范型	－	＋	－
5	价值、规范失范型	－	－	＋
6	规范、行为失范型	＋	－	－
7	规范失范类型	＋	－	＋
8	全失范类型	－	－	－

注："＋"表示正常状态，"－"表示失范状态。
资料来源：朱力：《变迁之痛——转型期的社会失范研究》，社会科学文献出版社2006年版，第134页。

总体而言，如作者承认的那样，这三个维度所组成的八类组合中，有的具有现实性，有的仅具有理论分析的性质，有些则既不符合理论逻辑也不符合经验事实。从现实分析的角度来看，应当是价值理念与行为失范型

和规范失范型更具有普遍的社会意义，也具有更高的研究价值。毕竟现实社会是复杂的，如此分类只是一种分析手段，而非目的本身。在一定意义上可以认为，朱力的三维模型扩展了默顿的二维模型，将注意力从集中于社会结构与越轨行为的因果关联扩展到社会结构中的价值和规范两个层面。默顿认为社会结构中既存在合理的机会结构也存在不合理的机会结构，这些都会对人们的越轨行为的发生产生影响，但是其所谓的"失范"仍是目的与手段之间的脱离，而非目的本身出现了"失范"。朱力同时不仅关注行为层面的越轨，也关注到价值理念层面的失范，包括结构层面和个体意识层面。因此，在理论上是一次比较有价值的推进。

（二）何雪松：社会问题的转型视角

处于快速社会转型的中国，促成了研究中国社会的转型视角。在社会问题研究领域，采用较为系统的转型视角来进行社会问题分析的学者中，以何雪松所搭建的分析框架比较具有代表性（见图5-1）。

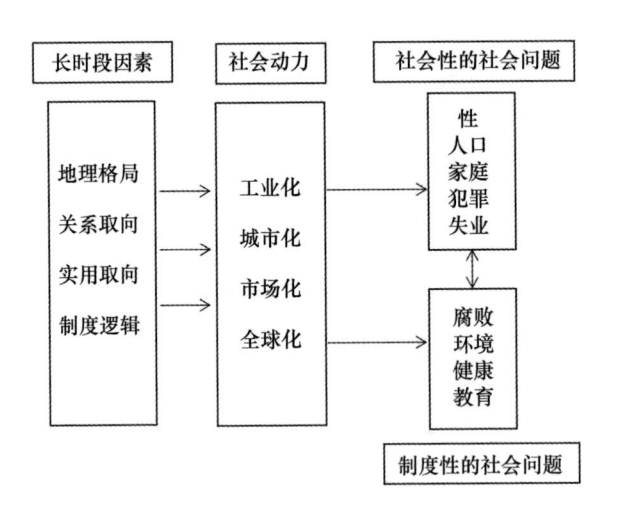

图 5-1 理解中国社会问题的分析框架

资料来源：何雪松：《社会问题导论：以转型为视角》，华东理工大学出版社2007年版，第46页。

这一分析框架的基本逻辑是：从长时段来看，中国社会的变迁依然是嵌入特定的社会文化因素和制度背景之中。在晚近时期，尤其是

1978 年以来，工业化、城市化、市场化和全球化的交织和叠加造就了中国社会的百年不遇之大转型，这一转型也带来了众多的社会问题。① 具体而言：

（1）长时段。所谓的长时段，是法国年鉴学派代表性人物费尔南·布罗代尔（Fernand Braudel）所提出的区分历史时间的三种类型之一，另两个为中时段和短时段。长时段不仅是指那些以一个世纪或数个世纪为单位的历史时间，而且更多的是关注所谓的"结构史"。② 而所谓的"结构"则是指长期不变或变化不快的、在历史上起经常性的、深刻作用的一些因素，例如地理、社会组织、气候、语言和生态环境，这些都是深层次的结构动因，它们都有促进或延缓社会发展的作用。要打破某些结构因素，如地理格局、生物现实的局限是极其困难的。③ 何雪松主要关注了长时段因素中的地理格局、关系取向、实用取向和制度逻辑。其中，地理格局主要关注区域之间差异大的地理状况，这一差异形塑了区域之间似乎较为稳定的政治、经济、文化和社会上的差异。关系取向是中国人日常生活中行动逻辑的典型特点，也在中国的政治经济发展中扮演着重要的角色。实用取向为中国人行动逻辑中的另一个典型特点，表现为注重实际效果和短期现实利益而行动具有灵活性和变通性。制度逻辑则是指自新中国成立以来，中国社会所形成的特定的制度逻辑。这一逻辑在转型时期仍然发挥重要作用，形塑了若干深入社会各个层面的"潜规则"。这四个因素构成了改革开放以来中国社会变化的基本脉络。④

（2）社会动力。社会动力主要包括工业化、城市化、市场化和全球化。其中，工业化、城市化和市场化，可以说更多地是指国内经济社会建设的过程和目标，例如我们常说的"现代化"；而全球化则是中国融入世界，尤其以加入世界贸易组织为典型标志。在全球化时代，中国社会既对外输出软实力，也无疑会受到国外社会文化环境的影响，在内外因素交织

---

① 何雪松：《社会问题导论：以转型为视角》，华东理工大学出版社2007年版，第44页。
② 吴承明：《经济史：历史观与方法论》，商务印书馆2017年版，第312页。
③ 何雪松：《社会问题导论：以转型为视角》，华东理工大学出版社2007年版，第41页。
④ 何雪松：《社会问题导论：以转型为视角》，华东理工大学出版社2007年版，第44页。

的情况下，塑造了中国社会问题的更为直接性的时代背景。

（3）社会问题。在长时段因素构造了社会变迁的基本脉络和各种社会动力因素所构造的时代背景的共同作用下，社会问题产生了。何雪松将中国当前面临的社会问题分为两类：一类是社会性的社会问题，这样的问题普遍存在于不同的社会，只不过表现形式存在差异，如人口、贫困、失业、犯罪与家庭问题；另一类是制度性的社会问题，这样的社会问题在中国社会的转型背景下尤其突出，如健康、教育、腐败和环境问题。正如作者自己所承认的，对社会问题这样分类是初步的、粗略的。毕竟，某一社会现象既可以是社会性的社会问题，也可以是制度性的社会问题，比如失业问题。同时，我们可以看到社会问题的社会性、制度性与这两类社会问题的命名就存在重复。另外，一定程度上，我们可以认为社会性的社会问题等同于其他学者所定义的"普遍性社会问题""全球性社会问题"，而后者则与"特殊性社会问题"类似。

总体而言，如作者所言，建立这一分析框架的目的是在试图理解中国社会的深层结构的基础上洞察正在经历的变局，尤其是关注其间社会动力与社会问题之间的关联。[①] 换句话说，这一分析框架关注的是在社会转型的大背景下传统因素与现代因素共同作用下社会问题的发生、发展与解决等问题。事实上，在其所著的《社会问题导论：以转型为视角》一书中，对于人口、家庭、性等社会问题遵照其所建构的分析框架，从历史和结构两个维度进行了分析。

第三节　基本范式

在一百八十余年的发展过程中，社会学研究形成了多重"范式"（paradigm）。美国科学哲学家托马斯·库恩（Thomas S. Kuhn）1962年出版的《科学革命的结构》将"范式"一词推向了学术研究的中心舞台。但令人遗憾的是，在该书中，库恩本人并没有对范式概念作出统一而明确的定义，而是出现了21种说法。比如，一个范式既可以是"通常是指

[①] 何雪松：《社会问题导论：以转型为视角》，华东理工大学出版社2007年版，第45页.

那些公认的科学成就，它们在一段时间里为实践共同体提供典型的问题和解答"，也可以是"提示出某些实际科学实践的公认范例——它们包括定律、理论、应用和仪器在一起——为特定的连贯的科学研究的传统提供模型"，还可以是"一种公认的模型或模式"①。由于遭遇不少的质疑，库恩不得不作出澄清。在《再论范式》一文中，库恩认为尽管范式在《科学革命的结构》一书中有诸多用法，但却还是可以合并为两个集合：（1）一种意义是综合的，包括一个科学集体所共有的全部规定；（2）另一种意义是把其中特别重要的规定抽出来，成为前者的一个子集。② 因此，我们可以将"范式"与"科学共同体"联系起来。所以，"一种范式是，也仅仅是一个科学共同体成员所共有的东西。反过来说，也正由于他们掌握了共有的范式才组成了这个科学共同体，尽管这些成员在其他方面并无任何共同之处。作为经验概括，这正反两种说法都可成立"③。无论库恩对范式的定义和澄清的内容是什么，其他研究者都会根据自己的理解对范式进行定义和解释。比如，默顿将范式定义为社会学中大量的定性分析理论和程序，它们将社会学分析可使用的一系列假设、概念和基本命题予以明确。④

一　乔治·瑞泽尔的范式划分

1975年美国社会学家乔治·瑞泽尔（George Ritzer）在对库恩的范式概念进行回顾和分析的基础上，做出定义："范式是科学中对象问题（subject matter）的基础形象。它有助于定义应该研究什么，应该问什么问题，应该如何问这些问题，以及在解释所获得的答案时应该遵循哪些规则。范式是科学中最广泛的共识单位，用于区分不同的科学共同体

---

① ［美］托马斯·S. 库恩：《科学革命的结构》（第4版），金吾伦、胡新和译，北京大学出版社2003年版，序言第4页、正文第8、19页。
② ［美］托马斯·S. 库恩：《科学革命的结构》（第4版），金吾伦、胡新和译，北京大学出版社2003年版，第290页。
③ ［美］托马斯·S. 库恩：《科学革命的结构》（第4版），金吾伦、胡新和译，北京大学出版社2003年版，第291页。
④ ［美］罗伯特·金·默顿：《社会理论和社会结构》（第2版），唐少杰、齐心等译，译林出版社2015年版，第101页。

（或亚群体）。它包含（subsumes）定义和将其中存在的范例（exemplars）、理论、方法和工具相互关联起来。"[1] 同时在此基础上，将既有的社会学理论划分为三种范式：社会事实范式（social fact paradigm）、社会释义范式（social definition paradigm）[2] 和社会行为范式（social behavior paradigm）。具体而言，社会事实范式，其范例来自涂尔干的作品《社会学方法准则》和《自杀论》。在涂尔干看来，所谓的社会事实是外在于个体且对其个人产生强制性的事物，诸如角色、价值、群体、家庭等。有大量的理论可以归于社会事实范式，其中最重要的两个理论是结构功能主义（或系统理论）和冲突理论。社会释义范式，其范例是韦伯分析社会行动的相关作品，其下有三个重要的理论：行动理论、符号互动理论和现象学。这三个理论关注精神过程和作为社会现实的积极建构者（active creator）的个人，同时也拒绝将社会结构看作是一套静态的强制性的社会事实。社会行为范式，其范例是心理学的行为主义研究传统，典型代表是斯金纳的相关作品，兴趣在于个体之间的关系及其所处之环境。社会行为主义者宣称，他们关注互动过程，但是其互动概念与社会释义范式不同。社会释义范式认为，在互动过程中行动者是动态的、创造性的力量，而不只是对刺激做出回应，即互动是一个"刺激—解释—回应"的过程，而社会行为范式则是遵循"刺激—回应"的模式，因此社会行为范式对个体自由的宽容度更低，且对人类形象的定义比社会释义范式更加机械。社会学领域中，社会行为范式的典型代表是乔治·霍曼斯（George Homans）及其社会交换理论。[3]

二　周晓虹对瑞泽尔范式的补充

周晓虹认为，瑞泽尔的划分得到了相当程度的认同，但却忽略了由马

---

[1] George Ritzer, "Sociology: A Multiple Paradigm Science", *The American Sociologist*, Vol. 10, No. 3, August 1975, pp. 156 – 167.

[2] 关于"social definition paradigm"的翻译，有其他学者翻译为"社会定义范式"，本书遵从周晓虹的翻译。

[3] George Ritzer, "Sociology: A Multiple Paradigm Science", *The American Sociologist*, Vol. 10, No. 3, August 1975, pp. 156 – 167.

克思开创、而后由德国法兰克福学派推进的社会批判理论同样具有成为社会范式的基本资质。① 基于此,周晓虹将范式定义为"信仰、价值观念、生活态度甚至行为方式相同或相似的社会学家提出的有关人性和社会生活本质的理论集合,它们建立在有关人性和社会秩序的共同或相近的理论假设基础上"②,并在瑞泽尔的基础上将社会学的理论分为四种范式:社会事实范式、社会行为范式、社会释义范式和社会批判范式。其中,所谓的社会批判范式具有五个基本特征:(1)主要目的。理论的批判加上革命的行动,是马克思社会批判理论的鲜明特征。(2)主要假设。该范式的主要假设是认定事物的本质存在于对现实的否定之中。(3)主要方法。采用的是历史—社会的分析方法,尤其是阶级分析方法。(4)主要理论。该范式在经典时代是依据马克思、恩格斯的历史唯物主义和辩证唯物主义,在现代是法兰克福学派的批判理论。(5)主要范例。在经典时代是马克思的著作,其中包括《资本论》《德意志意识形态》和《1844年经济学哲学手稿》等。③

三　社会问题范式的思考

从本节的目的出发,如果我们要进行社会问题研究理论范式的划分,也许需要考虑两个问题:(1)社会学理论范式的划分与社会问题研究的主要理论视角;(2)社会问题的主观方面和客观方面。

从社会学理论范式的类型划分来看,对照本章第二节所提到的七种理论视角,我们似乎可以将社会病理学、社会解组论、价值冲突论、越轨行为论等四种理论视角归于社会事实范式,将标签论、社会建构主义等两种视角归于社会释义范式,而将批判视角归于社会批判范式。但是带有较为浓厚的心理主义色彩和理性主义色彩的社会行为范式似乎无法在这七类视

---

① 周晓虹:《西方社会学历史与体系　第1卷　经典贡献》,上海人民出版社2002年版,第30页。
② 周晓虹:《西方社会学历史与体系　第1卷　经典贡献》,上海人民出版社2002年版,第437页。
③ 周晓虹:《西方社会学历史与体系　第1卷　经典贡献》,上海人民出版社2002年版,第448—449页。

角中找到合适的子集。那么，社会行为范式是否为社会问题的研究提供了理论基础和分析程序呢？毫无疑问，答案是肯定的。比如，遵循社会行为范式的社会交换理论就认为，社会问题的原因是"社会制度对于社会规模较小的群体不再是有意义的、有益的和有价值的。实际的社会交换是无报酬的而失调的"，社会问题的解决在于"促进人们之间的互动，减弱失调趋势"，但是这一理论视角的缺陷则是"心理学上的还原主义可能无法很好地解释制度模式"。[①] 虽然这一理论视角或多或少地涉及对社会问题的研究，但是从直接性理论看来，社会交换理论及其隶属的社会行为范式并未成为现有的社会问题研究领域的主要力量，而往往和诸如生物社会学等理论被归于"其他理论视角"。

从社会问题的主观方面和客观方面来看，我们可以将社会病理学、社会解组、越轨行为、批判视角等四种理论视角归于社会问题的"客观派"，而将价值冲突、标签论、社会建构论等三种视角归于社会问题的"主观派"。

社会问题的客观派强调有害的状况是客观存在的，无论人们是否已经发现或揭露这一状况。因此，社会问题研究的重点在于发现或揭露这些客观状况，发现规律并寻找解决办法。虽然公众的关注是使得某一社会状况成为社会问题的重要条件，但却只是充分条件而非必要条件。遵循客观派分析路径的研究者往往需要从现实世界中搜集大量的数据，也往往更多地关注社会结构、社会制度、社会体制、社会行为等客观性因素，而对于人们的价值判断、态度和认知等主观性因素则着墨不多。因此，社会病理学、社会解组论、越轨行为论、批判视角等四种理论视角可归于社会问题研究的客观派。

社会问题的主观派则截然相反。这一派别强调公众或社会重要人士的定义才是特定的社会状况成为社会问题的前提，社会问题不是客观存在的，而是人们建构的结果。因此，分析人们对特定状况的定义，分析这种定义获得权威地位进而给某一社会状况进行问题定性，以及这种定

---

① 魏曼华：《社会问题的理论》，载魏曼华等《当代社会问题与青少年成长》，福建教育出版社 2005 年版，第 67 页。

义所带来的社会后果才是更为重要的问题,而解决问题的方案则往往显得并不那么重要。即使有提出相关的解决方案,其中所包含的绝对性、迫切性与现实性也不如客观派那般强烈。最为典型的当数由基特苏斯和斯柏科特所提出的社会问题的建构论视角。基特苏斯和斯柏科特将社会问题定义为一种"宣称—回应"的活动,关注作出宣称的群体、宣称的内容、官方对此作出的回应及回应内容。二者的社会问题研究立场属于默顿所认为的"主观主义",因为某一群体所指称的某一状况并不需要"客观存在"。因此,价值冲突论、标签论、社会建构论等三种视角可归于社会研究的主观派。

事实上,社会学的理论范式也兼具主观和客观两个方面的性质。比如澳大利亚社会学家马尔科姆·沃特斯(Malcolm Waters)在1998年出版的《现代社会学理论》一书中,从"构成社会世界的各要素的性质"(主观的和客观的)和"理论家对社会世界进行说明的角度(个体论的和整体论的)"两个维度出发,将社会学理论的建构类型分为建构主义、功利主义、功能主义和批判结构主义。其中:(1)建构主义所寻求的是理解个人和主体间的意义和动机,而人则是被视为有资格能力和沟通能力且积极主动创造或建构着社会世界的行动者,因而属于主观的、个体论的类型。代表性的理论有符号互动论、现象学、常人方法学、结构化理论等。(2)功利主义寻求通过对个人利益及其实现手段的明确计算来解释人的行为,而人则被视为始终处于计算之中,追求利益最大化,总是以牺牲他人为代价来寻求自己得到好处。因而属于客观的、个体论的类型。其代表性的理论有交换理论、理性选择、公共选择等。(3)功能主义考察各种社会安排在多大程度上能够满足由一个至高共享的规范体系所限定的各项功能的要求,人被视为宗教和文化的遵奉者,没有社会和道德方面的支持,他们就不能生存下来。属于主观的、整体论的类型。代表性的理论有结构功能主义、新功能主义等。(4)批判结构主义回溯潜在物质结构的长期发展,以及这些结构对个人、社会和文化所产生的影响,人被视为在社会经济和历史方面的定位中被任意摆布、操纵和扭曲,使他们真实的自我发生畸变。代表性理论有批判理论、结构主义马克思主义、沟通论、后结构主义等。① 与此相似，周晓虹从"微观—宏观"和"人文主义—自然主义"两个维度划分社会学的理论范式同样突出其中的主观和客观性质。周晓虹认为，主张自然主义方法的学者，将社会事实或人的行为视为物，因此在他们眼中社会学是一门与自然科学一样的科学；主张人文主义的学者则认为人和自然界的万事万物有着本质的不同，其中最大的区别在于人能够将意义或价值附着在其所遇事物之上，因此可将社会现实或社会秩序视为是由人的有意义的行为建构起来的。② 可见，自然主义的倾向带有强烈的客观主义色彩，而人文主义的倾向则带有鲜明的主观主义色彩。

闫志刚认为，自 20 世纪初兴起的社会病理学、社会解组论、价值冲突论、越轨理论、标签理论和批判理论仍可以归为社会学四大理论范式——功能论、冲突论、互动论、批判论——之中，这些理论只是在社会问题的研究方面的具体运用而已。进入 20 世纪 80 年代以后，西方进入了后现代社会的转折期，而社会理论也为各种后现代社会理论所取代。这一时期出现的社会建构论，已不再是标签论的翻版或互动理论的简单运用，而是更多地体现了后现代社会理论的特色。其中，可以分为积极的后现代主义者和消极的后现代主义者。前者采取了积极的建构策略，而后者则是采取了对现代性宏大叙事的"解构"策略。③（如图 5-2 所示）

综上，我们可以把本章所介绍的七种主要理论视角分为两大范式（如表 5-5 所示）：（1）结构主义范式。这一类范式是指将社会问题视为客观存在的事物或现象，有待人们去发现、理解和分析，而无论是否被人们发现，问题始终都是存在的。也就是说，社会问题是外在于个体，非个体或社会成员所能定义的，是社会客观规律的体现。秉持这类范式的研究者，就是基于大量的实证观察、分析，告诉我们存在哪些问题，表现为何，

---

① ［澳］马尔科姆·沃特斯：《现代社会学理论》，杨善华等译，华夏出版社 2000 年版，第 6—8 页。
② 周晓虹：《西方社会学历史与体系　第 1 卷　经典贡献》，上海人民出版社 2002 年版，第 32 页。
③ 闫志刚：《社会建构论视角下的社会问题研究》，中国社会科学出版社 2010 年版，第 20—21 页。

年代	功能论	冲突论	互动论	批判论
20世纪初	社会病理学			
20世纪20年代	社会解组论			
20世纪30年代		价值冲突论		
20世纪50年代	越轨理论			
20世纪60年代			标签理论	
20世纪70年代				批判理论
20世纪80年代			（后现代主义思潮）	
			社会解构论　社会建构论	

图 5-2　社会问题研究理论的演变

资料来源：闫志刚：《社会建构论视角下的社会问题研究》，中国社会科学出版社2010年版，第21页。

表 5-5　　　　　　　　　社会问题研究的理论范式

理论范式	主要理论视角				基本立场
结构主义范式	社会病理学	社会解组论	越轨行为论	批判视角	客观派
建构主义范式	价值冲突论		标签理论	社会建构论	主观派

成因如何及应该如何解决。这一范式包括社会病理学、社会解组论、越轨行为论、批判视角等，是社会问题研究中的客观派。（2）建构主义范式。这一范式是指将社会问题视为主观建构的事物或现象，是社会成员通过话语、行动等方式来定义问题的存在和其严重性的，并在寻求解决方案的过程中不断进行讨价还价。也就是说，社会问题是人们主观建构的产物，而建构的对象可以客观存在，也可以是相反的情况。建构的主体往往由一定数量的社会成员或者社会优势阶层或者官方权威构成，而建构的过程就是一个权力博弈的过程。这类范式，更加看重的是话语权的争夺、行动的博弈，因此，社会问题的定义存在历史的、文化的差异。秉持这类范式的研究者，就是基于大量资料分析，告诉我们某一社会问题是如何出现、发展和消亡的，或者某一社会现象为何没有成为社会问题，而另一社会现象则

成了社会问题，并反思社会问题定义的社会文化后果。这一范式包括价值冲突论、标签理论、社会建构论等，是社会问题研究中的主观派。值得注意的是，主客观的划分并不是绝对的，当我们将其中某一理论视角与另一理论视角结合起来分析社会问题时，主客观的边界就变得模糊了。比如，在越轨行为上，默顿的"文化目标—越轨行为"的理论属于典型的客观派，是从社会结构的视角来看待社会问题的产生，而越轨行为与标签理论结合起来后，将"越轨"的标签贴在某个人或某个群体身上，那么就成了越轨者或越轨群体，进而成为所谓的社会问题。此时，越轨就不再是纯粹的客观行为，而是成为特定群体的主观建构的产物。当然，书中关于社会问题研究的理论范式的划分还比较粗糙，有待一进步的完善和深化。

第六章
社会问题研究的方法

如前文所述，社会问题的各种理论，无论是一般理论还是专有理论，都是从抽象的学理层面告诉我们社会问题的定义、成因及其发展过程，而对社会问题的具体研究方法的解读，则不是重点。因为，每一个理论视角都会遵循其所属范式的特定的分析方法和路径。我们知道，理论可以为我们开展具体的社会问题研究提供总体方向或指南，但是具体的社会问题研究是经验性的，需要通过经验研究才能得到更为丰富的呈现。开展经验的研究，收集和分析经验资料，必然需要有相关的方法。那么，社会问题的研究有其独特的方法吗？就目前来看，其答案是否定的。从方法体系的归属来看，社会问题是社会学的研究对象之一，而社会问题研究也只是社会学研究的众多分支领域之一。因此，社会问题的研究必然遵循社会学研究的研究方法。从方法体系的创新来看，社会学诞生以来，历经一百八十余年的发展，从方法论到具体的研究方法已经十分丰富，现有的社会问题研究难以、亦不需要进行有效的方法创新，至少目前仍是如此。鉴于此，现有的社会问题研究方法基本遵循社会学的研究方法，或者说是社会科学的研究方法。毕竟，跨学科研究也是当今学者的旨趣之一。一般而言，社会研究方法可分为三个层次，即方法论、研究方式或研究法、具体方法与技术。方法论是理论层面的研究指南，研究方式是具体的程序和操作方式，而具体方法与技术则是涉及资料收集方法、资料分析方法和其他技术手段或工具等内容。[①] 因此，本章在参考国内外相关教材的基础上，将社会问

[①] 林彬：《导论——科学与社会研究》，载袁方主编《社会研究方法教程》，北京大学出版社1997年版，第24—26页。

题研究的方法分为三个方面：一是抽象的理论层面的方法论，其确定了具体的社会问题研究的性质和方向；二是社会问题研究的基本过程，其提供了进行社会问题研究的程序、步骤以及分析的层次；三是具体的操作层面的方法，提供了经验资料的收集与分析方法。这三个方面的内容，体现了从理论到实践、从抽象到具体的社会问题研究过程。

第一节 方法论

"正是研究方法论使社会科学成为科学。"① 可见，方法论对于社会研究而言是极为重要的。所谓的方法论（methodology），指导研究的一般思维方法或哲学方法，主要探讨研究的理论公式、基本假设、研究逻辑、原则规则等哲学社会科学的方法论问题，② 主要探讨的问题涉及社会现象的性质及其理解、社会研究的哲学基础及其假定、社会研究过程和结果的客观性问题、社会研究者的价值与研究之间的关系，以及社会研究中的不同范式及其应用、不同研究方式的内在逻辑等等。③ 因此，作为社会研究的社会问题研究需要选择合适的方法论作为指导，以期得到想要的结果。

一 三种主要的方法论

美国社会学家劳伦斯·纽曼（W. Lawrence Neuman）认为，当前有三种主要的方法论：实证主义（positivism）、诠释主义（interpretive）和批判主义（critical）。其中，实证主义和诠释主义是大部分现行的社会科学研究的方法论基础，而批判主义则在实证主义和诠释主义的基础上期待实现对二者的超越。④ 那么，这三个方法论对于社会、人类、社会研究都是怎样

---

① ［美］劳伦斯·纽曼：《社会研究方法——定性和定量的取向》（第5版），郝大海译，中国人民大学出版社2007年版，第87页。
② 范伟达：《现代社会研究方法》，复旦大学出版社2001年版，第38页。
③ 风笑天：《社会学研究方法》（第3版），中国人民大学出版社2009年版，第8页。
④ ［美］劳伦斯·纽曼：《社会研究方法——定性和定量的取向》（第5版），郝大海译，中国人民大学出版社2007年版，第90页。

看待的呢？纽曼从八个方面梳理了三者的差别，同时也从六个方面归纳了其共同特征（如表6－1所示）。

表6－1　　　　实证主义、诠释主义和批判主义方法论的异同

		实证主义	诠释主义	批判主义
不同之处	研究的目的	发现自然法则，以便人类可以进行预测与控制	理解与描述有意义的社会行动	粉碎神话并赋予人们激进地改变社会的力量
	社会现实的本质	事先存在着的稳定模式与秩序，等待人们去发现	情境的定义充满了流动的特性并由人类互动创造	隐藏着的基本结构充满了冲突，同时冲突受其宰制
	人性的本质	追求自我利益，理性的个人，受制于外在力量的形塑	是创造意义的社会的人，并不断地理解他们所生存的世界	充满创造性的、适应性的民众，有着没有实现的潜力，受制于虚幻与剥削
	常识的角色	显然不同于科学，而且不具效度	强有力的日常生活理论，广泛地被平常人所用	错误的信仰把权力与客观情况隐藏起来
	理论是什么样的？	相互关联的定义、原理、原则所构成的合乎逻辑的归纳体系	对群体的意义体系如何产生，维持所提出的描述	显示真正的情况，提出的批判能够帮助人们看到迈向更好世界的方式
	真正的解释	合乎逻辑与法则有关，并且建立在事实的基础上	获得被研究者的共鸣，获得他们的认同	为人们提供改变世界所需的工具
	好的证据	基于明确的观察，其他人可以重复获得	镶嵌在流动的社会互动之中	由能够揭示幻觉的理论提供
	价值的地位	科学是价值中立的，除了选择主题之外，价值在科学研究中是没有地位的	价值是社会生活整体的一部分，没有一种群体的价值是错误的，有的只是差异	所有的科学必须从某个价值立场出发，有些立场是对的，有些立场是错的
共同特征		1. 都是经验论的；2. 都讲求系统化；3. 都有理论；4. 都强调公开；5. 都强调自我反省；6. 都强调开放过程		

资料来源：［美］劳伦斯·纽曼：《社会研究方法——定性和定量的取向》（第5版），郝大海译，中国人民大学出版社2007年版，第116、118页。

三种方法论之下，研究者所采取的研究方式、分析方法各有不同，以期达到理想中的目标，具体而言：实证主义研究者比较喜欢精确的定量资

料，而且时常使用实验法、调查法以及统计分析法。他们寻求严谨确实的测量工具与"客观"的研究，并且通过仔细分析测量所得的数据来检验假设。诠释主义，常被称为研究的定性方法，诠释研究者经常使用参与观察与实地研究的研究方法。批判主义也被称为辩证唯物主义、阶级分析和结构主义，对实证主义和诠释主义都有批评。批判主义者在同意诠释研究取向对实证主义的许多批评的基础上提出了些许它自己的批评，而且在某些方面，批判主义也不同意诠释的社会科学的主张。比如批判研究者批评诠释研究取向太过主观、过于相对主义，且不主动帮助人们辨别周围错误的幻觉以改善他们的生活。① 那么，在研究中我们应该如何选择方法论呢？研究者可以基于研究目标、价值立场等选择其中某一个方法论，也可以实现方法论的交叉综合。② 总体而言，在社会研究中应遵循何种方法论，是一个实践的问题，③ 因为研究社会现象有各种可供选择的方法论、研究途径和判断标准。④ 也就是说，要根据具体的研究问题选择合适的方法论和研究方式。

二 社会问题研究的方法论

在社会问题研究领域，实证主义、诠释主义和批判主义都有被采用，并有进行交叉分析的成果。那么，是否存在更具体的社会问题研究的方法论呢？朱力提出了不一样的看法。他认为所谓社会问题研究的方法论，主要体现在观察分析社会问题的视角上，这些视角可以分为四类：透视性观点、整体性观点、群体性观点、客观性观点。⑤

1. 透视性观点。在研究社会问题时，要透过表面的、虚假的、复杂的现象，掌握社会问题深层的、真实的、本质的现象，最终获得社会问

---

① ［美］劳伦斯·纽曼：《社会研究方法——定性和定量的取向》（第5版），郝大海译，中国人民大学出版社2007年版，第90—112页。
② 除此之外，风笑天将社会研究的方法论分为实证主义和人文主义，并采取不同的研究方式。详见风笑天《社会学研究方法》（第3版），中国人民大学出版社2009年版，第8页。
③ 范伟达：《现代社会研究方法》，复旦大学出版社2001年版，第38页。
④ 林彬：《导论——科学与社会研究》，载袁方主编《社会研究方法教程》，北京大学出版社1997年版，第24页。
⑤ 朱力等：《社会问题概论》，社会科学文献出版社2002年版，第81—108页。

题产生、发展、消亡的规律性知识。换句话说，就是我们在日常生活中常说的"透过现象看本质"。要践行透视性观点，主要有几个方面的要求：（1）要看到社会问题的隐功能。了解某些社会问题的隐功能要比了解其显功能更加困难，要下更大的功夫。这需要社会学者具有敏锐的观察力与预见力，能发现常人未发现的问题。（2）要透视社会的内幕。即通过假象透视社会现象的真相和本质。（3）要看到社会的另一个侧面。社会既有光明的一面，也有阴暗的一面，如阴暗心理、阴暗行为、阴暗群体、阴暗文化等。（4）要透视社会生活的多重本质。研究不能仅仅停留在确认与记录社会事实的水平上，而要揭示社会事实之间的联系与存在的规律，在对社会问题作出解释的基础上，进一步对社会问题进行预测并制定对策。

2. 整体性观点。在分析研究社会问题时，要把社会问题放在社会整体中去看，要将影响社会问题的各种因素联系起来分析。要践行整体性观点，主要有几个方面的要求：（1）社会是一个整体。社会问题是一种社会病态，一种社会问题不会局限在某个狭隘的领域，不会仅仅是社会的某个方面出了问题，它往往是由于整个社会结构、社会机制方面的不协调而引起的。（2）任何社会现象只有被放到社会整体中，才能得到准确的解释。一个具体的社会现象离开其所处的社会整体，就不可能被科学地解释，对其的研究就必然是片面性的。（3）社会整体是一个自然的历史过程。研究社会问题时，要充分考虑时间因素，包括社会问题的过去和未来。在解释社会问题时，考虑到时间的因素才能把握问题的来龙去脉，弄清楚问题产生的因由，对社会问题的解释才更有力度和深度。只有准确地预测社会问题的发展趋势，才能制定有效的解决社会问题的对策。（4）整体功能大于部分功能之和。解决社会问题时要考虑到使部分的功能与目标服从社会整体的最佳目标和最佳功能。最终判别解释社会问题的理论是否合理，解决社会问题的方法是否有利的标准，不是少数人的、少数集团和少数部门的，而要从社会整体的角度来衡量，从社会整体的目标、社会整体的利益、社会整体的功能、社会整体的效益出发。

3. 群体性观点。看待社会问题时，不能把它看作个人的问题，而应看作群体的问题，在观察问题时要超越个人，要研究群体的结构、属性对个体的影响和制约。因此，群体性观点要求我们将个人行为放在群体的背景中进行解释。践行群体性观点，主要有几个方面的要求：（1）社会是由群体组成的。社会不是由单个个人构成的，而是由群体组成的。在社会中，人们分属于不同的利益群体、职业群体、正式或非正式的群体。社会问题是群体性的麻烦，是相当部分成员共同苦恼的问题。（2）观察社会时要超越个人。研究社会问题时要跳出个人这个狭小的范围，要看到个人与个人之间的联系，更要看到个人与群体之间的联系，因为人类行为主要取决于所属的群体和群体成员之间的相互关系、相互作用和相互影响。（3）要研究群体结构。观察社会问题时要有穿透力，穿透个人所在的群体，穿透群体所在的社会环境。（4）群体的特性独立于个人的属性。群体虽然是人们因某种需要而组成的，但群体一旦形成，便会产生自己的品格、意志和特性，形成自己的规范系统，个人的行为深受群体特性的影响。

4. 客观性观点。研究者不能从狭隘的个人经验出发，带着自己的价值倾向研究问题或抱着地方性的观念观察问题，而是应该站在超越个人经验的立场，带着新奇的眼光，不抱有先入为主的价值倾向，用广阔的世界性的视野去观察问题。践行客观性观点，主要有几个方面的要求：（1）实事求是地研究社会问题。社会问题的产生有其客观必然性。社会问题不是我们主观的产物，而是社会结构的产物。关于社会问题如何产生的终极原因不应在人的头脑中寻找，也不是在时代的哲学中寻找，而是应该在时代的现实状况中寻找。（2）摆脱个人狭隘的情绪、经验与偏爱，客观表达各种发现。对于某种社会问题的存在，不能从个人的或小团体的原因来解释，不能站在个人或小团体的位置来观察，而只能跳出个人的立场，深入这一问题的社会背景中去寻找决定性因素。（3）保持陌生人观点。"陌生人"是指社会学者要做"熟识世界中的陌生人"，某些从个人生活天地看是熟悉的东西，而社会学者则要作为陌生人来看待这些熟悉的社会现象，从熟悉的现象中发现新问题，而不是局限于常识性的认识。"对熟悉的事物投以新的一瞥"，这是一种社会学观察社会问题特有的思路，可以防止在习以为常中产生的习惯性的思维定式，发现新问题，得出客观公正的结论。（4）保持价值中立观点。价值中立也就是在观察研究活动中研究者要站在第三者的立场上,不要戴上有色眼镜,不能先入为主。价值中立是有条件限制的,只是在观察问题和解释问题时保持客观的公正的态度,作出客观公正的结论。而在解决社会问题时则是"价值有涉"的,要按照社会大多数群体的利益和大多数社会成员的利益去解决社会问题。(5)避免地方性观念,把世界作为整体来看待。各个国家正在成为一个整体,人们越来越认识到各国之间的相互依赖性和面临社会问题的共同性。有些社会问题是人类社会在一定的发展阶段必然会遇到的,具有共性,有些国家在治理这些社会问题方面已经有了成功的经验,我们可以有选择地借鉴,不必花许多力气重新研究对策,重走弯路。(6)任何事物或现象都有一个从量变到质变的过程。只有将定量研究和定性研究有机结合起来,才能揭示社会问题的规律。

综上,朱力所提出的社会问题研究的方法论,可以说基本上遵循了实证主义和批判主义的立场,也是当前许多学者研究社会问题时的主要选择。因此,这些观点对于我们开展社会问题研究是有一定的启发意义和参考价值的。

第二节 研究过程

如前节所言,社会研究的方法体系的第二个层次是研究方式。所谓的研究方式是指研究全过程的程序和操作方式,它表明研究的主要手段与步骤,具体包括研究法与研究设计类型。[1] 因此,我们可以从过程视角来看待社会问题研究的各个环节、步骤和分析层次。社会问题研究是一项专业性的研究,是一个系统的研究过程,包含从问题提出、资料收集、问题分析和结论获得等系列环节。一般而言,我们可以将研究过程分为逻辑过程和实施过程。逻辑过程是指从理论问题经过研究验证最终回到理论的循环过程,连接这一过程的逻辑方法就是演绎和归纳、经验观察和概括。[2] 而

---

[1] 林彬:《导论——科学与社会研究》,载袁方主编《社会研究方法教程》,北京大学出版社1997年版,第25页。
[2] 陆益龙:《民族社会学的研究方法》,载郑杭生主编《民族社会学概论》(第2版),中国人民大学出版社2011年版,第21页。

实施过程则是包括提出研究问题、回顾已有研究、设计研究方案并进行资料收集、分析资料和做出结论等环节。

一 社会问题研究的一般逻辑过程

(一)"科学环"

社会问题研究的逻辑过程，我们可以参考瓦尔特·华莱士（Walter L. Wallace）1971年所提出的科学过程中的主要信息成分、方法控制和信息转换逻辑，即"科学环"（如图6-1所示）。在华莱士所构建的逻辑图中，科学过程共分为三类内容：（1）信息成分（informational components），在图中用矩形表示，包括"理论""假设""观察""接受或拒绝假设的决定"和"经验概括"；（2）方法论控制（methodological controls），在图中用椭圆形表示，包括"逻辑演绎""解释、工具、尺度、抽样""检验假设""测量、样本归纳和参数估计""概念形成、命题建立和命题整理"和"逻辑推论"；（3）信息转化（information transformations），在图中用箭头表示。这三类内容之间的逻辑是：五个主要的信息成分构成了科学过

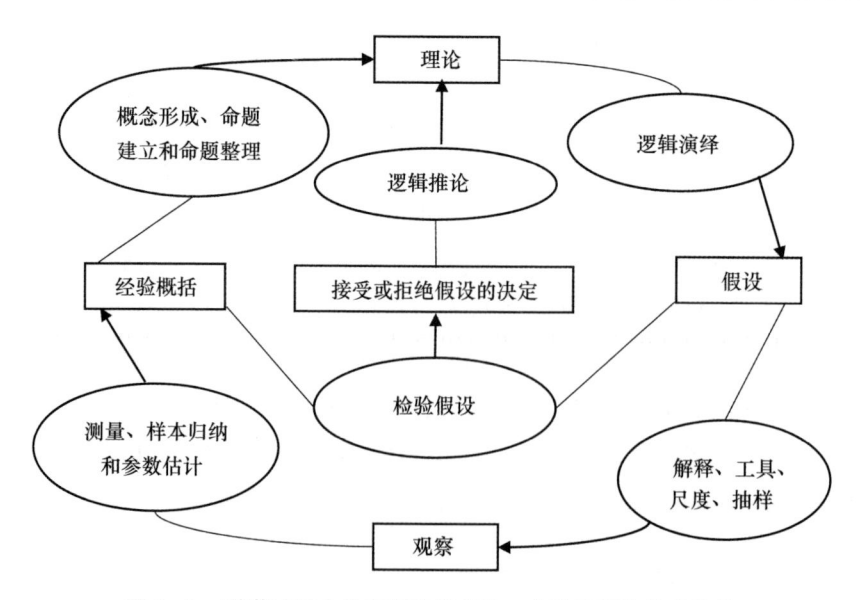

图6-1 科学过程中的主要信息成分、方法控制和信息转化

资料来源：Walter L. Wallace, *The Logic of Science in Sociology*, New York：Routledge, 2017, p. 6.

程，它们之间的相互转化受到方法论控制的影响。从信息成分之间相互转化的过程来看，我们可以发现两条路径——归纳和演绎。一是归纳的路径，即从个体经验观察出发，借助测量、样本归纳和参数估计的方法形成经验概括，进而通过概念形成、命题建立和命题整理的方法将这些经验概括综合成为一种理论观点。二是演绎的路径，即从某个理论出发，借助逻辑演绎的方法，将理论转化为具体的假设，进而通过假设检验的方法，获得接受或拒绝假设的决定，进而通过逻辑推论以证实（confirmation）、修订（modification）或者拒绝（rejection）既有的理论观点。同时，从某个理论出发，借助逻辑演绎的方法转化成新的假设，通过将假设解释为可观察值、工具、尺度和抽样的方法，检验假设可以转化为新的经验观察。这些新的经验观察通过测量、样本归纳和参数估计可以转化为新的经验概括，而那些检验假设则可以用于检验与现有理论观点是否相符。[1] 华莱士的"科学环"告诉我们，科学是理论与研究之间不断相互作用的过程。[2] 另有学者认为，华莱士所建构的"科学环"是针对社会研究的一般逻辑过程而言的，而对于任何一项具体的社会研究来说，它往往只走完整个圆环的一半，即理论建构的研究往往只走完左半圆——从观察走到理论；而理论检验的研究则只是走完右半圆——从理论到观察。并且，同样观察产生的事实，在其作为导出理论的起点时和其作为检验理论的终点时是不一样；类似地，同是理论解释，在其作为推出假设、指导观察的起点时和其作为具体观察和经验概括的重点也是不一样的。[3]

（二）社会研究过程的逻辑

在华莱士的基础上，风笑天提出具体社会研究过程的逻辑图示（如图6-2所示）。从这一逻辑图示来看，研究问题是具体社会研究的逻辑起点，而研究问题既可以来自现有理论，也可以来自日常生活的经验观察。一旦产生了研究问题，有两条路径可以帮助研究者找到问题的答案：（1）从现有理论出发，通过演绎推理形成研究假设，然后运用具体的研究技术对经

---

[1] Walter L. Wallace, *The Logic of Science in Sociology*, New York: Routledge, 2017, pp. 5 - 7.
[2] 风笑天：《社会学研究方法》（第3版），中国人民大学出版社2009年版，第31页。
[3] 张蓉编著：《社会调查研究方法》，知识产权出版社2014年版，第50页。

验事实进行观察。基于观察到的经验事实，研究可以检验现有理论是否正确，达到验证、推翻或修正现有理论的目的。（2）以研究问题为基础直接进行经验观察，然后对观察到的经验事实进行概括和归纳，得到新的理论，然后用新的理论对所观察到的经验事实进行说明和解释。可见，路径一遵循演绎推理的分析方法，而路径二则遵循归纳推理的分析方法。理论和研究是一个永恒的循环中的两个相对独立的组成部分。进一步而言，理论鼓励人们去进行可以用来证实或反驳它的研究，而研究的成果则被用来证实、否定或修改这一理论，同时也为新的理论的建立提供依据。[①] 如此，社会学的相关知识便在这样的循环过程中逐步积累起来。

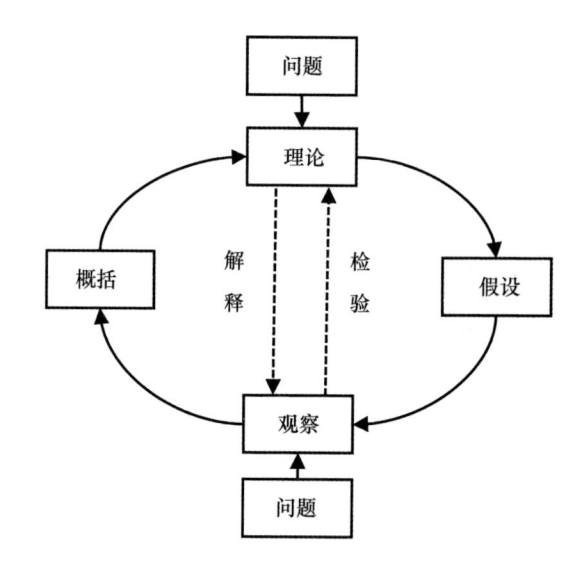

图6-2　具体社会研究过程的逻辑图示

资料来源：风笑天：《社会学研究方法》（第3版），中国人民大学出版社2009年版，第33页。

（三）社会问题研究的思路和步骤

1. 研究思路

关于社会问题的研究，帕里罗从假说（hypothesis）的角度出发提供了

---

① 风笑天：《社会学研究方法》（第3版），中国人民大学出版社2009年版，第33—34页。

一种研究思路。帕里罗认为,即使偏见能够被消除,人们对社会问题的日常思考仍是随意的和缺乏组织的。它要一下子面对太多不同的事物,而且通常很少或根本不依靠确凿的证据。与之恰恰相反,研究者运用假说来组织他们的探索。假说是一种可以与事实相对照的表述或预测,能帮助我们集中思考一些社会问题。具体而言,可以从四个方面的想法和原则来帮助形成有效假说。①

(1)假说可以得自归纳(inductive)或演绎(deductive)。研究工作的目的就是要构建理论或更好地补充和加强理论。例如,如果我们对教育社会学感兴趣,就可以通过演绎的方法,首先选择现有的同这一问题最为相关的原理;然后,对该理论进行研究,找出它尚未解决的某个问题,并说明这个问题,使之能在特定的教室环境中得到检验。如果现有的证据无法支持原来的理论,那就要对理论进行必要的修正。如其不然,还可以进行归纳总结。例如,从一个我们所遇到的特定问题出发,校园暴力。研究这类事实就会引向对为何出现这些问题的猜测或预感;这种预感就会转变成为一条能够加以检验的假说,以待进一步的研究。然而,猜测只是一个有益的开始,但在被检验之前,它不应该成为定论,而只不过是事后的一种解释罢了。

(2)假说必须以经验主义为参照系(empirical referents),而不是道德判断或模糊的感觉。例如,你可以假设,"坏男孩很受女孩子喜欢"。然而,提出这样的假说颇为危险,因为虽然我们都认为自己明白其中的含义,但每个人的解释都是不同的。"坏"意味着什么?粗暴、好斗、反叛,还是别的?

(3)在假说中,必须将概念表述清楚,应尽量使用可操作的定义(operational definitions)。如,"在男女同校的环境中,学生得到更多的教育"。"更多"是什么意思,怎么对它进行测量呢?是接受专家的判断,还是用考试分数评估学习的情况?抑或是在后来的访谈中收集学生们的印象?学习态度的变化能不能就称作是教育,或是把教育限定为正式的

---

① [美]文森特·帕里罗等:《当代社会问题》(第4版),周兵等译,华夏出版社2002年版,第14—15页。

知识传授？对这些问题的答案，将决定我们所研究的是"教育"的哪个部分。

（4）对检验假说的条件必须予以明确说明，它还必须是能够被重复的。科学只接纳被许多研究者共同证实的事物。首先，要尽量将研究条件公之于众，使他人能重复此项研究，以防止伪造和个人隐瞒其偏见。其次，科学的进步需要积累。后人的重复研究是希望用新的思想充实和拓展旧的理论。最后，假说通常是在一定的背景条件下提出的。例如，"在美国典型的州立大学的社会学课堂里……若是男女生同课，则所受的教育更多"。换言之，应该特别指明要验证的观点所处的环境条件，包括地点和涉及的人物类型。

2. 思考与研究步骤

事实上，社会问题的研究也有一定的思考步骤，具体可以分为定义、确定影响力和如何面对三个步骤，每个步骤都需要解决一些关键的问题。①

（1）定义

①社会问题是如何被辨认与定义的？

②在当代社会的重要性如何？

③与哪些问题密切相关？

④哪些团体尝试去做哪些改变？哪些团体又避免改变发生？

（2）确定影响力

①该社会问题是如何影响人与人之间的互动？

②该社会问题制造了哪些困扰？

③该社会问题如何限制或扭曲了个人发展的可能性？

（3）如何面对

①可以做什么？

②假如不做什么，会如何？

③政治经济情势与政策是否会强化问题或减轻问题？

童星认为，在开展社会问题研究时可以遵循一定的研究步骤，主要可以分为描述、解释、预测和规范四个阶段，每个阶段要回答的问题和要注

---

① 彭怀真：《社会问题》，台北：洪业文化事业有限公司2013年版，第15页。

意的事项有一定的差别。① 具体而言：

1. 描述阶段。着重研究"社会问题是怎样的"（what）。确定社会运行现状的基本功则在于调查研究。研究社会问题的描述阶段就要抓好三个环节：一是确定社会正常状态的标准；二是描述社会系统运行的现状；三是寻找标准和现状二者之间的差距，以便从定性和定量两个方面来确定社会问题的状况和规模。

2. 解释阶段。着重研究"社会问题为什么会是这样的"（why）。对社会问题的解释一般属于因果性解释，需要完成两个任务：一是寻找社会问题产生的原因，包括横向分析和纵向分析；二是跟踪社会问题发展的趋势。

3. 预测阶段。着重研究"社会问题未来是怎样的状况"（how）。根据解释性研究中找到的社会问题产生的原因和发展趋势，就可以开始进行预测。预测必须遵循两条原则：一是惯性原则，二是类推原则。

4. 规范阶段。着重研究"社会问题应该怎样加以解决"（should）。规范性研究通常包括三方面的内容：一是价值定向。确定解决社会问题的基本途径和实施社会改革的基本方向。二是政策设计。按照可操作性和可行性的要求，把以上确定了的价值取向转化为具体的政策方案，以便在社会实际生活中贯彻执行。三是效果评估。及时测定上述设计的政策方案在实际生活中贯彻执行的结果，不断改进控制和缓解社会问题的过程。

总体而言，描述是研究的出发点，规范是落脚点。只有准确地描述各类社会问题的现状，才能进一步对它们的产生原因和演变趋势做研究；只有完成了规范研究，在一定程度上缓解了社会问题，才算达到了研究的目的。

二 社会问题研究的主要层次

社会问题研究的基本过程告诉我们的是一项具体研究从开始到结束再到开始的循环过程。在具体的研究中，我们需要在理论上确定分析的切入

---

① 童星：《四步递进——社会问题的研究方法》，《南京师大学报》（社会科学版）1997年第4期。

点。判断研究是属于微观分析，还是宏观分析，是个体分析的视角还是整体分析的视角，即分析的具体层次。在确定分析的层次之后，我们才能借助现有的研究技术获得相关的研究资料做具体的分析。那么，该如何确定分析的层次呢？Ritzen（1986）尝试提出了一套系统的概念框架来回答这一问题。Ritzen认为应该从三个主要层次加以分析，才能有效地了解一项社会问题（如表6-2所示）。

表6-2　　　　　　　　　　社会问题研究的主要层次

分析层次	内容
个体层次 （individual level）	生理因素（如遗传气质、遗传异常、身体特征、智力、种族差异、内分泌因素、性的需要、营养需要及身体健康等）、心理因素（如依赖性格、反社会性格、精神病、挫折感、攻击性、压抑作用、权威性格、替罪羔羊心理等）
社会心理层次 （social-psychological level）	人际因素与团体因素，前者如人际关系、异常社会化、异常行为标签化、贫富关系、治疗关系、两性关系、师生关系、老少关系、罪犯与受害者关系等，后者如团体类型、群体互动、族群冲突、家庭解组、团体认同、社区结构等
社会层次 （sociological level）	社会结构（如地方政府、中央政府、国家政党、军队、工会、大公司、精神病院、监狱系统、警察机构、经济体系、都市区域等）、文化因素（如文化形态、文化规范、信仰系统、价值系统、亚文化、文化冲突等）、社会因素（如社会形态、大家庭制度、全社会之生育率、全社会之能源需求等）及国际因素（如酸雨降雨量、边境战争、核危机等）

资料来源：杨国枢、叶启政主编：《台湾的社会问题》，台北：巨流图书公司1991年版，第14—15页。

从这一分析框架来看，个体层次的因素是微观分析，社会心理层次的因素是中观分析，而社会层次的因素则属于宏观分析。同时，各层次的因素既可能导致社会问题，也可能受到社会问题的影响。这三个层次的相关因素主要是适用于社会问题中客观社会条件或状况的相关因素的探讨，但理论上至少也应可相当程度地适用于社会问题之界定活动与演化历程的探讨，知识所涉及之因素的性质与内涵不同。[①]

[①] 杨国枢：《绪论（代序）》，载杨国枢、叶启政主编《台湾的社会问题1991版》，台北：巨流图书公司1991年版，第14—15页。

第三节　具体研究方法

方法体系的第三部分是具体的研究方法，即收集和分析研究资料的具体技术方法。收集资料的方式是多样的，可以是问卷调查、结构式访谈或半结构式访谈、实验等，而对资料的分析则可以根据资料的类型选择不同的分析方法。一般而言，社会研究的资料可分为数据资料和文字资料两大类，前者的分析方法主要是统计方法、数理方法和模拟法，而后者的分析方法主要是比较法和构造类型法。[1] 对社会问题研究而言，一般通过调查研究、实地研究、实验研究和文献研究等具体方法收集和分析资料，得出研究结论。

一　调查研究（Survey Research）

所谓的调查研究，是指采用自填式问卷或结构式访问，系统地、直接地从取自某种社会群体的样本中收集资料，并通过对资料的统计分析来认识社会现象及其规律的社会研究方式。[2] 自填式问卷，就是调查者将调查问卷发放给调查对象，由后者自行填答，然后再返还给调查者。根据发送的形式可以具体分为个别填答、集中填答、邮寄填答和网络填答等方式完成。个别填答就是将问卷逐份发放给调查对象，集中填答就是将调查对象集中起来在同一时间和地点完成填答，邮寄填答是将调查问卷邮寄给调查对象，而网络填答就是通过网络工具（比如邮箱、在线问卷等）将问卷发送给调查对象。结构式访问就是由调查者与调查对象共同完成调查问卷，具体开展的形式可以是当面访问、电话访问和网络访问。当面访问就是由调查者与调查对象面对面并逐一读出调查问卷中的问题，根据调查对象的回答由调查者钩选具体答案；电话访问就是调查通过打电话的方式向调查对象提出问题，并根据对方的回答钩选具体答案；网络访问就是调查借助

---

[1] 林彬：《导论——科学与社会研究》，载袁方主编《社会研究方法教程》，北京大学出版社1997年版，第26页。

[2] 风笑天：《社会学研究方法》（第3版），中国人民大学出版社2009年版，第159页。

网络工具或平台（比如 QQ、微信等）向调查对象提出问题，并根据对方的回答钩选具体答案。随着互联网的迅速发展，使用网络工具来进行问卷的发放和回收被越来越多的应用。

无论是自填式问卷还是结构式访问，都是借助调查问卷收集"结构化"的数据。所谓的结构化数据，就是指调查问卷中的问题与备选答案是事先设计好的，每位被调查者看到的是相同的问题，也只能在已经设计好的备选答案中进行选择。结构化的好处，一是便于调查对象进行回答，二是能够将所收集的问卷调查资料转换为可以直接进行对比的数字形式，从而使对这些调查资料进行统计分析成为可能。[①] 换句话说，使用结构化的工具不仅有助于提高调查的效率、便于开展大型调查，也有助于研究者后期的资料的整理以有针对性地进行分析和作出结论。当然，调查研究也有其不足之处。比如自填式问卷调查难以充分保证调查资料的质量和回收率，而结构化访问法则会因为对需要诸如隐私问题、敏感问题给出直接问答而给调查对象带来一定的心理压力，进而影响调查数据的质量，同时也增加了调查时长。同时，标准化问卷的使用使得调查研究很少能处理社会生活情境。[②] 因为调查问卷不可能穷尽所有情况，所提供的备选答案也许未必是调查对象认同的。而且调查问卷中的具体问题的层次性有限，难以把握调查对象日常生活的丰富性和多样性。尽管如此，调查研究依然是社会问题研究中最常用的方法。可以通过问卷了解人们对社会问题现状、成因的看法，所遭遇的具体社会问题的负面后果以及对于解决具体社会问题的需求等，进而帮助研究者进行社会问题的诊断。同时，我们也要注意，当采用调查研究方法来研究社会问题时，不仅要尽量制定出"完美"的问卷，也应该对其优缺点进行权衡，尽量在研究中扬长避短，[③] 同样重要的是问卷发放方案的科学设计，以保证调查数据的代表性。因此，基于调查

[①] 游正林：《社会统计学：对问卷调查数据的统计分析》，社会科学文献出版社 2010 年版，第 3 页。

[②] [美] 艾尔·巴比：《社会研究方法基础》（第 8 版），邱泽奇译，华夏出版社 2002 年版，第 233 页。

[③] 徐莉：《社会问题研究方法》，载向德平主编《社会问题》（第 2 版），中国人民大学出版社 2015 年版，第 129 页。

问卷的分析是一种定量分析。

例子：父母离婚对子女的影响①

徐安琪、叶文振 2001 年合作发表的《父母离婚对子女的影响及其制约因素——来自上海的调查》一文基于对上海 500 名父母离异的孩子及其家长、班主任的调查资料的分析发现，婚姻破裂虽对学龄子女的生活福利、学业、品行、心理发展和社会适应有消极影响，但其负效应并非如一些学者所推测或传媒所渲染的那么严重。不少孩子在家庭变故的挫折经历中成长、成熟。而离婚后父母对孩子是否尽心尽责最具解释力，同时，建立无歧视性的学校社会环境等也将明显地减少父母离婚对孩子的负面影响。

表 6-3　　　　　　　子女自述父母离婚的影响程度（%）

	生活			学习			情绪		
	初小	高小	初中	初小	高小	初中	初小	高小	初中
影响较大	3.5	9.0	8.0	2.8	10.4	7.0	4.2	8.3	6.6
有一些影响	28.9	36.1	41.8	31.0	36.8	43.7	38.0	44.4	47.9
无影响	67.6	54.9	50.2	66.2	52.8	49.3	57.7	47.2	45.5
合计	100.0	100.0	100.0	100.0	100.0	100.0	100.0	100.0	100.0
N（样本数）	142	144	213	142	144	213	142	144	213
Gamma 系数	-.215**			-.203**			-.142*		

注：* $P<0.05$，** $P<0.01$，*** $P<0.001$。

二　实地研究（Field Research）

所谓的实地研究，是指一种深入到研究现象的生活背景中，以参与观察和无结构访谈的方式收集资料，并通过对这些资料的定性分析来理解和

---

① 徐安琪、叶文振：《父母离婚对子女的影响及其制约因素——来自上海的调查》，《中国社会科学》2001 年第 6 期。表格中的 P 值是用来判定假设检验结果的一个参数，分别表示在 0.05、0.01、0.001 的显著性水平下，统计分析的结果是显著的。

解释现象的社会研究方式。① 参与观察，就是研究者深入研究现象的具体生活情境之中，深入研究对象的日常生活中，甚至作为研究对象所在社区的成员之一参加社区的活动，在日常互动中收集相关资料。这种方法最初在人类学研究中得到了广泛的应用。无结构访谈，是指研究中在与研究对象的互动中，没有提前设定所言交谈、询问的具体问题，而是开放式的问答过程，甚至只是一般的、随意的闲聊。② 因此，实地研究得到的资料通常是无法统计汇总的文字资料，既包括研究者自行记录下的各项材料，也包括研究者在现场的体验和感性认识。③ 这些体验和感性认识，有可能会帮助研究者明晰研究问题或形成新的研究问题，在资料分析阶段发生重要作用。采用实地研究的方法搜集资料，注定是一个较为长期的过程，短则数月，长则数年。只有如此，才能获取更丰富、更深刻的资料。由于实地研究是一种不带假设直接到社会生活中去收集资料，然后依靠研究者本人的理解和抽象概括从经验资料中得出一般性的结论，④ 所以对研究者的综合能力有较高的要求。如何从千头万绪的研究资料中，梳理出具体的研究问题、研究思路，进而提炼新的理论，是对研究者的挑战。

实地研究方式的基本特征是强调"实地"，即研究者一定要深入所研究对象的社会生活环境中，且要在其中生活相当长一段时间，靠观察、询问、感受和领悟，去理解所研究的现象。其基本的逻辑结构是：研究者在确定了所要研究的问题或现象后，不带任何假设进入现象或对象所生活的背景中，通过参与观察，收集各种定性资料，在对资料进行初步的分析和归纳后，又开始了进一步观察和进一步归纳。通过多次循环，逐步达到对现象和过程的理论概括和解释。⑤ 实地研究往往是个案研究，所涉及的个案可以是个人、社区、组织、机构等。实地研究的优点是在于其所具有的深入性和全面性，而不足则在于个案典型意义的概括。个案研究的结论常

---

① 风笑天：《社会学研究方法》（第3版），中国人民大学出版社2009年版，第256页。
② 风笑天：《社会学研究方法》（第3版），中国人民大学出版社2009年版，第275页。
③ 林彬：《社会研究的设计》，载袁方主编《社会研究方法教程》，北京大学出版社1997年版，第140页。
④ 林彬：《社会研究的设计》，载袁方主编《社会研究方法教程》，北京大学出版社1997年版，第140页。
⑤ 风笑天：《社会学研究方法》（第3版），中国人民大学出版社2009年版，第257页。

常遭遇的质疑是其不具有代表性,即以单个个案的分析或数个个案的比较分析无法反映其他个人、社区、组织、机构的情况。这种观点是对个案研究的误解。因为个案研究的个案要求具备的是典型性而不是统计学意义上的代表性。[①] 那么,如何选择典型性个案,则是一个实践问题,考验的是研究者的经验积累和方法知识基础。综上,实地研究是定性研究的类型之一。

例子:美国黑人贫困问题研究

一项经典的个案研究就是艾略特·列堡(Elliot Liebow)在1967年出版的《泰利的街角:一项街角黑人的研究》(Tally's Corner: A Study of Negro Streetcorner Men)中运用参与观察法实地考察了美国的贫困问题。作者在其"田野经历回顾"中写道:

> 第一次外出时,我走出还不到一个街区,就看到街上有一场骚乱。一个男人(后来知道是韦斯利侦探)正拖着一个拳打脚踢大声尖叫的女人往报警亭走。一小群人分别聚集在四个街角看着这一幕。我靠近其中两个男人,问他们这个女人做了什么。他们俩也不是很清楚,其中年轻点的说他听过两个故事,接下来全都告诉了我,最后说他通过观察认识韦斯利侦探已经六七年了,"没人能愚弄"得了他。
>
> 第二天结束时,我已经遇到九个男人,知道了其中几个人名,并花了几个小时公开和几个男人近距离交往,对至少两个人熟悉有加。在我的意识里,也许最重要的是我已经部分抛弃了自己是个陌生人的感觉,并且有了些许归属感,这点归属感可以允许我采用一种轻松的方式和想法,这对建立个人关系很重要。
>
> 我的田野笔记包括一份我观察泰利、理查德、海猫和其他人时亲眼所见的记录。而他们看我时又看到了什么,对此,我只有一个小想法(我自己觉得只是个猜想)。
>
> 在几个不同的原因上,我是个局外人,但我也是个完整意义上的

[①] 王宁:《代表性还是典型性?——个案的属性与个案研究方法的逻辑基础》,《社会学研究》2002年第5期。

参与者。我所观察的人们知道我在观察他们，但他们还是允许我参加他们的活动并一定程度上进入他们的生活，这点我还在惊讶。一些人"剥夺"了我，不是因为把我当作了一个局外人，而是我一般拥有比他们更多的资源。当他们中的某个人拥有资源时（比如说钱或车），他也会以同样的方式受到"剥夺"。我通常尽量把我提供的钱和其他帮助做这样的限定：我觉得每个人都会从另一个朋友那里得到，如果这位朋友拥有与我一样的资源的话。我尽可能满足要求，只要不惹人注意。但我并不总是以给予为目的，一定程度上我还学着慢慢接受食物或接受别人招待我的饮料，尽管我知道这比做一个给予者来得难。

有时，当我打算对一段谈话、一个地区、一间公寓或一个社会事件做物理描述时，我尽量只是作为一个观察者。但实际上，我发现只以一个纯粹观察者角色去跟踪一切参与性活动是不可能的。①

三 实验研究（Experiment Research）

所谓的实验研究，是指采用类似于自然科学中的实验方法来收集资料，验证假设，寻找因果关系的一种方法。实验研究的主要特点是：首先有严格的因果推断逻辑；其次是人工化的研究背景，这是由于实验研究对环境控制的要求很高，在一定程度上可以说它是一种"人工制造"式的研究方式；最后它受到政治、伦理、道德等方面的限制很大，其原因就在于它的控制性和可操作性特征。② 任何一项实验研究，一般都会涉及三对基本要素：（1）自变量与因变量；（2）前测与后测；（3）实验组与控制组。同时，一项具体的实验也必须满足五个基本条件：（1）必须建立变量之间因果关系的假设；（2）自变量必须能够很好地被"孤立"；（3）自变量（实验刺激）必须是可以改变的，同时也是容易操纵的；（4）实验程序和

---

① ［美］艾略特·列堡：《泰利的街角——一项街角黑人的研究》，李文茂、邹小艳译，重庆大学出版社2010年版，第124、126、132—133页。
② 徐莉：《社会问题研究方法》，载向德平主编《社会问题》（第2版），中国人民大学出版社2015年版，第127页。

操作必须能够重复进行；（5）必须具有高度的控制条件和能力。[①] 一项实验研究也有着相对固定的研究步骤（如表6-4所示）。实验研究来自心理学，遵循实证主义的方法论立场。20世纪以来，实验研究在心理学之外的教育学、犯罪学、社会学、政治学等社会科学领域得到了较多的应用。

表6-4　　　　　　　　　　执行实验的步骤

1. 从一个直截了当、适合于实验研究的假设着手。
2. 决定在实际限制下，检验该假设的实验设计。
3. 决定如何安排处理或创造自变量的情境。
4. 发展一个具有信度与效度的测量因变量的方法。
5. 建立实验的状况，针对处理变量与因变量的测量工具进行测试。
6. 找出适当的受试者。
7. 随机分配受试者到各实验组别（如果研究设计是选用随机分配的话），并给予清楚的指示说明。
8. 对因变量施以前测（如果使用前测的话），记录测量结果。
9. 只对实验组进行处理（或是对相关的组，如果有多个实验组的话），监控各组的状况。
10. 进行后测，记录因变量的测量结果。
11. 执行简报，告知受试者实验的真正目的与理由，询问受试者对实验的解读。执行简报相当重要，特别是当实验的某些层面未曾对受试者据实以告时尤其如此。
12. 检验搜集到的资料，比较各组实验的结果。适当处，以统计值与图表来显示假设是否获得支持。一旦研究者有了假设，实验研究的步骤就变得很清楚了。

资料来源：[美] 劳伦斯·纽曼：《社会研究方法——定性和定量的取向》（第5版），郝大海译，中国人民大学出版社2007年版，第309—310页。

根据实验发生的具体地点，可以将其分为实验室实验和实地实验。实验室实验是完全模仿自然科学的做法，在现有的实验内开展研究，通过严格控制实验背景和变量，在一个封闭性极高的实验环境中发现自变量对因变量的直接影响，但是实验研究却无法做到研究结果的高推广性、高普遍性和高概括性。实地实验则是在具体社会生活环境中开展的实验，因此其对实验背景、实验变量的控制力相对较弱，实验环境的封闭性也相对较低，但是仍遵循一般实验的逻辑。实地试验的主要特征是被研究的对象不

[①] 风笑天：《社会学研究方法》（第3版），中国人民大学出版社2009年版，第205、207—208页。

与他们所生活的自然环境相分离。① 这就使得被研究对象受到具体的实验环境的影响是不可避免的。

目前的社会学实验大部分还不具备采取严格设计的条件，它们通常只能成为准实验（quasi-experiment），而纯实验设计或实验室研究，大多是研究社会心理学和教育学的课题。② 总体来看，在社会问题研究中，实验研究并未得到较多的应用，一些相关应用也主要停留在测试人们对特定社会问题的认知、态度或行为倾向等。

例子：女大学生对强奸的归因③

安迪·翁格（Andy S. J. Ong）和科林·沃德（Colleen A. Ward）于1999年发表了论文《性和权力模式、对妇女的态度和受害者抵抗对强奸归因的影响》(*The Effects of Sex and Power Schemas, Attitudes Toward Women, and Victim Resistance on Rape Attributions*)。这篇论文基于对新加坡国立大学128名女大学生的实验研究，证明了强奸模式和受害者对强奸归因的抵抗之间有显著的交互作用。研究者要求受试者读一段某个学生在他的学校进行强奸的现实情节。受试者可以随机挑选一个受试组，在一个受试组中，受试者要读的情节是受害者试图反抗，在另一个受试组中，要读的情节是受害者被动地屈服。接下来，研究者要求受试者对于受害者也有过失的程度或者强奸者需要负责的程度进行评测。结果显示，那些性笃信的女性（以及那些持传统性别角色观点的女性），在受害者反抗的时候，更强烈地认为受害者应负责。如果受害者顺从了，她们会认为受害者所负的责任要小些。那些权力笃信的女性（还有那些非传统主义者），如果受害者反抗的话，她们认为受害者应负的责任要小一些。如果受害者被动地顺从了，她们认为受害者应负的责任要大一些。因此，受试者对于受害者反抗攻击行为的反应，是依据她们对强奸行为的理解（如每个受试者对强奸所持的观点）而不同，或者与之具有交互效

---

① 风笑天：《社会学研究方法》（第3版），中国人民大学出版社2009年版，第220页。
② 林彬：《实验法》，载袁方主编《社会研究方法教程》，北京大学出版社1997年版，第286页。
③ Andy S. J. Ong and Colleen A. Ward, "The Effects of Sex and Power Schemas, Attitudes Toward Women, and Victim Resistance on Rape Attributions", *Journal of Applied Social Psychology*, Vol. 29, No. 2, February 1999, pp. 362–376.

应。研究者发现，两种对强奸的观点导致了理解受害者反抗的两种截然相反的方式，为的是划分犯罪行为的责任。

四 文献研究（Document Research）

所谓的文献研究，是指通过收集和分析各种文献资料来达到分析社会现象、社会行为的目的的一种研究方法。文献资料的形式是多样的，既可以是文字形式的，也可以是声音影像形式的；文献资料既可以是历史文献资料，也可以是时下的文献资料；文献研究所使用的是不直接接触研究对象的二手研究资料，而非调查研究中所获得的一手研究资料。在社会研究中，文献研究不仅指在初步探索阶段需查阅文献，为大规模的社会调查做准备，而且指在无法直接调查的情况下利用文献资料开展独立研究。① 在具体的研究中，文献研究更多地是指利用既有文献分析，挖掘事实和证据，呈现社会现象或社会行为的某些状况，而非是查阅文献本身。也就是说，文献研究中的文献是研究资料，是分析对象。使用文献研究的方法需要注意一个基本的前提：现实社会中应存在大量的原始数据，并且研究可以找到和获得它们。② 因此，文献研究的困难就在于文献资料的搜集和获得，而这往往需要耗费研究者极大的精力。文献研究避免了研究者和研究对象的互动对研究资料质量的影响，一般研究中也可以节省较多的资料搜集的支出，可以进行反复的挖掘和分析。但是，这种研究方法不能避免的是资料提供者或作者的主观意图等主观因素的影响，也会受到资料收集的渠道与所获得的资料的信度、效度的影响，从而使得研究结论面临一定的风险。

在具体的研究中，研究者可以通过定量和定性两种分析方法处理文献资料，具体可包括统计资料分析、二次分析、内容分析和历史比较分析等。就统计资料分析而言，研究者还往往利用官方所发布的诸如人口、收入、教育、医疗等统计资料进行分析，这一点在社会问题研究中成为研究者论证社会问题的现状、后果等方面得到了诸多的应用。二次分析则是研

---

① 林彬：《社会研究的设计》，载袁方主编《社会研究方法教程》，北京大学出版社1997年版，第143页。

② 徐莉：《社会问题研究方法》，载向德平主编《社会问题》（第2版），中国人民大学出版社2015年版，第133页。

究者利用其他研究者已经收集和分析过的数据进行分析,这一点在诸如美国综合调查(GSS)、中国社会综合调查(CGSS)等大型公开数据的使用上得到了充分的体现。内容分析是一种对传播所显示出来的内容进行客观的、系统的、定量的描述的研究技术。① 具体而言,就是通过将文献资料按照一定的标准进行编码,然后通过量化的频数统计、频率统计、交互统计等统计形式,来呈现某一主题的特征与变化。历史比较分析往往利用历史文献(包括官方的和民间的)进行纵贯式的研究,以呈现某一社会现象或社会行为的历史演变的过程,因而往往是一种定性分析。

例子:大众传播媒介中的社会问题②

瑞·方克豪瑟(G. Ray Funkhouser)利用大众传播媒介(主要是周刊)来分析美国20世纪60年代所面临的重大问题。研究开始时,他所面临的问题有:(1)研究所涉及的时间;(2)所用杂志;(3)抽样方法;(4)研究内容;(5)编录方法。他将时间定为1960年到1970年,选择了三种最著名的周刊,抽样方法简单之至:他使用了这个时期内出版的全部刊物,共1716期;他并未创造自己的编录类别,而是直接采用了《读者指南》的编目,他的做法是从那三种周刊中把每一类条目下的文章篇数记下来,并将统计结果与盖洛普民意调查结果进行对照(如表6-5所示)。

表6-5 新闻杂志对20世纪60年代各类问题的报道及盖洛普调查关于各类问题重要性的排列顺序

问题类别	文章篇数	排列顺序	盖洛普调查关于问题重要性的排列顺序
越南战争	864	1	1
种族关系(及城市骚乱)	687	2	2
校园动乱	267	3	4
通货膨胀	234	4	5

---

① [德]彼得·阿特斯兰德:《经验性社会研究方法》,李路路、林克雷译,中央文献出版社1995年版,第11页。
② [美]艾尔·巴比:《社会研究方法》,李银河编译,四川人民出版社1987年版,第231—232页。

续表

问题类别	文章篇数	排列顺序	盖洛普调查关于问题重要性的排列顺序
电视及传播媒介	218	5	12*
犯罪	203	6	3
吸毒	173	7	9
环境与污染	109	8	6
吸烟	99	9	7
贫困	74	10	8
性（道德堕落）	62	11	12*
女权	47	12	12*
科学与社会	37	13	12*
人口	36	14	12*

注：新闻报道的排列顺序与盖洛普调查关于各类问题重要性的排列顺序的相关系数为 0.78（P = 0.001）。

* 这些项目在盖洛普调查中未列入"重大问题"，故记为相同的顺序数。

社会研究方法的三个层次是相互联系的，一般来说，方法论观点影响研究者对研究方式的选择，而一定的研究方式又规定了一套与其相应的具体方法和技术。对于从事社会研究的人来说，了解各种可供选择的方法论和研究方法是很必要的，这不仅有助于在实际研究中有效地应用某种特定的方法，而且还能认清各种方法的特点、局限性及互补性。[①]

综上而言，社会问题研究并没有其独特的研究方法，而是大体遵循了社会学研究的基本方法。方法是为研究目标服务的，选择何种研究方法，要根据具体情况具体分析。同时，在开展具体的社会问题研究中，也要注意价值伦理的风险，这也是社会科学研究中必然会触及的问题。韦伯曾经提醒我们在社会科学研究中要注意"价值中立"（value free）的立场，但是在具体的社会问题研究中往往会存在因带有偏见的立场而产生带有偏见的结果的风险。这一点我们可以了解一下汉斯林的观点，作为我们开展研

---

① 林彬：《导论——科学与社会研究》，载袁方主编《社会研究方法教程》，北京大学出版社 1997 年版，第 26 页。

究工作的参考。汉斯林认为，社会研究中的偏见常常是微妙的，不容易被发现。有时出现这种偏见是因为研究者生活在特定的社会世界中，在那里，他或者她的看法来自经验，研究者并没有意识到偏见。无论他们来自哪里，有偏见的问题都会产生有偏见的结果（如表6-6所示）。原因就在于像其他每个人一样，社会学家同样也是从与我们相伴的群体中得到想法和观点，同样受到这些想法的影响。无论我们有多么不喜欢它，但它的确意味着我们会有偏见。①

表6-6　　　　　　　　　研究问题中的偏见与客观性

有偏见的问题	中性的问题
反对堕胎的偏见	
1. 你对通过堕胎杀害一个婴儿的看法是什么？	1. 你对堕胎的看法是什么？
2. 你对妇女堕胎前不通知婴儿父亲的看法是什么？	2. 如果一个父亲或者男朋友让妇女怀孕了，你认为这个妇女在堕胎前应该通知他吗？
赞成堕胎的偏见	
1. 强迫一个想要堕胎的妇女生下孩子，你对此的看法是什么？	1. 你对堕胎的看法是什么？
2. 你为什么认为在一个妇女选择对她自己的身体做什么时，要通知那个使她怀孕的男人？	2. 如果一个父亲或者男朋友让妇女怀孕了，你认为这个妇女在堕胎前应该通知他吗？

资料来源：[美]詹姆斯·M. 汉斯林：《社会学与人类生活：社会问题解析》（第11版），风笑天等译，电子工业出版社2019年版，第19页。

那么，怎么克服这种偏见呢？汉斯林给了一个建议：研究报告在发表前，要送到同行的社会学家那里接受评论，让评论者寻找各种缺陷，包括偏见。然后，他们推荐发表或者不推荐发表。② 当然，这个建议的可行性或有效性到底如何，也值得商榷。毕竟，同行的社会学家们也同样会带有或者受到某种偏见的影响，甚至会与带有偏见的报告者的立场一致。因此，如何在社会问题研究中克服我们的偏见，是一项具有挑战性的工作。

---

① [美]詹姆斯·M. 汉斯林：《社会学与人类生活：社会问题解析》（第11版），风笑天等译，电子工业出版社2019年版，第19页。
② [美]詹姆斯·M. 汉斯林：《社会学与人类生活：社会问题解析》（第11版），风笑天等译，电子工业出版社2019年版，第19页。

综上而言，在开展社会问题研究时，我们的确难以找到独特的研究方法，收集资料、分析资料的方法常常是借鉴和使用社会学研究的基本方法，而这些方法在社会学其他分支学科的具体研究中同样得到了大量的使用。而能让我们在社会问题研究领域提出不一样的看法的，往往是研究视角的差别，而研究视角的差别也会让我们在选择、筛选、分析研究资料时采取不一样的路径。在没有找到独特的研究方法之前，我们能做的应该是好好地掌握和使用好社会学研究方法，努力探索更大的研究空间。

第七章
社会问题的解决

前文所介绍的社会问题的各种理论，无论是一般理论还是专有理论，都是从抽象的学理层面告诉我们社会问题的定义、成因及其发展过程，对于社会问题的解决也更多是一种方向性的指导，而非具体的操作方案，甚至社会建构论视角将社会问题的解决置于分析的非核心位置。但是，正如老一辈社会学家雷洁琼所言，"社会学的任务就是分析和解决社会问题"①。通过理论层面和经验层面对社会问题做出了完整、细致的分析后，下一步的任务就是解决社会问题。那么，社会问题可以被解决吗？美国学者乔尔·卡龙（Joel M. Charon）认为，相信社会问题能够被解决真的是一个神话（myth），这个神话有时候是有害的。因为诸如犯罪问题、贫困问题、不平等问题、种族主义等问题永远都会存在。卡龙持如此观点的原因有三：（1）无论何时我们尝试解决一个严重的问题，我们对于该问题的定义就会变化，因为我们对这一问题的了解越来越多且在面对这一问题时更有成功的把握。比如，当我们处理儿童虐待问题时，我们已经将"儿童虐待"的定义进行了扩展，将那些原先不被视为虐待行为的情况——心理虐待、打孩子屁股——包括进来了。（2）问题太复杂而使得无法被解决。任一既定问题的所有原因都是非常复杂的和相互关联的，而使得难以被成功改变。（3）问题嵌于社会的本质之中。因此，解决一个社会问题意味着社

---

① 雷洁琼：《社会学的任务就是分析和解决社会问题》，《中南民族大学学报》（哲学社会科学版）1994 年第 5 期。

会必须做出剧烈的改变。这是无法期待的，也可能是天真的想法。① 但是，我们认为这种说法是欠妥的。首先，人类正是通过持续地解决各种社会问题才推动着社会的变迁，某些旧的问题被解决后，新的问题又产生了，这是历史的规律。其次，社会问题的复杂度会随着人类认识的深化和扩展而不断降低，从而带给人类解决社会问题的基础。再次，正因为社会问题有着深刻的社会性，往往与社会结构、社会体制、社会机制、文化习俗等强制性的、相对固定的力量有着密切关联，所以解决社会问题必须要从这些层面思考和切入。有些社会问题可以在现行的社会内得到解决，而有些则必须通过改变现有的社会结构才能得到解决。人类历史上的各种改革与革命充分地证明了这一点。因此，社会问题是可以被解决的，只是有些问题可以短期内被解决，而有些则需要更长的时间，这取决于不同的社会问题的解决难度。比如绝对贫困问题在我国就得到了彻底解决，中国人民已进入全面小康社会。而之后的相对贫困问题则需要花费更长的时间、更大的气力才能慢慢得到解决。总而言之，我们要对解决社会问题充满信心，要持续开展谨慎研究，进而提出稳妥的解决之策。

第一节　行动的主体及解决方式

社会问题的解决，首先需要明确行动的主体。按照我们对于社会问题的理解，理论上社会问题的解决需要全体社会成员的参与，但是实际操作过程中每位社会成员、不同的社会组织的角色是不一样的。社会问题是由人类的能动性而产生，而社会问题的解决也需要人的能动性，需要各类社会行动者。确定社会问题中社会行动者的角色是理解社会问题的本质、内容和重要性的首要任务，其原因有四：一是在利益多元化的社会中，对社会问题的看法会分化，社会行动者的利益也会分化；二是不同社会群体表达或维护其利益的权力是不同的，因为社会的权力结构通常是等级化的；三是社会问题带有政治性的色彩，关于社会问题的存在、规模和严重性的

---

① ［美］J. M. 卡龙：*An Introduction to the Study of Social Problems*，载 J. M. 卡龙编《社会问题读本》(*Social Problems Readings with Four Questions*) 影印版，北京大学出版社 2005 年版，第 10 页。

认知和概念是有争议的；四是在当今大多数社会中，公众对社会问题的认知通过大众媒体、公共关系专家和游说团体（lobbies）获得的。学术研究者和助人者（the helping professions）对社会问题的权威认知和理解是特别重要的，尤其是如果这些认知和理解被大众媒介接受和宣传。[①] 可见，因为利益的高度分化，不同的社会行动者对社会问题的观点、解决社会问题的立场和对策是有差异的。尽管如此，也能找到"最大公约数"，全体社会成员共同解决社会问题。需要注意的是，在解决社会问题的过程中，不同主体也会扮演不同的角色，发挥不同的作用。在我国，社会问题解决路径应该是党的二十大报告指出的"共治共享的社会治理制度""建设人人有责、人人尽责、人人享有的社会治理共同体"，完善多元协同的社会治理体系。

一 社会问题解决方案的提出者与执行者

（一）社会问题解决方案的提出者

一般而言，我们可以将社会问题的解决主体分为提出者和执行者。社会问题解决方案的提出者针对具体的社会问题提出自己的观点和要求。因为每个人都可以定义自己所认定的社会问题，也能通过归纳成因提出自己的解决方案，所以提出者所涉及的范围可以是全体社会成员。当然，一位社会成员所提出的解决方案既可以基于自己的独特理解，也可以参照他人的观点提出。但是，一位社会成员所提出的解决方案能否进入议程，得到相关组织或机构的认可从而得到施行，则是另一个复杂的故事。他也许会成功，也许会失败；也许会推动一些事情，也许会石沉大海。关键则在于所采取的具体策略和机会结构。

社会科学的学者是研究社会问题，提出解决方案，甚至参与具体行动的主体。研究社会问题不仅是学者的学理旨趣，更重要的是参与改良社会工程的设计与决策。[②] 那么，学者的提议如何成为决策者制定政策的参考，

---

① Adam Jamrozik and Luisa Nocella, *The Sociology of Social Problems: Theoretical Perspectives and Methods of Intervention*, Cambridge: Cambridge University Press, 1998, pp. 61 - 62.

② 李弘毅：《社会的"透视镜"与"柳叶刀"——社会问题研究方法》，载黄忠晶、李弘毅主编：《当代中国社会问题研究》，宁夏人民出版社2001年版，第14—15页。

甚至被直接采用的呢？研究的质量是重要的标准。韦斯等人研究发现，政策制定者据以判断社会科学研究质量的各个变项，按其重要性排列为：（1）高度技术质量，统计精细，客观的、不偏不倚的分析；（2）数量化的资料、观点前后一致；（3）结论毫不含糊。而一系列判断社会科学研究是否符合应用者的期望的变项中，与应用最相关的标准是：（1）研究支持应用者的立场；（2）研究与以前的知识一致；（3）而且与应用者的思想与价值观念不相矛盾；（4）包括明确的建议；（5）包含可操作的独立的变项，具有不带应变项的目标；（6）对行动有直接的意义而且适用于现行的各种社会政策规划。① 比如，我国著名的经济学家、人口学家马寅初在1957年的第一届全国人民代表大会第四次会议上宣读了其《新人口论》，明确提出"我国人口增殖过快"，认为"现在一般估计中国人口大概每年增加1200万—1300万，增殖率为20‰，如果这样估计下去，30年后同实际的人口数字一比，就会差之毫厘而失之千里了"。马寅初认为从加速积累资金、增加工业原料、促进科学研究、保障粮食供给等方面而言，控制人口是极为有必要的。最后，他明确提出"实行计划生育是控制人口最好最有效的办法，最重要的是普遍宣传避孕，切记人工流产"。② 马寅初的倡议在当时没有得到国家领导人的认可和支持，但是到了70年代，当人口问题业已十分严峻的时候，国家开始控制人口。1982年9月计划生育被定为基本国策，同年12月写入宪法，明确提倡晚婚、晚育，少生、优生，从而有计划地控制人口。可见，学者的建议未必能马上得到决策者的认可和支持，而是有可能经历一个被逐步认可的过程。正如亚当·詹姆罗齐克（Adam Jamrozik）和路易莎·诺切拉（Luisa Nocella）所言，对社会问题干预的认知、理解和方法受到政府和社会中的主导性利益（dominant interests）的政治性考量（political considerations）的影响。有潜在效果的解决方案也许不会被采用，因为这些解决方案可能会制造新的问题，而这些新的问题对现有的社会结构安排的威胁度高于原来的问题。因此，需要在社会权力结构

---

① ［美］纳迪亚·奥里阿特、周叶谦：《社会政策与社会研究：重启讨论》，《国际社会科学杂志》（中文版）1999年第2期。
② 马寅初：《新人口论》，广东经济出版社1998年版，第2、15—26页。

的框架内看待社会问题。①

（二）社会问题解决方案的执行者

社会问题解决方案的执行者是多元化的，涉及政府、大众传播媒介、社区、专业机构等。不同执行者参与社会问题解决的角色和作用是有所差别的，具体而言：②

1. 政府

通常社会问题是涉及相当多数的社会成员和各个阶层的利益问题。因此，要解决社会问题，只有全社会的管理机构——政府能够胜任。政府的许多部门，其重要的职能之一就是解决社会问题。例如，劳动与社会保障部门是解决失业问题的，民政部门是解决残疾人问题、贫困问题的，司法部门是解决越轨与犯罪问题的。政府解决社会问题的办法有很多，最主要的方法是政策调控和法规调控。一是政策调控。即通过宏观的政策，来调节政府各个部门的管理行为，调动社会的力量，调动政府控制的人、财、物、信息等各种资源，创造有利于瓦解社会问题产生的条件，创造不利于社会问题发展的环境，将社会问题逐步地抑制下去。二是法规调控。即当某种社会问题经常地、重复地出现时，就要用一种制度化、程序化的方法来解决。解决社会问题是要花成本和代价的，例如大量的人、财、物等。为了节省时间与人力、物力，人们找到了通过法律来解决社会问题的途径。法律规范制定了处理某一类社会问题的原则，规定了什么行为不能做，做了以后要承担什么惩罚后果，处理时按什么程序进行。

2. 大众传媒

大众传播媒介的抨击是社会问题解决的重要推动者。传播媒介本身并没有解决社会问题的能力，在信息社会中，传播媒介主要起着引起社会重视、调动社会舆论对社会问题形成社会压力的作用。当某个社会问题严重时，传播媒介的报道会引起全社会公众的关注，起到一种聚焦效应，社会的调节机制可以对问题进行干预。传播媒介对迅速抑制社会问

---

① Adam Jamrozik and Luisa Nocella, *The Sociology of Social Problems: Theoretical Perspectives and Methods of Intervention*, Cambridge: Cambridge University Press, 1998, p. 9.
② 朱力：《当代中国社会问题》，社会科学文献出版社 2008 年版，第 49—50 页。

题的扩散具有不可忽视的作用。当然，从根本上解决社会问题还需要政府出面。

3. 社区

社区等基层自治力量是化解社会问题的具体操作层面的承担者。社区中的政府组织街道（乡政府）、群体自治组织居委会（村委会）是落实政府政策，实施社会制度的具体单位。社区基层政府与群众组织，调动本社区的人、财、物等资源，通过就业、扶贫、助残、矫治等各种解决社会问题的具体实施路径，将本社区中受社会问题影响的对象，纳入帮扶的范围。

4. 专业机构

专业机构是解决社会问题的重要社会力量。比如，社会工作机构。社会工作机构是通过汲取社会资源来解决社会问题的一种新的社会力量。目前，针对社会问题的专业性社会工作机构开始出现，针对综合性社会问题的社会工作机构也应运而生。如不良青少年的矫治机构、弱势群体的帮助机构、农民工的支持机构等专业性的社会工作机构正在发育、壮大，成为解决社会问题的专业力量。社会工作机构运用社会工作的专业化方法，发挥着越来越大的作用。由于社会问题危害了人们的生存环境，随着公民的自主意识与参与意识增强，公众的自愿服务意识也在增强，社会工作机构有了源源不断的人力资源，某些准社会工作机构（社会公益性团体）干预社会问题的力量在不断地增长。

二　社会问题的解决方式

从行动者对社会问题的应对方式来看，可以分为主动式应对和被动式应对。主动式的解决就是做好社会问题的事前预防，而被动式的解决则是做好社会问题的事后处理。具体而言：①

（一）主动解决的方式

所谓主动解决的方式，是指人们积极主动地去解决、处理、防范某一社会问题的一种方式。即当某一社会问题尚未暴露或刚刚发生之际，就采

---

① 张荣洁：《社会问题消解方式初探》，《广西大学学报》（哲学社会科学版）2001年第1期。

取措施将其消除,而使其不至于造成过大的社会影响和危害。在某种意义上说,社会问题的主动式解决方式是一种"防火式""防病式"的方式,具有自觉性或主动性、超前性、预防性、长期性、系统性等特点。主动解决的方式具体分为两种。

1. 当某一问题尚未发生时,人们就采取相应的措施或对策,以预防其发生或出现,这可看作是一种预防性或防范性的主动解决方式。社会问题的生成与演变有其自身的规律,是有迹可循、有前兆可预见的。人们凭借不断提高的认识能力和不断完善的认识方法,完全可以预测到某些社会问题的发生,从而采取一些得力的措施,预先制定出切实可行和可具操作性的对策,对社会环境进行有效治理,消除产生社会问题的因素,瓦解社会问题滋生的条件,这样就可对社会问题起到防范、抑制作用。

2. 当某一问题产生、暴露之后,即在发生的初期,人们就采取措施进行解决、处理,将其"扼杀"在萌芽状态或尚未造成较大危害的阶段,这可看作是一种"社会问题早期"性的主动解决方式。如我国城乡广泛存在的"调解小组""调解委员会"等组织,就发挥着这种早期性的主动解决社会问题的作用。这些组织发现重大事故苗头时即及时果断处置,力争把矛盾纠纷解决在基层、解决在萌芽状态。对于现阶段我国的许多社会问题,不能任其扩散发展,应及早采取措施将其解决、消除。社会问题的连锁性特征也要求我们对社会问题宜采取主动解决的方式。即我们在解决旧的社会问题的同时,要采取慎重态度,加强对其所可能引发的各种新的社会问题的预测研究,事先制订相应的方案对策,力求将引发问题的危害性减少到最低限度。社会问题的起伏性同样需要我们采取主动解决的方式,以防止"治标不治本""头痛医头、脚痛医脚",即缺乏长期的、系统的规划和准备的解决方式与方案。

(二)被动解决的方式

所谓被动解决方式,是指人们消极被动地解决、处理某一社会问题的方式。这一方式的显著特点是在社会问题已经很严重很尖锐,或已造成了很大的危害、损失后,人们才去解决、处理的一种方式。在某种意义上说,被动解决是一种"灭火式"或"病后手术式"的解决方式。人们往往在受到社会问题的侵扰和惩罚后,再去反省、研究并寻找对策,这种认识上的滞后性和行动上的被动性，典型反映了人类的认知特征和生存方式。因而，在一定意义上说，这种被动解决问题的方式是人类所难以避免的。被动解决方式的特点主要有：滞后性、强制性、惩戒性、个别性、自发性、应急性等。这种行动虽然比较被动，但在一定时期内是有成效的、可行的。我们可以这样来进一步把握解决社会问题的被动方式：

1. 某一问题已经发生并造成了相当大的影响、危害、损失时，人们才被迫去解决它，以防止该问题再次发生。此外，当某一类问题或相关问题中的一种或一个已经发生并造成了相当大的影响、危害，人们才想办法去解决类似的问题或相关的问题，也属于被动的解决方式。

2. 任何社会问题都有其发生、发展、消除或消亡的过程。当一个社会问题一经发生或在其发展初期，尚未造成什么影响、危害时，就去克服解决，这属于主动解决。而当一个社会问题发展到中后期，日益严重、日趋尖锐且已造成了相当大的影响、危害时再去解决，则属被动解决。

目前，在我国，被动解决的方式是一种被广泛使用的方式，甚至是一种主要的解决社会问题的方式。但由于这种方式是人们被迫使用的，并且在使用中又相当的费时、费力，这就要求我们高度重视被动解决方式向主动解决方式的转化问题。当然，这种转化是一项须假以时日的宏大社会系统工程，且需要这样一些基本的条件：（1）要大力提高全民的文化教育水平；（2）要抓紧建立和健全各种社会规范体系；（3）要建立和完善各种社会保障体系；（4）要切实建立起对社会问题的监视、预测、防范机制；（5）要积极利用现代化工具来解决社会问题。

第二节 条件与原则

解决社会问题是需要一定条件的。因为社会问题的解决既需要解决主体对问题的认识和理解的深度和广度，也需要社会问题所处的环境所能提供的经济、政治、社会和文化等方面的支持及其力度。如前文所述，社会问题在理论层面的定义和现实层面的确定，会受到多种因素的影响，是一个复杂的过程，社会问题的解决也是如此。同时，温伯格等人认为，确定一个社会问题与着手解决这一社会问题的重要区别之一是二者的思想基础不同。具体而言,"社会问题的定义中经常充满了理想主义的辞藻,比如'相当数量的人''受到威胁''影响了大多数人',而这些问题则是需要具体到经验层面才能得到回答。同样,一旦人们确认这一特殊情况确属社会问题时,对于价值和理想的关注就降低了,转而用极其现实主义的办法来解决它。在理想主义的解决办法和现实主义的解决办法之间常常有很大的差距。再者,人们经常会看到,虽然某种情况是有目共睹的社会问题,但一些重要的社会力量老是牵制着改进它的努力,这其中的原因是很明显的,耗资去解决某一问题同这个问题本身一样,都是不愿为人们所接受的。最后,在两个不同阶段中所投入的人员和工具是截然不同的。社会问题常常是新闻记者、教会领袖或政治及社会活动家确定的。一旦他们唤起了民众的注意,就是说,有解决这个问题的苗头了,这些占据高位的人便溜之大吉,把他们的注意力转到其它问题上去。对于新闻记者来说,他总是闲不着的"①。总体而言,从行动者的角度我们可以将社会问题的解决条件分为两个层面。第一个层面是主观条件,即行动者对于解决社会问题的认识和态度,这决定了人们是否能就解决这一社会问题达成共识;第二个层面是客观条件,即行动者在解决社会问题时所需要的外部环境和技术基础。同时,社会问题的解决是一个复杂的工程,也是一个长期的过程。因此,进行解决社会问题的具体实践之前,需要确立或遵循特定的指导方针与基本原则作为解决实践活动的计划和方案制订的方向指导。

一 社会问题解决的主观条件

当一种社会状况被定义为社会问题后,接下来就是通过具体的原因分析提出可行的解决方案。但是,正如人们会对社会问题的定义存在分歧,社会问题的解决方案也未必总能达成共识,或者需要较长的时间才能够达成。富勒认为,价值判断会阻止人们就"解决方案"达成一致,因为他们

---

① [美]马丁·S. 温伯格、厄尔·鲁滨顿、苏·基弗·哈密尔史密斯:《解决社会问题:五种透视方法》,单爱民、李伟科译,吉林人民出版社1992年版,第4—5页。

中的大多数人不愿放弃那些因果因素的价值观。① 也就是说，关于某一社会问题的解决方案，不同的个人、群体、团体、组织等会因为自身的价值立场、利益取向的差异而选择支持或者反对，且都能提出合理化的理由。即使这一解决方案是由权威机构作出的，也可能会遭到反对。比如，许多西方国家在面对新冠肺炎疫情时，政府选择推行物理性隔离遭到了很多社会成员的反对。这些反对者以"自由""权利"等为旗号进行游行示威，要求政府放弃社交限制措施，开放社交空间。许多西方民众对于疫苗的态度亦是如此。2021 年 7 月 31 日，在法国巴黎、尼斯、蒙彼利埃、南特、斯特拉斯堡、兰斯、图卢兹、马赛等许多城市，民众走上街头，抗议疫苗通行证和强制接种疫苗。因此，在西方社会针对新冠肺炎疫情所带来的负面后果的预防和化解措施难以得到有效施行。

社会问题的层次不同所遭遇的价值冲突是有差别的。具体而言：②

第一个层次：自然性问题（the physical problem）。比如，地震、飓风、洪水、干旱、蝗灾等自然灾害。有一些状况被所有的个人和群体都定义为不好的状况，但价值判断本身并不会导致这一状况，而且社会政策中对于"应该做什么"也几乎没有什么冲突。事实上，虽然这些情况构成了严重的问题，但我们可以质疑它们是否属于"社会"问题。自然性问题实际上代表了一种所有人都认为对他们的福祉构成威胁的状况，这种负面的状况的共识性定义没有价值判断的分歧在其中发挥作用。当然，自然问题本身可能不涉及价值判断，但是自然问题所带来的后果却不可避免地会要求道德判断和政策决策。比如，地震是人们公认的自然灾害，会对人的生命财产安全构成威胁，而在地震发生后所涉及的救援活动中就往往会暴露出一些社会性问题。一旦出现人们因为具体状况及其应对措施而发生了分歧，那么这一状况就不再属于自然性问题。

第二个层次：改善性问题（the ameliorative problem）。这种类型的问

---

① Richard C. Fuller, "The Problem of Teaching Social Problems", *American Journal of Sociology*, Vol. 44, No. 3, November 1938, pp. 415–435.

② Richard C. Fuller and Richard R. Myers, "Some Aspects of A Theory of Social Problems", *American Sociological Review*, Vol. 6, No. 1, February 1941, pp. 24–32.

题代表了人们通常同意在任何情况下都是不可取的状况，但他们无法就改善条件的计划达成一致。也就是说，有一些状况，人们普遍认为它们是不可取的，但价值判断不仅有助于创造这个状况，而且还阻碍了其解决方案的施行。改善性问题的本质是解决和管理改革问题，而不是回到最初的共识，即某一状况已经成为一个必须被根除的社会问题。改善性问题是真正的"社会性"问题，因为它是一个人为的状况。也就是说，价值判断不仅有助于创造问题性的客观状况，而且会阻止它被解决。在犯罪案件中，美国文化中的某些道德判断在很大程度上要对犯罪行为负首要责任。如果因为追逐金钱，炫耀性消费的观念成为人们的犯罪动机，那么这种消费观念就对这种犯罪行为负有文化责任。或者，基于严厉惩罚的信念而制定的传统监狱政策可能成为囚犯被释放后进一步犯罪的原因之一。这些对罪犯进行严厉惩罚的观念，也在劝阻立法机构不要为缓刑和假释制度、少年犯罪诊所和问题儿童学校提供充分的资金支持。改善性问题表明，人们对于客观状况的不合法性能达成基本共识，而争议的焦点在于解决对策的协商。

第三个层次：道德性问题（the moral problem）。道德性问题代表了这样一个状况，即整个社会就某种状况在任何情况下都是不可取的这一问题没有达成共识。社会成员没有普遍认为某种情况是一个问题，因此许多人认为不应该对它采取任何措施。虽然有相当多的人认为这种状况是不可取的，但未形成全社会的共识。由于这些状况的认定源于人们的价值冲突，因此人们对解决办法也没有达成一致。道德性问题表明，人们在社会价值观上会存在分歧，这种分歧比人们在解决改善性问题时所面临的情况要复杂得多。道德性问题主要是关于基本是非问题的意见分化，而从解决对策的角度来分析社会问题则只是次要的。

总体而言，自然性问题是技术性，问题的原因和解决方案之间是单线性关系，普通公众没有因为解决方案产生分歧。改善性问题涉及价值判断，普通公众不仅对某一状况的危害有普遍共识，比如人们都会认为犯罪是偏离了社会理想的规范。同时，普通公众也共同遵循既有的解决方案。但是在不修改价值框架的前提下，这种情况是极为罕见的。道德性问题涉及价值冲突，即人们既不普遍地认定某一社会状况是一个问题，同时认同这一状况是社会问题的人也未能就解决方案达成共识。① 因此，第三层次的问题才是最为复杂的、解决难度极大的问题。可见，要使人们在社会问题的定义和解决方案上达成一致，是一项复杂的工程，而研究这个过程，则是社会问题领域中的重要话题。将社会问题分为三个层次，其目的不在于将不同的社会问题归类为其中任何一个层次，而是在于给我们一个观察每个问题相对于其他问题的位置和整体值方案的基础。②

要实现从社会问题的定义到就其解决方案达成充分的共识，前提是形成充分的社会关注。雷洪认为，充分的社会关注是社会问题解决的基本条件之一。充分的社会关注不仅是社会大多数人对特定社会问题的感受、认识、评价、予以解决的期望具有相当的普遍性，而且是社会各群体、各集团、与特定社会问题具有不同关系的各种人，对特定社会问题的认识、态度达到相当程度的一致性；这种相当程度的一致性认识、态度是比较科学和正确的，至少是克服了大多狭隘、片面、偏见和误解；对解决特定社会问题的期望具有迫切性，并准备以各自的活动或力量去实现这一期望；且将这样的认识、态度、期望公开明确表示出来，形成一定社会舆论。充分的社会关注，是动员解决社会问题的社会力量的前提，因而是社会问题解决的重要基础条件。这种充分的社会关注，并不是在任何时期对任何社会问题现象都可能具备或形成的。对社会上已经存在或发生的种种现象包括社会问题现象，人们予以关注的程度往往并不一致，而且不与社会问题现象本身或对社会的影响程度成正比。一般而言，人们普遍只关心与自己直接有关的，不关心或少关心与自己间接有关的；普遍只关心与自己利益有关的，不关心或少关心与自己利益无关的；普遍只关心眼前发生的，不关心或少关心今后可能发生的；普遍只关心个人、家庭、单位、地区、民族、国家的，不关心或少关心其他的。由此，对同一社会问题，社会成员对其关注的程度必然不一致，关注的内容、出发点也会不一致，故对特定

---

① Richard C. Fuller, "The Problem of Teaching Social Problems", *American Journal of Sociology*, Vol. 44, No. 3, November 1938, pp. 415 – 435. Richard C. Fuller and Richard R. Myers, "Some Aspects of A Theory of Social Problems", *American Sociological Review*, Vol. 6, No. 1, February 1941, pp. 24 – 32.

② Richard C. Fuller and Richard R. Myers, "Some Aspects of A Theory of Social Problems", *American Sociological Review*, Vol. 6, No. 1, February 1941, pp. 24 – 32.

社会问题现象的社会关注可能不充分。因此，解决社会问题需要引导和促使形成充分的社会关注。① 当然，正如雷洪所言，不是任何时期的任何社会问题都会获得充分的社会关注，而形成充分社会关注的过程本身就值得研究。正如富勒所言：

> 因此，社会问题的核心是与人道主义利益的多方利益冲突，将人道主义利益与组织利益联合起来对抗其他人道主义和组织利益。社会学家的工作是孤立和定义这些相互矛盾的价值判断，这就是社会问题的方法（modus operandi）。他必须记录交战的压力集团之间的对抗和合作。他必须揭露在其冲突中阻碍公众解决这个问题的政策问题。他的发现应该会振兴我们的社会控制理论。根据某些利益集团认为他们必须获得的收益和损失，这种分析可以同样成功地应用于我们所有的社会问题。关于汽车死亡应该做什么的讨论取决于某些成熟的压力集团的利益社会问题的教师必须面对如此具体的现实。他不再需要在从技术失业到早发性痴呆等各个方面坚持自己的权威。相反，他的功能将是展示各种社会哲学、概念和禁忌是如何与这些现象有关的。他不需要做社会问题方面的专家，而需要做社会问题社会学方面的专家。②

二 社会问题解决的客观条件

在形成充分的社会关注，并就社会问题解决的必要性达成共识之后，接下来就需要考察解决方案的可行性是否也能达成共识。合理的解决方案必须有坚实的研究基础，从问题的成因到方案的可操作性都要有所考虑，尤其是要考虑施行某一解决方案后可能引发的其他社会后果。社会问题解决的客观条件，主要涉及以下几个方面。③

---

① 雷洪：《社会问题——社会学的一个中层理论》，社会科学文献出版社1999年版，第102—103页。
② Richard C. Fuller, "The Problem of Teaching Social Problems", *American Journal of Sociology*, Vol. 44, No. 3, November 1938, pp. 415 – 435.
③ 雷洪：《社会问题——社会学的一个中层理论》，社会科学文献出版社1999年版，第101—107页。

首先，需要有相当数量的科学研究。人们任何改造客观世界的活动都必须首先认识客观世界现象的本质及其产生、存在、发展的规律性，这是改造客观世界现象的基础。人们对客观世界的认识活动和认识形式多种多样，但科学研究和科学理论是其中最主要的认识活动和最高的认识形式，只有通过科学研究和科学理论，才能达到对客观世界完整的、本质的、理性的认识。因此，任何具体社会问题现象的解决，首先是对这些社会问题要有相应的科学研究，即科学研究达到对这些社会问题现象作出科学解释。这种相当的科学研究表现在：在研究的对象上，包括这些具体社会问题现象的本质社会失调的具体内容、表现形式和社会影响状况；其时间性、空间性、普遍性、社会性、客观性、主观性、社会历史性等一般特征的具体表现；其产生的具体原因、原因的特征及具体作用。在研究的形式上，一般具有较多学科不同角度的共同研究，特别是社会学学科的研究；具有较多学者参与研究，有较多的研究课题，有较长时间的研究。在研究的功能或成果上，能够提供可以说明这些社会问题的丰富的资料，能够提供可以解释这些社会问题规律性的理论。相当的科学研究，是社会问题解决的先导，没有这一条件，解决社会问题的活动失去科学的基础，任何社会问题现象都不可能得以真正的解决。

其次，要对解决方案施行的客观环境进行分析和判断。具体社会问题解决的具体条件不同，而且每一个具体社会问题解决的条件又是多样、复杂的。因此，任何一个社会问题的解决，都需要对解决这一社会问题社会条件作出具体分析和判断，以作为制定和实施解决对策的依据。具体而言：

第一，要分析和判断解决特定社会问题所需要的具体社会条件。肯定解决社会问题的基本社会条件，只是说明为了解决社会问题的一般共性条件。由于诸具体社会问题的产生原因、失调内容、表现形式、社会影响、社会历史特性等均不同，因此解决不同社会问题所需要的具体社会条件或社会条件的具体内容也不同。那么对任何一个具体社会问题的解决，都需对其解决条件的具体内容作出分析和判断。显然，不能通过分析来判断和说明特定社会问题解决的诸种具体社会条件，便无从认识和把握解决特定社会问题的可能性。

第二，分析和判断解决特定社会问题诸具体社会条件的特征和作用。每一个特定社会问题解决的若干个具体条件因素，对于特定社会问题实际解决所起的作用有所不同，即人们为解决社会问题而进行的不同内容、形式的活动，对推动社会问题解决所起的具体作用不同。因此，要分析解决特定社会问题的具体条件，不能不对诸具体条件的具体作用作出判断：(1) 具体条件的具体作用不同。具体条件因素（或人们的具体活动）与社会失调消亡过程的联系特征不同。在解决一个特定社会问题的具体条件中，有些是促使社会失调消亡的直接条件；有些则是促使社会失调的间接条件。(2) 具体条件的具体作用不同。具体条件因素与导致社会失调产生的具体原因之间的关系不同，以及诸种具体条件因素在一定社会环境中的状况不同。在解决一个特定社会问题的诸具体条件中，有些是促使社会失调消亡中起决定性作用的主要条件；有些则是促使社会失调消亡中只有非决定作用的次要条件。解决社会问题的直接条件因素大多可能是主要的条件因素，但直接条件因素并不等于是主要条件因素；间接条件因素大多是次要条件因素，但并不排除其成为主要条件因素的可能。如改变我国传统的生育观念、人口观念是解决人口高速增长的直接条件因素，但并非主要的条件因素。又如，一般而言，住房的分配方式是解决住宅问题的间接条件因素，但在我们目前却是解决住宅问题的主要条件因素之一。

第三，分析和判断解决特定社会问题诸具体条件具备的程度。特定社会问题实际解决的可能性，取决于解决条件要素实际存在的状况或具备的程度。因此分析和判断诸解决条件因素实际存在的状况，是把握解决特定社会问题条件的关键。只认识解决特定社会问题的具体条件因素及其具体作用，而不了解这些条件实际存在的可能性和现实性，并不能为解决社会问题的对策提供实际的基础。引起特定社会问题产生的原因因素与这一社会问题现象是在同一时间和空间存在的，特定社会问题现象与这一社会问题解决条件因素也是在同一时间和空间存在的。因此，对解决特定社会问题诸具体条件实际存在状况的分析和判断，来源于对这一社会问题现象所处的社会环境或社会状况的研究。这一分析和判断的准确性、科学性，取决于对社会状况研究的深入性，掌握研究资料的丰富性、翔实性，研究方法的恰当性、科学性。显然，分析和判断特定社会问题的诸解决具体条件及其作用，如果说应使用抽象方法、逻辑方法进行理论分析，那么分析和判断特定社会问题诸解决条件的实际存在状况，则需使用实证研究或经验研究的方法。

对解决社会问题条件的分析过程，是对社会问题解决的基础或可能性的研究，它是研究解决社会问题的现实性及实施解决过程的重要前提，因而是社会问题得以解决的重要方面。但需要指出的是，解决社会问题的任何条件，只是为解决社会问题提供了可能性，解决条件不是解决社会问题的社会实践本身，而且社会现实中存在或具备的条件，并非都能够以此为基础来确定解决社会问题的对策措施。

最后，需要有足够的社会力量。社会问题须依靠社会力量才能解决，社会力量是指用于解决社会问题的资源和能量。其中资源指消除社会失调可利用的因素，包括自然资源，如自然环境、地下资源等，解决贫困等社会问题特别需要这些资源。资源也包括社会资源，如社会规范、社会制度、社会控制力量、社会信息、社会关系乃至社会文化背景、社会心理状况等。资源还包括物质的资源（如一定的物资设备、生产力水平等）和非物质的资源（如社会管理水平、社会舆论等）。能量是指资源可能被利用于解决社会失调的程度和具体作用，如社会生产的商品对社会需求的满足度，社会规范实际的制约程度、社会舆论对社会成员可能的影响程度，等等。我们肯定社会问题应以社会力量予以解决，但并不意味着任何针对或用于消除社会问题的社会力量都能够使社会问题得以解决。任何社会现象的消长（或产生和消亡），从某种意义上说都是多种社会力量、社会能量相互制约、相互作用和发生消长的结果，各种社会力量、社会能量之间的比较和作用发生变化，才引起相应社会现象的消长发生变化。社会问题的解决过程，即是抑制或消除社会失调的力量与社会失调所固有的力量之间作用的过程，这一过程中抑制或消除社会失调的力量非达到超过社会失调所固有的力量，或用于解决社会问题的资源的能量不足以达到消除社会失调的程度，社会失调现象便不会被消除。因此，一个社会问题现象的解决，必须具备消除这一社会问题现象的足够社会力量，这是社会问题实际得以解决的必要基础和条件。

三 社会问题解决的方针与原则

社会问题的解决是一个复杂的工程，也是一个长期的过程。因此，进行解决社会问题的具体实践之前，需要确立或遵循特定的指导方针与基本原则，作为解决实践活动的计划和方案制订的方向指导。所谓的指导方针，即解决社会问题应当遵循的基本方向和基本路线。朱力将解决社会问题的指导方针归纳为三个方面：（1）坚持国家、社会和群众力量相结合的方针。具体而言，国家政权是解决社会问题的根本力量。国家通过社会管理的方法，为解决重大的社会问题提供物质保证和组织保证，动员全社会的力量来解决面广量大的社会问题。此外，广大人民群众也是解决社会问题的基本力量之一，可以依靠群众互助、群众监督、群众自治、群众自我教育、群众自我管理等多种形式，来预防和解决许多不同的社会问题。（2）坚持物质帮助和精神鼓励相结合的方针。具体而言，在解决社会问题时，一部分社会问题主要依靠物质帮助，但也需要辅以适当的精神支持和思想教育。不同社会问题解决的基础是不同的，但大多数的社会问题往往需要物质帮助与精神支持两者结合，既要从物质上解决，又要从思想上、精神上解决。在解决社会问题中，物质帮助是基础，思想教育和精神支持是辅助方法，但能使物质帮助发挥更大的功能。在一定的条件下，针对一定的社会问题，物质帮助和思想教育的作用、功能会融合在一起，相辅相成，相互促进。（3）坚持整体协调、综合治理的方针。具体而言，社会问题的解决，需要从全社会的发展目标、全社会的利益、全社会的功能来考虑，即需要统一协调，调动全社会的力量。社会问题的复杂性，决定了对社会问题要采取综合治理的办法予以解决。[①]

同时，社会问题的解决需要遵循一些基本的社会原则。这些社会原则是在解决社会问题时所必须遵循的基本思路、指导思想等。雷洪认为，为保证解决社会问题对策措施的科学性、有效性，必须遵循五个最基本或最高的社会原则。之所以在解决问题的过程中要遵循这些基本的或最高的社会原则，因为这些社会原则是迄今为止人类对社会理性的、科学的认识，

---

① 朱力：《当代中国社会问题》，社会科学文献出版社2008年版，第45—46页。

也是人们认识和解决社会问题现象的社会实践的经验总结。

雷洪提出,解决社会问题必须遵循五个最基本或最高的社会原则。具体而言:①

1. 社会规律性原则。所谓社会规律性原则,指社会问题的解决必须符合和遵循社会的规律性。我们肯定和承认社会的存在、发展有着自身内在的规律性,也肯定和坚持人类任何创造世界和改造世界的社会实践,都必须遵循社会的客观规律性。那么,解决社会问题的社会实践活动就要以遵循社会规律为原则。理论上坚持遵循社会客观规律,并不等于在社会实践中就可以把握和遵循社会的规律性。在解决社会问题的过程中坚持社会规律性原则,必须在实践中具体认识和把握诸种社会规律,解决认识和把握规律性所面临的实际问题。贯彻社会规律性原则时,需要注意两个方面:(1) 规律是事物内在的属性,是事物之间固定的联系,它不是可观察、可感知的表面现象本身,而是隐藏在表面现象的背后。因此,把握和遵循社会规律,不是感知、观察社会现象本身,而是发现、认识社会现象内在或背后的联系。(2) 解决社会问题将会涉及社会问题现象自身的规律性、解决条件中的规律性及对策措施中的规律,需要正确把握和运用这三个方面的规律性来确定解决的对策。

2. 社会规范性原则。所谓社会规范性原则,指社会问题的解决必须确定和遵循一定的社会规范。社会规范是人们全部活动的准则,没有这个准则,则无法保证人们活动乃至生存的合理性、协调性、共同性、目的性;社会规范也是任何一个有序社会的重要基础,没有这个基础,社会必将陷入一片混乱之中。因此,社会规范也是人们解决社会问题这种特殊社会实践活动的准则,是可能消除不平衡、不稳定、不和谐现象,达到社会秩序状态之目的的基础。所以,必须将社会规范作为解决社会问题的基本社会原则。坚持社会规范性原则需要注意三方面的要求:(1) 分析待解决的社会问题与现存社会规范之间的关系;(2) 确定解决社会问题中的社会规范;(3) 分析解决社会问题的规范与其他现存社会

---

① 雷洪:《社会问题——社会学的一个中层理论》,社会科学文献出版社 1999 年版,第 109—114 页。

规范之间的关系。任何社会中，只有通过各种内容、各类形式、各个方面的社会规范的协调，才能组成社会规范稳定的系统或体系。确定解决特定社会问题的社会规范，只是一定社会规范体系中部分规范的变动，因此必须考虑和研究这部分规范的变动与现存其他社会规范及一定社会规范体系之间的关系，以保证所确定的解决特定社会问题的社会规范与其他社会规范乃至现存社会规范体系之间的协调，否则将造成社会规范之间新的矛盾、冲突，或者新的失范和失效。

3. 社会公众性原则。所谓社会公众性原则，指社会问题的解决必须有利于维护和谋求社会公众的利益。社会公众的利益，表现为国家利益、民族利益、社会大多数人的利益。维护和谋求社会公众的利益，是指将社会公众的长远的、根本的利益最大化。坚持社会公众利益原则，一是坚持长远利益，合理处理长远利益与现实或短期利益之间的关系；二是坚持根本利益，合理处理具体利益与根本利益之间的关系；三是坚持利益的最大化，合理处理局部利益与社会整体利益之间的关系，保护和发展国家、民族、大多数人的利益。如此，谋求公众利益肯定不是谋求某地区、某群体、某集团、某部分人的某一方面的利益；也并非是谋求和实现社会成员的平均利益。否则，必然是对社会公众长远利益、根本利益和利益最大化的损害。任何社会只可能有均等的机会，而不可能有均等的利益。

4. 社会效益（率）性原则。所谓社会效益（率）性原则，指社会问题的解决必须谋求人们改造世界活动的最大或最高社会效益（率）。社会问题现象对社会的根本影响之一，就是破坏和削减了人们改造世界过程中的能量、效率和效益，相应地，解决社会问题现象的目的之一，便在于保护和加强人们改造世界的能量、效率和效益。因此，解决社会问题的对策和活动，必须以谋求最大或最高的社会效益（率）为基本的原则之一。坚持社会效益（率）性原则，需要注意两个方面的内容：（1）注重社会效率，即谋求解决社会问题活动中所投入的一定能量的最大效果，或者说是社会投入与产出的最大比率，也是人们通常所说的"事半功倍"的效果，就是要以最少、最小的社会资源、社会能量、社会活动，达到最快、最彻底地解决社会失调现象之目的。（2）注重整体社会效益，即谋求解决社会问题的活动中，促使社会各方面的平衡、稳定、和谐和发展，以及公众利益的实现。

5. 社会进步性原则。所谓社会进步性原则，指社会问题的解决必须以推动社会的发展和进步为根本目的。解决任何一个特定的社会问题，即是消除社会中的不平衡、不稳定、不和谐的社会失调现象，而达到这一目的有多种途径和可能性。迄今为止，人类活动的根本目的在于推动社会的发展和进步，那么解决社会问题的对策和活动不仅为了解决某些特定的社会失调，而且也为了并最终为了社会得以发展和进步，因此，有利于社会的发展和进步是解决社会问题时所必须遵循的原则，不能以阻碍或延缓社会的进步来换取社会某方面的平衡、稳定、和谐。坚持社会进步性原则，就是要在解决社会问题的对策和活动中，具体把握社会各方面发展的规律和趋势，扶持、支持、保护新生的、积极的、有价值的事物，摒弃传统中陈旧、落后、保守、消极的事物。

雷洪认为，以上五个基本社会原则，不仅内容不同，而且功能也有差别。具体而言，在解决社会问题中的功能不同，社会规律性、社会公众性、社会效益（率）性、社会进步性原则是目的性的，而社会规范性原则是程序性的。同时，这五个基本社会原则是相互联系、相互依赖和相互一致的。具体而言：遵循社会的客观规律必然会推动社会的发展进步，实现社会的发展、进步必须符合社会的客观规律性；社会公众利益、社会效益（率）是推动社会得以发展、进步的必要前提条件，推动社会发展、进步必须坚持社会公众利益和保证较高的社会效益（率）性；社会规律性、社会公众性、社会效益（率）性、社会进步性均是社会规范的基础和出发点。[①] 当然，我们可以认为这些社会原则所秉持的是客观主义的立场，与社会事实范式、社会批判范式的立场是有密切关联的。遵循这些社会原则，我们将社会问题视为一种客观的社会状况，并能从分析社会问题的过程中找到社会规律，发现推动社会进步的方法，同时兼顾社会效益与人类整体性的利益，这是极为宏大的目标。对于秉持社会行为范式和社会释义范式的理论家而言，这些内容则未必在其研究的目标之中。因为在他们看

[①] 雷洪：《社会问题——社会学的一个中层理论》，社会科学文献出版社1999年版，第115页。

来，重要的是解释而非解决。总体而言，雷洪所归纳的五个社会原则是非常有现实价值和指导意义的。

第三节 合理的对策

"社会如何回应社会问题呢？这个问题把我们带入社会政策的话题，即影响社会如何运行的正式策略。组织，包括政府和社团，制定社会政策来完成工作，解决社会问题。社会学家在发展社会政策方面扮演了重要角色。"① 所以，在确定好社会问题解决的主体、条件和原则后，接下来就是确定具体的应对之策。社会问题的应对之策应当是基于科学分析基础之上的科学措施，这是社会问题得以解决的最直接条件和关键条件。② 因此，社会问题的解决方案不是书卷气的理论罗列或故弄玄虚的统计游戏，也不是模棱两可的推诿之词或陈词滥调，更不是对权贵趋炎附势的迎合。社会问题的研究结论应当是一种新的明确而易于理解的观念。在社会问题的解决方案中必须提供决策所需要的经验性证据。解决社会问题是一项社会工程，需要的不仅是新颖的观念而且必须有与之配套的可操作的工作程序。其中每一道解决社会问题的社会控制和社会管理的工序，都必须建立在经验的实证分析和检验的基础之上。并且，社会问题工程的方案在决策时可以多套预案供参考、比较和选择，但是在方案一旦实施，在操作过程中出于维系政治威权的需要或出于提高解决社会问题的效率的需要，无论社会问题的研究者还是社会政策的应用者都应当支持某个特定的论点或拥护某种立场——意识形态的价值导向功用，以保障整个社会问题解决过程的顺利完成。③ 所谓解决社会问题的对策，是指解决特定社会问题现象的具体措施、办法、程序、步骤、实

---

① John J. Macionis, *Social Problems Fourth Edition*, Census Update, Massachusetts: Prentice Hall Pearson, 2010, p.17.
② 雷洪:《社会问题——社会学的一个中层理论》，社会科学文献出版社1999年版，第104页。
③ 黄忠晶、李弘毅主编:《当代中国社会问题研究》，宁夏人民出版社2001年版，第15—16页。

施主体、目标等的实施计划体系及论证。具体来讲，主要是分析消除和解决社会问题的各种社会条件，研究和说明消除和解决社会问题的社会原则，提出消除和解决社会问题的科学思路，研究和提供消除或解决社会问题可供选择的方案。① 因此，我们可以从内容、特性和实施等角度来看待具体解决对策的合理性。

一 社会问题解决对策的内容层次

社会问题的层次不同，其解决对策的层次亦将不同。所谓的社会问题的层次主要是从其所涵盖的具体范围而言，可以细分为一般性的社会问题和具体性的社会问题。一般性的社会问题，往往通过比较大的主题进行概括，比如人口问题、就业问题、环境问题等。由于这类社会问题的涵盖面比较大，因而针对这类社会问题的对策相对也比较宏观，更多地是方向性的对策，而非具体实操的行动方案。具体性的社会问题，常常会在比较小的概念范围内进行表达，比如人口老龄化、季节性失业、水污染等，针对这类社会问题的对策亦会相对微观，更多的是操作性的方案。

例1：劳动就业问题的解决

刘艾玉认为，要解决或缓解中国的劳动就业问题，必须把提高就业的经济效益和社会效益作为前提条件，以农村就业为出发点，以城镇就业为中心，把农村就业、城镇就业、国内就业及国际劳务输出等作为一个整体进行考虑，逐步建立一种由国家宏观调控、企业自主用工、多种形式并存、全员劳动合同、城乡劳动力统筹组成的适合于社会主义市场经济的新型劳动制度。据此，刘艾玉进一步提出了其所构想的解决方案。②

1. 积极培育和完善劳动力市场

（1）让劳动者和用人单位真正成为具有独立主权的自由人和经济人；

（2）建立和健全失业保障制度，当劳动者失业时，可以保证其基本生活；

---

① 向德平、高飞：《社会问题的成因及解决办法》，载向德平主编《社会问题》（第2版），中国人民大学出版社2015年版，第154页。

② 刘艾玉：《中国的劳动就业问题》，载刘世宁、丁元竹编《走向21世纪的中国社会问题》，四川人民出版社1997年版，第109—115页。

（3）建立和健全职业教育和培训制度；

（4）建立和健全高效率的劳动交易组织，其职能是搜寻和处理劳动供求的信息，确定劳动契约的合适关系等；

（5）建立和完善社会流动机制。

2. 加强和完善宏观调控体系

（1）完善人口生育调控；

（2）完善对劳动力的市场调控；

（3）对劳动力的国际交流进行调控；

（4）以税收和法规来完善收入分配制度，使收入能够反映劳动者的投入，反映用人单位对一定质量的劳动力的需求；

（5）完善社会保障制度；

（6）完善产业平衡调控。

3. 拓宽就业渠道，扩大就业容量

（1）继续调整就业的所有制结构和产业结构；

（2）从多层次全方位来拓宽农村劳动力的就业空间；

（3）积极发展外向型经济。

例2：季节性失业问题的解决

沈兵调查发现，新疆大部分地区无霜期短，一年只能从事一季的农作物种植，且新疆地理位置相对偏远，农民在农闲时期大多不会选择外出打工。因此，存在农民季节性失业的问题。沈兵基于昌吉地区的调查，分析了农民季节性失业的原因及其对当地社会造成的影响，进而提出解决的对策。①

1. 从促进农民增收方面考虑解决农民季节性失业问题

（1）鼓励农民兼业经营；

（2）鼓励农民在农闲时间从事畜牧养殖业；

（3）组织农民在当地从事手工业生产经营活动；

（4）组织技能培训，鼓励农民在农闲时间到周边城市或小城镇打工；

（5）发展农产品深加工业；

---

① 沈兵：《新疆昌吉地区农民季节性失业现状分析》，《合作经济与科技》2016年第9期。

（6）完善农村金融体系，增加对农民的金融帮扶。

2. 从提升季节性农民生活质量方面解决季节性失业问题

通过加强农村文化设施建设，在农闲季节组织农村基层文化活动来改善赋闲在家农民的生活质量。在冬季应组织农民参与集体文化娱乐活动，引导农民开展健康的个人娱乐活动与健康的生活习惯。如组织农民群众参加舞龙、舞狮、篮球、足球、滑冰、滑雪等集体体育活动，集体读书、看科技宣传片等学习活动，以及戏曲、舞蹈等文化活动。通过集体活动丰富农民的冬季生活，让他们与城镇居民一起共享国家经济发展、文化发展的成果。

由此可见，一般性社会问题的解决对策是十分全面的，且更为抽象，而具体性的社会问题的解决对策则十分细致，且更具有专门性。因此，在提出对策方案时必须考虑所分析的社会问题的层次。此外，在现有的关于社会问题解决对策中，其内容也存在两个风险：一是解决对策的同质化；二是解决对策的简洁化。社会问题解决对策的同质化，表现为针对同类型或者不同类型的社会问题时，相关研究者给出的对策是极为相似的。之所以会如此，或者是因为研究者未进行足够深入的调查分析，采用的是一般性的"放之四海而皆准"的"对策模板"；或者是因为研究者们已经就特定的社会问题的解决方案达成了共识。社会问题解决对策的简洁化，则表现为针对某一具体的社会问题，相关研究者很少讨论解决对策，或者将解决对策置于相对次要的位置，而将社会问题的解释作为核心内容。如果简洁化体现的是不同研究者的研究兴趣和研究目标的差异，那么同质化则反映出相关研究者更倾向于方向性的解决对策而非操作性的解决方案。社会问题解决对策的提出，是一项复杂的工程，因此要基于细致的研究而做出合理的决策，提出合理的解决对策。

二 提出合理的社会问题解决对策

正因为相关研究者所提出的解决对策存在同质化、简洁化的风险，所以提出合理的社会问题的解决对策才显得尤为重要。一般而言，并不是任何措施、办法乃至方案都可以使社会问题得以解决，而那些具有科学性、操作性、可行性、可选择性和评估性的对策方案才能真正解决社会问题，

才是合理的解决对策。具体而言：①

1. 科学性

一个非盲目性、非随意性、非片面性的解决社会问题的对策方案，其根本特征在于其科学性，体现在：对策方案建立在对需解决社会问题现象的科学认识及对该社会问题解决条件正确分析判断的基础上；对策方案遵循和体现解决社会问题的诸基本社会原则，并有一定的理论依据；对策方案具有内容的完整性的内在逻辑性。

2. 操作性

对策方案并非是一些认识、分析、判断、原则、理论和思路本身，而是具体活动方式的计划，或是实现社会问题解决一系列基础、条件、原则、思路的操作化的形式。对策方案的内容应是具体的、可操作的，应包括解决社会问题的可操作化的活动规范，即法律、政策、规章等；活动方式操作化，即明确措施、办法、组织机构、实施主体等；活动过程操作化，即程序、步骤、时间等；活动目标操作化，即对策各阶段和最终应达到的具体状态。

3. 可行性

对策方案的内容虽能做到具体和具有操作性，但作为活动的实施计划仍是人们活动的主观蓝图，而主观蓝图并非都能成为现实的活动，例如不可能一夜之间造成有利于解决某个社会问题的广泛的社会舆论，不可能为了解决某个社会问题在短期内颁布和执行一个法律，等等。因此，解决社会问题的对策方案必须具备其执行或实施的可能性、可行性基础或条件，否则就犹如医生开列的可有效治病、但买不到药的药方。

4. 可选择性

一般而言，实现一种具体的社会目标，具有多种活动方式、途径或可能性，就如同治疗一种疾病可能有几种有效的药品和治疗办法。社会问题的解决，就其解决的对策而言也有多种可能性，即解决一个具体的社会问题现象，有多种可行的措施、办法和方案，由于社会各方面的相互联系

---

① 雷洪：《社会问题——社会学的一个中层理论》，社会科学文献出版社1999年版，第116—117页。

性，解决社会问题的不同对策将对社会产生不同的影响，并对解决特定社会问题具有不同的力度及相对不同的效果。因此，解决社会问题对策方案的若干具体内容，应具有一定的多样性、可比较性、可选择性。在对若干可能解决对策的比较中，才可能选择、确定最为适合实际情况的对策。

5. 评估性

检验真理的根本标准是社会实践，解决社会问题方案的科学性最终需要由社会实践来检验。但是已有的科学和社会实践经验都能对人们主观活动的计划进行评估。为避免解决社会问题过程中可能的盲目性、随意性、片面性，社会问题解决对策方案必须具有自我评估的内容，即对待解决问题剖析的程度，解决条件分析、判断准确的程度，措施、方法、程序、目标的可操作性程度、合理性程度和可行性程度的分析和评估，以及对实施对策方案可能的结果的预测。评估性是一个科学的对策方案必须具有的特征。

三 社会问题解决对策的实施过程

社会问题的解决是一个艰难而复杂的过程。因为任何社会问题的形成都不是一朝一夕的，而是长期累积的，是各种因素的结合，因此要解决它不能依靠一次性的突击，只能依靠逐渐地疏导来消融不利因素。[①] 从具体对策实施过程来看，社会问题的解决过程具有反复性、持续性等特征。具体而言：

（一）社会问题解决对策实施的反复性

一般而言，随着时间的变化，社会问题的内容会发生变化，而解决对策也会随之调整。而社会问题解决对策的反复性，表现为针对特定社会问题的解决对策随着时间的变化会得到重复的采用。我们以离婚问题的相关解决对策为例来进一步说明这个问题。

1950年颁布施行的《中华人民共和国婚姻法》第十七条规定，男女双方自愿离婚的，准予离婚。男女双方自愿离婚的，双方应向区人民政府登记，领取离婚证；区人民政府查明确系双方自愿并对子女和财产问题确有

[①] 朱力：《当代中国社会问题》，社会科学文献出版社2008年版，第49页。

适当处理时，应即发给离婚证。男女一方坚决要求离婚的，得由区人民政府进行调解；如调解无效时，应即转报县或市人民法院处理；区人民政府并不得阻止或妨碍男女任何一方向县或市人民法院申诉。县或市人民法院对离婚案件，也应首先进行调解；如调解无效时，即行判决。① 此法律尊重离婚自由的权利，但是对于自愿离婚要由区人民政府进行审查，而单独一方提出离婚则必须由区人民政府进行调解，如果调解无效则需要有同级或上一级人民法院进行先调解后判决的处理。可见，这一时期，离婚的过程受到行政力量的干预，这对于婚姻关系的存继是有加强的保障作用的。

1981年1月1日起施行的《中华人民共和国婚姻法》："男女双方自愿离婚的，准予离婚。双方须到婚姻登记机关申请离婚。婚姻登记机关查明双方确实是自愿并对子女和财产问题已有适当处理时，应即发给离婚证。"（第二十四条）"男女一方要求离婚的，可由有关部门进行调解或直接向人民法院提出离婚诉讼。人民法院审理离婚案件，应当进行调解；如感情确已破裂，调解无效，应准予离婚。"（第二十五条）② 此法律尊重离婚自由的权利，同时放松了对离婚过程的管控，自愿离婚是向婚姻登记机关申请，经查明是自愿且处理好子女和财产关系后可以发放离婚证。对于单独一方提出离婚的情况，由强制调解，变成了可选择性的调解。这些举措极大地提高了男女双方的离婚自由。2001年修正的《中华人民共和国婚姻法》在离婚的规定上，和1981年的版本基本没有出入，都是充分保障了男女双方的离婚自由。

1994年民政部颁布施行的《婚姻登记管理条例》除对于遵从婚姻法的基本规定外，对离婚登记做出了一些硬性规定，其中最为突出的是第十六条：婚姻登记管理机关对当事人的离婚申请进行审查，自受理申请之日起一个月内，对符合离婚条件的，应当予以登记，发给离婚证，注销结婚证。当事人从取得离婚证起，解除夫妻关系。③ 这一条规定表明了国家对于双方自愿离婚的严格管控。男女双方的离婚申请要接受婚姻登记机关的

---

① 《中华人民共和国婚姻法》，《陕西政报》1950年第2期。
② 《中华人民共和国婚姻法》，《中华人民共和国国务院公报》1980年第13期。
③ 《婚姻登记管理条例》，《四川政报》1994年第9期。

审查，且审查期最长为一个月，只有通过审查的才能发放离婚证，解除婚姻关系。2003年颁布施行的《婚姻登记条例》则对于离婚登记做出了新的规定，其中第十三条明确规定：婚姻登记机关应当对离婚登记当事人出具的证件、证明材料进行审查并询问相关情况。对当事人确属自愿离婚，并已对子女抚养、财产、债务等问题达成一致处理意见的，应当当场予以登记，发给离婚证。① 此时的男女双方自愿离婚的申请是当场审核，当场登记，当场发放离婚证。这一新条例的颁布，使我国的离婚登记变得十分方便、快捷，同时也使冲动性离婚的数量快速增长，且协议离婚数首次超过了诉讼离婚。

2021年1月1日起施行的《中华人民共和国民法典》关于离婚登记做出了新的要求，其中第一千零七十七条规定：自婚姻登记机关收到离婚登记申请之日起三十日内，任何一方不愿意离婚的，可以向婚姻登记机关撤回离婚登记申请。前款规定期限届满后三十日内，双方应当亲自到婚姻登记机关申请发给离婚证；未申请的，视为撤回离婚登记申请。② 此时的法律规定对自愿离婚做出了比较严格的管理。自愿离婚的，在提交离婚申请后并不能当场立即领取离婚证，而是必须要经历一个三十日的"离婚冷静期"，且在这个期限内如果有一方不愿意离婚，可以向婚姻登记机关撤回。同时，在完成三十日的"离婚冷静期"，男女双方需要再次申请发放离婚证，否则离婚登记申请将被撤回。对于单独一方申请离婚的，当事人可以选择调解或诉讼的方式申请离婚，而无须经历三十日的"离婚冷静期"。

"离婚冷静期"的设置使得解决离婚问题的对策又回到了1994年的《婚姻登记管理条例》的思路上来。国家对离婚问题的解决对策经历了"严—松—严—松—严"的过程。这体现出解决同一个社会问题的对策会随着时间的变化而得到重复使用。之所以会出现这种变化，主要在于社会问题的内容发生了变化。20世纪50年代解决离婚问题的目标在于破除落后的婚姻制度，充分保障妇女的合法权益。改革开放之后的离婚问题其焦点在于不断攀升的

---

① 《婚姻登记条例》，《人民日报》2003年8月19日。
② 《中华人民共和国民法典》，《中华人民共和国全国人民代表大会常务委员会公报》2020年第S1期。

离婚率已经影响社会秩序的稳定和国家的发展,因此国家才会做出相应的对策并及时调整。相应地,我国对于人口问题的解决也是经历了从鼓励生育到限制生育再到鼓励生育的过程。人口政策调整的原因也在于人口问题的内容已经发生了变化,曾经过高的生育率变成了低生育率,曾经较为年轻的人口年龄结构变成了人口年龄结构不断老化的现实压力。

(二) 社会问题解决对策实施的持续性

社会问题的解决不是毕其功于一役的短期工作,而是一个长期的过程。也就是说,社会问题的解决对策则表现出阶段性的特征。一般而言,社会问题的解决过程可以分为治标和治本两个阶段。在不同的阶段,所采用的解决对策是不同的。在治标阶段,其目标是遏制社会问题的发展。在这一阶段,政府的有关部门将动员社会各方面的力量,集中力量来抑制社会问题的继续恶化。在治本阶段,其目标是在阻止社会问题恶化的基础上进一步治理社会问题。在这一阶段,所采取的主要对策是消除产生社会问题的因素,瓦解产生社会问题的条件。[①] 从治标阶段到治本阶段,并不是一蹴而就的,而是有着极大的鸿沟,需要持续的努力。因此,社会问题的解决对策具有持续性,对策的内容则会根据问题的新变化而有所调整。我们可以犯罪问题的治理为例来进一步解释。

自1949年以来,我国经历了五次犯罪高峰。前三次发生在改革开放前三十年,后两次发生在改革开放后的年代里。每次犯罪高峰,都有不同的社会历史背景,都有不同的犯罪特点和规律。具体而言:[②]

第一次犯罪高峰是在新中国成立初期,顶峰为1950年,当年立案53.1万起。当时,中央及时地采取"镇反""肃反""禁毒""三反""五反"等有力措施,短短几年,埋葬了旧中国长期存在的娼妓制度,基本禁绝了横行中国一百余年的烟毒灾害。这次来势凶猛的犯罪浪潮,很快便灰飞烟灭了,随之出现了社会安定的良好局面。从1952年到1960年,年发案数一直保持在20万—30万起,"平安无事了",在当时绝不是一句戏话。

---

① 朱力:《当代中国社会问题》,社会科学文献出版社2008年版,第49页。
② 曹凤:《第五次高峰——当代中国的犯罪问题》,今日中国出版社1997年版,第3—14页。

第二次犯罪高峰发生在1959—1961年，顶峰为1961年，当年立案42.1万起。从犯罪类型上看，以侵财犯罪居多，主要表现为盗窃粮食、耕牛、农具等生产资料，以及诈骗和投机倒把等。根据公安部统计，1961年凶杀案件占全部案件的1.99%，诈骗案占1.56%，投毒案占0.6%，抢劫案占1.7%，强奸案占1.0%，盗窃案占81%。其中，盗窃案从第一次刑事犯罪发案高峰的58.4%上升至81%，上升幅度最大。从作案成员分析，第二次犯罪高峰具有"两个抬头"与"两个减少"的特点。"两个抬头"，是指青少年犯罪逐步抬头，新生的刑事犯罪分子与蜕化变质分子犯罪逐步抬头；"两个减少"，是指反动分子和敌对势力作案相对减少，中老年犯罪分子作案相对减少。1961年的第二次犯罪高峰则更多地是以新生的、蜕变的犯罪为主。面对第二次犯罪的浊浪，党中央及时采取了以调整为中心的"调整、巩固、充实、提高"的方针，治安秩序很快转好，刑事案件迅速回落，很快转入了社会治安的黄金时期。数据资料显示：1964—1966年平均发案率为万分之三，不少地区出现"路不拾遗，夜不闭户"的景象，堪称我国社会治安的黄金时期。

第三次犯罪高峰发生在1966—1976年，犯罪高潮在1973年达到顶峰，当年立案53.5万起。这是在特殊历史时期出现的特殊犯罪高峰。仅经过全国法院系统纠正的冤假错案就有31万余件，涉及当事人32.6万余人。此外，在当时环境下，聚众斗殴，拦路、入室抢劫，流氓滋扰等刑事犯罪活动也十分突出。1976年10月以后，经过拨乱反正，公安工作步入正轨，治安秩序逐步得到恢复，才结束了这次特殊历史背景下的特殊犯罪浪潮。

第四次犯罪高峰从1978年开始，1981年达到顶峰，当年立案89万起，发生在20世纪七八十年代交错之际，随着改革，社会由封闭转向开放，由静态转为动态，由慢节奏转为快节奏，引起了社会道德、价值观念、利益结构的倾斜、失落和变化，再加上社会控制力的急剧减弱，以及"文化大革命"带来的严重后遗症，从而使犯罪活动进入高发期。从犯罪类型看，以强奸、流氓、抢劫、盗窃等骚扰型案件最为突出。从当时抓获的成员看，14—25岁的青少年案犯占70%—80%。全国各级政法机关根据《严厉打击严重刑事犯罪活动的决定》《关于严惩严重危害社会治安的犯罪分子的决定》，开展了"三年为期、三个战役"的"严打"斗争。这一

"严打"战役,在1984年收到了明显的效果。当时无论是重大案件,还是整体发案率,均出现不同程度的下降。应该说,一时间很有效地刹住了犯罪分子的嚣张气焰。据有关部门统计,"三个战役"共查获强奸、抢劫、盗窃、流氓等类团伙19.7万余个,破获了一批久侦未破的案件,依法惩处了一大批重大案件的罪犯,以及犯罪团伙的头目和骨干分子,治安形势为之改观。一些公共场所的流氓滋扰、欺行霸市、结伙斗殴、调戏妇女等现象明显减少,群众安全感重新增强。

第五次犯罪高峰是在改革开放逐步深入扩大,商品经济迅速发展,各种社会矛盾明显暴露,诱发犯罪的因素明显增多的背景下出现的。第五次犯罪高峰,时间持续之长,案件上升幅度之大,犯罪类型、手段之繁多,危害之严重,都是前几次犯罪高峰所不能比拟的。1985年的发案率竟是1979年以前的四倍。1986年立案数是54万起,1991年陡然上升到236万起。进入90年代,犯罪像洪峰一样逐年上涨,90年代中期发案率上升到80年代前半期的八倍,而且居高不下。峰顶应该是1995—1996年第一季度。

经过多年的努力,我国的犯罪高峰已经过去,犯罪率总体保持在较低水平,犯罪问题的治理成效突出。但是,犯罪问题仍然是需要持续解决的社会问题之一。进入21世纪,特别是党的十八大以来,我国针对犯罪问题的治理力度不断提高,治理成效显著。2018年中共中央、国务院发出《关于开展扫黑除恶专项斗争的通知》,明确提出:针对当前涉黑涉恶问题新动向,切实把专项治理和系统治理、综合治理、依法治理、源头治理结合起来,把打击黑恶势力犯罪和反腐败、基层"拍蝇"结合起来,把扫黑除恶和加强基层组织建设结合起来,既有力打击震慑黑恶势力犯罪,形成压倒性态势,又有效铲除黑恶势力滋生土壤,形成长效机制,不断增强人民获得感、幸福感、安全感,维护社会和谐稳定,巩固党的执政基础,为决胜全面建成小康社会、夺取新时代中国特色社会主义伟大胜利、实现中华民族伟大复兴的中国梦创造安全稳定的社会环境。[①] 截至2020年4月底,

---

① 《中共中央 国务院发出〈关于开展扫黑除恶专项斗争的通知〉》,http://news.china.com.cn/2018-01/24/content_50293318.htm,访问日期:2022年8月1日。

全国共打掉涉黑组织 3120 个，涉恶犯罪集团 9888 个，刑拘犯罪嫌疑人 388442 人，立案查处涉黑涉恶腐败和"保护伞"67190 人。① 三年的专项行动，有力地打击了黑恶势力，促进了社会生态和政治生态、经济生态的改善。

在扫黑除恶专项斗争取得重大胜利后，2021 年 5 月 20 日中共中央办公厅、国务院办公厅印发《关于常态化开展扫黑除恶斗争巩固专项斗争成果的意见》，持续推进扫黑除恶斗争。文件明确要求：持续保持对黑恶势力违法犯罪的高压态势，形成有效震慑。坚持网上与网下相结合，准确掌握涉黑涉恶犯罪新动向，不断加强行业领域监管和专项整治，与反腐"拍蝇"、加强基层组织建设结合起来。② 涂尔干认为："一切社会学现象也同生物学现象一样，可以在保持其本质的条件下因情况不同而采取不同的形态……那些具有最普遍形态的事实为正常现象，称其他事实为病态现象或病理现象。如果把以最常见的形态最平凡地出现于同一种内的属性归纳为一个整体，即归纳为一种抽象的个性，将由此得到的假设的存在称为平均类型，那么，就可以说这个平均类型是正常类型，而一切不符合健康标准的现象都是病态现象。"③ 因此，犯罪是不符合健康标准的病态现象，而一定水平的犯罪率则是属于平均类型的正常类型。人类始终要和犯罪现象作斗争，将犯罪率降低到平均类型之下。而黑恶势力的组织形态、方式手段会随着国内外形势的变化而呈现出新的变化、新的特征，这就要求专项斗争要持续下去。

总而言之，解决社会问题的社会实践活动需要一个整体的思考，社会问题的实际解决是一个完整的过程。④ 当然，从全人类的角度来看，我们可以了解埃尔伍德（C. A. Ellwood）的告诫："解决社会问题，不要超人的

---

① 《全国已打掉涉黑组织 3120 个，涉恶犯罪集团 9888 个》，http://www.gov.cn/xinwen/2020-05/19/content_5513085.htm，访问日期：2022 年 8 月 1 日。

② 《中办 国办印发〈关于常态化开展扫黑除恶斗争巩固专项斗争成果的意见〉（附解读）》，https://m.thepaper.cn/baijiahao_12828008，访问日期：2022 年 8 月 1 日。

③ [法] E. 迪尔凯姆：《社会学方法的准则》，狄玉明译，商务印书馆 2007 年版，第 73—74 页。

④ 雷洪：《社会问题——社会学的一个中层理论》，社会科学文献出版社 1999 年版，第 117—118 页。

智慧，也不要超人的品格……社会问题自然不能有永远的解决。在一个变迁的世界里，每个时代，必然有新问题发生，只有这些新问题可以在那时代解决。我们所求的，不是静的解决，但是求几条原理，可以指导我们寻出对于人与人的关系合理的支配。"① 同时，对策的提出还要接受现实条件的检验和开展具体的效果评估。如何评估我们所提出的政策，是一项复杂的工程，但是至少我们必须回答和解决三个难题：（1）我们如何测量"成功"？测量任一政策或项目的方式并不止一种。（2）政策或项目的成本是多少？我们生活在一个预算有限、相互竞争优先事项的世界里，所以政策评估意味着要权衡结果的成本。（3）谁应该获得帮助呢？在评估一项社会政策时，另一个关键问题是该政策应该为谁提供援助。② 同时，社会政策也受到经济、政治、社会和文化等多方面因素的影响，这给我们解决社会问题提出了更多的挑战。因此，我们需要在对社会问题进行充分研究的基础上，根据现有的社会条件，遵循相应的社会原则，提出合理的解决对策，不断评估政策的具体效果和后果，持续地推动社会问题的解决。

---

① ［美］C. A. 埃尔伍德：《社会问题：改造的分析》，王造时、赵廷为译，商务印书馆1922年版，第185—186页。

② John J. Macionis, *Social Problems Fourth Edition*, Census Update, Massachusetts: Prentice Hall Pearson, 2010, pp. 17 – 18.

第八章
结语：迈向一种社会问题的社会学

早在半个世纪前，默顿在与尼斯贝特合编的《当代社会问题》的序言中就直接提出"一种综合性的社会问题理论至今并不存在，尽管这一理论也许正在形成中"[①]。贝斯特也持相似的看法，"社会学家既不可能发展出社会问题的一般理论，也不可能发展出越轨的一般理论，直到他们能够解决定义的问题，这个问题构成了讨论这两个概念的基础"[②]。但是，默顿仍提出了一种乐观的期待："即使社会学家还远没有提出统一的、有力的、包容一切的社会问题的理论，但是他们已有了关于社会问题的一种基本的理论取向。相近的社会学观点和相近的社会学分析程序，正被用于大部分极不相同的社会问题研究。如果说还没有一个理论能对社会问题中所出现的所有重要难题加以解释的话，但至少已有了一种社会学的观点，以此可说明一些相关的难题，并且有时在一定程度上还可提供尝试性的答案。"[③] 20世纪70年代以后，社会问题的建构论开始兴起。1973年，基特苏斯和斯柏科特对既有社会问题研究的主要理论和方法进行了梳理和分析，提出了社会问题的新定义，即社会问题是一种表达不满的社会过程或社会活动而非一种客观的社会状况本身，由此进一步提出"迈向一种社会问题的社会

---

① Robert K. Merton,"Preface" In *Contemporary Social Problems Third Edition* Edited by Robert K. Merton and Robert Nisbet, Harcourt Brace Jovanovich Inc., 1971.

② Joel Best,"Theoretical Issues in the Study of Social Problems and Deviance", *Handbook of Social Problems: A Comparative, International Perspective*, Edited by George Ritzer, Thousand Oaks, Calif.: Sage Publications, 2004, p. 26.

③ [美] 罗伯特·金·默顿：《社会研究与社会政策》，林聚任等译，生活·读书·新知三联书店2001年版，第52页。

学"(toward a sociology of social problems)。① 几十年来,"社会问题社会学"这一概念得到了诸多学者的认可和使用,产生了相当丰富的研究成果,编写了风格各异的相关教材。事实上,在社会问题社会学被明确提出之前,社会问题研究早已是社会学的重要领域之一,伴随社会学的发展而不断成长、丰富和扩展。本书前七章所介绍的相关内容,毫无疑问可以归属到社会问题社会学范畴,而当本书进入尾声,我们有必要对社会问题社会学作进一步的梳理,进而提出推进这一分支学科的展望。

第一节 社会问题研究的发展史

费孝通认为,对于社会问题的研究而言,社会学具有一种"工具性价值":"社会学是一种具有'科学'和'人文'双重性格的学科,社会学的科学性,使得它可以成为一种重要的'工具',可以'用'来解决具体的问题,比如预测一个社会的发展走向,调查一个群体的态度行为,分析某个社会组织的运行机制,解决某个紧迫的社会问题等。"② 而作为社会问题的研究者,想要追溯"社会问题"的出现时间,是一件非常有趣,却也极为困难的事情。通过搜索,可以追溯一篇极早的英文文献。1881 年 12 月在《英国医学杂志》(*British Medical Journal*)上发表了一篇名为"一个严重的社会问题"(A Grave Social Problem)的文章。文章开篇提道:"在现代,最棘手的和最重要的社会问题之一就是决定应该在多大程度上警告儿童注意某些形式的罪恶,他们中的许多人似乎几乎不可避免地会受到这些罪恶的诱惑。"③ 次年 2 月,英国福伊尔学院校长莫里斯·希姆(Maurice C. Hime)发表了同名文章,并指出其所在的学校里存在的一个不好的现象:自我放纵。这位校长对学校的男学生这样说道:"男孩们,让我感

---

① John I. Kitsuse and Malcolm Spector, "Toward A Sociology of Social Problems: Social Conditions, Value-Judgments, and Social Problems", *Social Problems*, Vol. 20, Issue 4, Spring 1973, pp. 407 – 419.

② 费孝通:《试谈扩展社会学的传统界限》,《北京大学学报》(哲学社会科学版)2003 年第 3 期。

③ "A Grave Social Problem", *The British Medical Journal*, Vol. 2, No. 1092, December 1881, pp. 904 – 905.

到极为忧虑的是,你们中的许多人养成了这种恶习——一种秘密的、独处的、可怕的恶习——如果持续下去的话,一定会不可避免地毁掉你们的灵魂、思想和身体,普遍的经验告诉了我们这一点。你们的今天和未来的幸福会被我所说的自我放纵毁掉。"① 1884 年,查尔顿(T. J. Charlton)在《一些社会问题及其解决方案》(Some Social Problems and Their Solution)一文中指出,"我在里福姆学校工作方面的经验使我相信,为了防止毁灭我们的孩子,我们需要进行几次改革。首先是童工,特别是在街头和仓库周围出现的童工应该要立法禁止"②。作为医学类的期刊,关于儿童的成长问题得到了足够的关注,而那些伤害儿童身心的现象或者使儿童偏离正常规范的行为习惯则被视为社会问题。在中文世界,我们能找到的早期文献是在 20 世纪 20 年代。1920 年,李达翻译的日本学者高畠素之的著作《社会问题总览》出版。在这本书里,高畠素之将社会问题分为广义和狭义两个层次:"广义的社会问题是关系社会全体的问题,狭义的社会问题,是产业制度下底劳动问题。"③ 同一时期,一方面国内学者大量翻译国外作品引介社会学与社会问题;另一方面一些本土性研究也开始兴起,而且部分学术刊物开始发表关于社会问题的相关成果。比如,无锡学会在 1931 年创刊了《无锡学会会刊》,这份刊物的创刊号发表了江毓中的文章《关于社会问题的研究》。④ 新中国成立之初,《科学通报》在 1955 年发表了《亚洲国家会议关于社会问题的会议》。文中提道:"本会议认为,不能脱离对国家的政治、经济和社会的背景情况的研究而孤立地来研究妇女和儿童的情况……我们要求全体亚洲妇女为争取铲除殖民主义和战争而努力,因为只有在增进和平的情况下,妇女和儿童才能够享受完全的权利。"⑤ 通过知网文献搜索发现,改革开放以后,这一重要领域随着社会学学科的恢复重建而日益发展起来。

---

① Maurice C. Hime, "The Grave Social Problem", *The British Medical Journal*, Vol. 1, No. 1101, February 1882, pp. 175 – 176.
② T. J. Charlton, "Some Social Problems and Their Solution", *Educational Weekly*, Vol. 2, Issue 9, March 1884, pp. 4 – 5.
③ [日]高畠素之:《社会问题总览》,李达译,1920 年版,第 1 页。
④ 江毓中:《关于社会问题的研究》,《无锡学会会刊》1931 年(创刊号)。
⑤ 《亚洲国家会议关于社会问题的会议》,《科学通报》1955 年第 5 期。

社会问题导论

社会学自19世纪30年代创立以来，形成了诸多的分支学科，诸如青年社会学、家庭社会学、城市社会学、性别社会学等，而社会问题已经成为社会学中一个日益重要的研究领域。就美国而言，早在1905年就成立了美国社会学协会（The American Sociological Association），经过半个世纪的发展，美国社会问题研究协会（the Society for the Study of Social Problems）终于在20世纪50年代成立。成立初期，美国社会问题研究协会时任会长欧内斯特·伯吉斯（Ernest W. Burgess）（任期为1952—1953年）在《社会问题》杂志上就明确指出了协会的主要目标：（1）成立美国社会问题研究协会是因为认识到社会问题研究变得日益重要，对于解决所面临的现实问题具有重要价值；（2）弥合社会学理论和社会问题研究之间的差距（虽然二者的差距似乎正在扩大，而不是缩小），通过实际的研究增加对社会学理论的贡献；（3）提高研究的标准，因为对社会问题的研究需要像社会学任何其他领域的研究一样认真注意研究方法和技术的精确使用，还应设计适合所调查情况的新方法，特别是与社会问题研究有关的实验性的评估程序；（4）提高士气，并刺激这一领域工作者的生产力；（5）关注推进社会问题研究者开展研究工作的条件，其中突出的是研究自由和教学自由；（6）促进与相关领域学者的跨学科合作，如人类学、经济学、心理学和社会工作。① 1953年6月1日，该协会开始发行其官方刊物《社会问题》(Social Problems)。这本杂志自我定位为"社会学思想的重要论坛""将有影响力的社会学发现和理论带到了最前沿，这些发现和理论有能力帮助我们更好地理解和更好地处理我们复杂的社会环境"。这本杂志所关注的社会问题主题包括：社区研究和发展；冲突、社会行动和变迁；犯罪和青少年犯罪；残疾；饮酒和药物；教育问题；环境和技术；家庭；全球化；健康、健康政策和健康服务；制度民族志；劳工研究；法律与社会；贫穷、阶级和不平等；种族和少数民族；性行为、政治和共同体；社会问题理论；社会和精神健康；社会学和社会福利；运动、休闲和身体；讲授社会

---

① Ernest W. Burgess, "The Aims of the Society for the Study of Social Problems", *Social Problems*, Vol. 1, Issue 1, June 1953, pp. 2–3.

问题；青年、老年化和生命历程。① 可见，该杂志所关注的社会问题主题是非常广泛的。

在中国，早在20世纪20年代就成立了相关的学术团体。1922年，留美出身的余天休在北京发起并创办了中国社会学会，这是中国最早的社会学专业学术团体，余天休因而成为中国社会学专业学术团体的开创者。②1928年10月29日，孙本文与吴泽霖、吴景超等，发起并成立了"东南社会学会"。1938年2月8日，东南社会学会改组成立"中国社会学社"，由此，全国性的社会学学术组织正式成立。在学术团体的演变过程中，社会问题始终是其中的重要内容。东南社会学会的会章中"宗旨"项规定："本社以研究社会学理，社会问题，并促进用科学方法，研究社会之一般兴趣为宗旨。"而中国社会学社在社章的"宗旨"项则规定："本社以研究社会学理、社会问题及社会行政为宗旨。"③ 可见，社会问题很早之前就进入了中国社会学者的研究视野，同时学者们通过大量的理论和经验分析不断推进这一领域的研究。此外，作为中国社会学社的社刊，《社会学刊》自成立后即成为当时国内社会学界唯一的共同刊物，同时也是解放前社会学期刊中维持最久、学术贡献最大的。《社会学刊》持续登载其时国内社会学者的最新研究成果，数量众多，涉及普通社会学、社会学方法、社会问题、农村社会学与都市社会学、社会事业与社会行政研究、社会思想与社会学史、社会调查报告等各个方面，④ 并介绍国外社会学及其活动，报道中国社会学界的活动，为研究中国社会学提供了宝贵的资料。⑤ 截至1948年10月，中国社会学社共经历9届理事会，举办了9届年会，⑥ 为推动中国社会学的发展发挥了积极作用。20世纪50年代初，我国的社会学在院系调整后被取消，直到改革开放以后才得到恢复重建。1979年，在各方的推动下，"中国社会学研究会"正式成立，由费孝通担任会长，王康为

---

① 《社会问题》杂志官网，https://academic.oup.com/socpro/pages/About，访问日期：2022年8月1日。
② 陈新华：《留美生与中国社会学》，南开大学出版社2009年版，第145页。
③ 郑凯亮：《中国社会学社研究》，硕士学位论文，河北大学，2018年，第34—35页。
④ 郑凯亮：《中国社会学社研究》，硕士学位论文，河北大学，2018年，第90页。
⑤ 程继隆主编：《社会学大辞典》，中国人事出版社1995年版，第850页。
⑥ 郑凯亮：《中国社会学社研究》，硕士学位论文，河北大学，2018年，第53—54、70页。

总干事,并在1982年5月召开年会时正式定名为"中国社会学会"(Chinese Sociological Association)。① 按照官网介绍,中国社会学会是一家"由从事社会学教学、研究的工作者和实际工作者及有关单位自愿结成的全国性、学术性、非营利性社会组织"。截至2018年底,中国社会学会共设立教育社会学专业委员会、农村社会学专业委员会、体育社会学专业委员会、民族社会学专业委员会等41个分支委员会,② 但是并未建立社会问题专业委员会。同时,中国社会学会旗下管理和发行的刊物是《城市社会学专业委员会通讯》《家庭研究通讯》和《农村社会学专业委员会通讯》,并没有发行直接以社会问题为名的官方刊物,而在国内也没有专门研究社会问题的专业性学术刊物,而是分散在不同学术期刊固定或不固定的栏目之中。虽然在社会学一百八十余年的发展中,各国、各地区对社会问题研究的建设方式和方向有所差异,但是可以看到的是社会问题已经成为不同学者的研究旨趣,广泛分布在社会学多元化的成果之中。可以说,社会问题已经成为社会学研究中的重要议题,成为学者们判断某一社会现象危害性质的一个标准的专业修辞。

第二节 社会问题建构论的兴起

20世纪70年代初,社会问题的建构论取向开始兴起。其中,斯柏科特和基特苏斯是代表性人物。他们自1973年开始发表了一系列关于社会问题理论的论文,推动建立社会问题社会学。在他们合著的《建构社会问题》一书中,开篇就提道:"在社会学中,关于社会问题的充分定义是缺乏的,而且社会问题社会学也从来没有出现过。"③ 基于这种判断,二位学者在对前人关于社会问题的基础上,提出了自己的社会问题的概念、理论

---

① 竹民:《中国社会学会》,载中国社会科学院社会学研究所编《中国社会学年鉴1979—1989》,中国大百科全书出版社1989年版,第303页。
② 《中国社会学会分支机构及负责人(2018)》,http://csa.cass.cn/gyxh/zzjg/zywyh/201204/t20120405_1966817.shtml,访问日期:2022年8月1日。
③ Malcolm Spector, John I. Kitsuse, "Social Problems: A Re-Formulation", *Social Problems*, Vol. 21, Issue 2, Autumn 1973, pp. 145–159; Malcolm Spector and John I. Kitsuse, *Constructing Social Problem*, New York: Routledge, 2017, p. 1.

和观点。这种努力，为社会问题社会学开辟了更广阔的道路，也激发了后续一系列的研究成果。多妮琳·洛赛克（Donileen R. Loseke）认为，斯柏科特和基特苏斯形成的对社会问题的社会建构论观点不仅是研究社会问题的根本性突破，而且也可以理解为在社会问题的特定领域之外长期建立和丰富的知识传统的应用。① 约瑟夫·施耐德（Joseph W. Schneider）在1985年所发表的综述性论文《社会问题理论：建构主义者的视角》（Social Problems Theory: The Constructionist View）中指出，"虽然社会问题长期以来一直是社会学关注的话题，但直到布鲁默，特别是斯柏科特和基特苏斯在20世纪70年代早期的工作，一个理论上整合和经验上可行的写作和研究的传统才得到了发展。这一传统的中心命题是，社会问题是人们围绕他们发现的麻烦的状况和行为的定义性活动，包括他人的定义性活动。社会问题是社会建构的"②。随后施耐德对社会问题建构论的相关概念和内容进行了回顾，认为这一新的理论取向为原有的理论取向开辟了新的方向。更为壮观的是，施耐德在文后附录了105篇有关社会问题建构论的研究成果，可见这一研究取向已经蔚然成风。甚至有学者认为，这篇文章的发表，标志着建构主义进入了社会问题理论研究的主流学术研究中。③ 苏国勋认为，建构论的社会问题社会学所表现出来的首要特点就是，这一理论中所提出的"建构"与维特根斯坦对语言游戏（language games）和生活形式（forms of life）的分析一脉相承，从理论上把它引入知识社会学研究，在实践上把它向常人方法学方面引导，成为一种激进的社会研究观点。④

事实上，20世纪70年代社会问题的建构论兴起以来，引发了诸多争论，至今仍未完全达成共识。早在90年代贝斯特就已经梳理了社会问题建构论所遭遇的各类批评。贝斯特认为，社会问题的建构论遭到了相当多的

---

① Donileen R. Loseke, *Thinking About Social Problems: An Introduction to Constructionist Perspectives*, New York: Routledge, 2017, p. 188.

② Joseph W. Schneider, "Social Problems Theory: The Constructionist View", *Annual Review of Sociology*, Vol. 11, No. 1, 1985, pp. 209–229.

③ 闫志刚：《社会建构论视角下的社会问题研究：农民工问题的社会建构过程》，中国社会科学出版社2010年版，第32页。

④ 苏国勋：《社会学与社会建构论》，载中国社会科学院社会学所编《中国社会学》第2卷，上海人民出版社2003年版，第19页。

外部批评，这些批评主要来自客观论者，同时也存在一定的内部分歧。外部批评可以归结为四个方面的主要观点：（1）建构论和客观论是互补的。批评者认为，客观论和建构论只是"同一枚硬币的两面"，这两种理论观点很容易得到调和。（2）相对来说，建构论的主题并不重要。批评者认为，建构论者对作出宣称的关注忽略了一个更重要的问题，即有害的社会状况才是"真正的"社会问题。（3）建构论有道德或政治偏好（bias）。批评者认为，无权者的声音很难被听到，而关注发声、可见的宣称会忽略社会中未被看见的成员们的忧虑。（4）建构论仅仅是暴露问题。批评者认为，建构论者将注意力从社会状况的分析转移到社会成员可能存在或不存在的状况的宣称，因此建构论者的分析只是一种暴露错误的或扭曲的宣称的方法。[1] 而建构论的内部分歧则鲜明地表现为学者们所持的两类立场：严格的建构论（Strict Constructionism）和情境的建构论（Contextual Constructionism）。前者的观点是社会问题的分析应该避免对客观现实做出假设，而应该关注做出宣称者、政策制定者和社会其他成员的观点，并试图去理解这些宣称，而不是对此进行评判。严格的建构论会产生两个极端：其一是认为要避免对社会状况的假定是不可能的，其二则是仅仅停留在揭露问题本身的庸俗的建构论（Vulgar Constructionism）。[2] 而大多数社会问题的建构论者都是在这两个极端之间，即情境的建构论。情境的建构论者认为，他们会对做出社会问题宣称的社会背景做出一定的假定，而且认为理解社会问题的宣称往往取决于对其情境的理解。[3]

斯柏科特，《建构社会问题》一书的作者之一，在该书出版四十年后，发表了一篇《〈建构社会问题〉四十年后》（Constructing Social Problems Forty Years Later）的文章。[4] 文章回顾了这一理论视角的提出历程，梳理

---

[1] Joel Best, *Images of Issues: Typifying Contemporary Social Problems Second Edition*, New York: Routledge, 2017, pp. 338-340.

[2] Joel Best, *Images of Issues: Typifying Contemporary Social Problems Second Edition*, New York: Routledge, 2017, pp. 341-342.

[3] Joel Best, *Images of Issues: Typifying Contemporary Social Problems Second Edition*, New York: Routledge, 2017, pp. 345-346.

[4] Malcolm Spector, "*Constructing Social Problems* Forty Years Later", *The American Sociologist*, Vol. 50, No. 2, June 2019, pp. 175-181.

了相关批评者的立场，并表明了对此持批评观点的成果的态度："从20世纪80年代开始，已经有了大量关于社会问题建构主义方法的批判性文献。总的来说，我不能抱怨这些文章歪曲了我们的方法。所有的作者都支持这种定义性（definitional）的方法。他们自己的研究集中在定义过程的某些部分。"在此基础上，斯柏科特做了反思："《建构社会问题》已经出版四十年了。在许多方面，我们方法上的目标已经实现。每个采用了这种方法的人都成功地只关注了定义过程。没有人会重新开始寻找这些假定状况的原因。可能仍有实证主义者和功能主义者在讲授社会问题，但现在对社会问题过程的研究已经成为一个独立的教学和研究领域。许多遵循这种方法的人都有出色的职业生涯，并创作了大量有趣的作品。回顾过去，我们的一些关键概念可能似乎已经过时了。我们的核心概念——做出宣称的活动，以及作出宣称者是一个社会运动组织的成员或发言人的形象，现在似乎有点过时了。当然，这些作出宣称者和社会运动仍然存在，但时代已经改变了。可以通过社交媒体立即聚集起来的选民和资源已经从根本上改变了社会变革的格局。在《建构社会问题》一书中没有讨论到'病毒式传播'（going viral），但我们现在必须处理它。"展望未来，斯柏科特也有自己的期待："除了讲述单个的社会问题的故事外，我还一直对制度背景，即定义过程的基础设施感兴趣。展望未来，我们应该发现并描述不断演进的创造不同社会问题类别的基础设施，以更好地理解当代社会问题的故事。"最后，作为"过来人"，斯柏科特给年轻的学者或潜在的社会问题研究者提了四点建议。

1. 不要在意那些批判性的文献。不要浪费太多的时间来阅读它。不要引用它。不要对它做出贡献。在开始你的实证研究之前，不要觉得你必须掌握它。不要在争论中偏袒任何一方。不要试图解决这些分歧。不要采用在关于建构主义争议的文献中发现的可怕术语和语言暴行。

2. 研究定义过程的某一部分。只关注定义的过程。抛开其他的研究兴趣。不要试图同时做两件（或更多）的事情。如果你有其他的兴趣，例如在充满争议的某一状况的确切本质或成因上，不要把它与你对社会问题过程的研究结合在一起。

3. 找到一些参与定义过程的团体或机构。把自己和他们联系在一起。

讲述他们的故事。40年前,基特苏斯和我承诺这些故事会很有趣(而且可以出版!),而且他们已经做到了。

4. 要注意,讲述定义性的故事会改变道德话语。如果你的研究做得很好,你也会被道德困境"困扰"。这是难免的。尽量抵制和避免做出那些"合理的"和包容的声明。

经过多年的发展,作为社会学分支学科之一的社会问题社会学真的确立起来了吗? 2002年,贝斯特在回顾了由斯柏科特和基特苏斯出版《建构社会问题》后的二十五年间的相关成果,并对社会问题的建构论提出了梳理和评价后,明确指出:"很大程度上归功于斯柏科特和基特苏斯,一门具有条理性的社会问题社会学出现了,但是这门分支的未来将取决于视角的扩展,也许取决于所触及的对社会问题理论的兴趣不如社会问题现象的社会学学科的其他部分。"[1] 苏国勋对此持肯定性的评价:"社会建构论的核心命题——建构的社会问题(constructive social problems)不但极大地改变了原来的社会问题研究的视角,而且也为一门逐渐形成的社会问题社会学(sociology of social problems)的确立提供了理论—方法基础。"[2] 事实真的如此吗? 情况似乎并非如此乐观。关于社会问题的建构论和社会问题社会学的争论仍在继续。

对于相关争论,我们可以举一个例子。1973年,韦斯特许斯(Kenneth Westhues)提出,社会问题社会学有三种不同的取向(approach),这三种取向虽然都合理地运用了社会科学的理论和方法,但也都有其独特的社会问题定义方式、优缺点、效用和偏见。同时,为了进一步说明这三种理论取向的差别,韦斯特许斯通过列举五个具体的社会问题的简要分析来呈现(如表8-1所示)。具体而言:[3]

1. 社会解组取向。这一取向将社会问题定义为不能适应特定社会的结

---

[1] Joel Best, "Constructing the Sociology of Social Problems: Spector and Kitsuse Twenty-Five Years Later", *Sociological Forum*, Vol. 17, No. 4, December 2002, pp. 699–706.

[2] Joel Best, "Constructing the Sociology of Social Problems: Spector and Kitsuse Twenty-Five Years Later", *Sociological Forum*, Vol. 17, No. 4, December 2002, pp. 699–706.

[3] Kenneth Westhues, "Social Problems as Systemic Costs", *Social Problems*, Vol. 20, Issue 4, Spring 1973, pp. 419–431.

构的现象，是一种令某些行动者（actor）不满意的社会现象。遵循这种取向的社会学家将社会概念化（conceptualizes）为一个有序的结构或系统，所以不适应这一系统的就是社会问题。社会学家们自己根据对身边的社会的结构的专业分析来决定什么是社会问题。遵循这种取向的社会学家所制定的政策总是意味着从根源上进行应对、适应和调整。在这一理论取向中，给定的秩序是理所当然的，而所研究的变化则是那些符合或不符合现有秩序的情况，以及彼此相关的因素。这一理论取向的偏见就是一致性（conformity）。遵循这种取向的社会学家们，相信自己的社会是一个好的社会，而威胁社会稳定的将成为问题。然后，他们使用社会学的理论和方法研究社会的本质，并以此为基础为其治愈伤口，恢复健康。

2. 全民表决（plebiscitary）取向。这一取向根据大众意见或者大多数人的要求来定义社会问题。这一取向所基于的社会有机体模型以及其对现有秩序的偏见导致了对替代性取向的找寻。事实上，所有这些找寻导致了人们选择"公共舆论""重要群体"或者"大多数人"作为社会问题的定义者。社会学家的专业分析被拒绝作为社会问题的定义标准，相反，社会学家研究的是其他人所说的社会问题。与社会解组的取向相反，全民表决取向的支持者认为，社会问题不是客观现象，而是某些集体（collectivity）主观定义的结果。典型代表人物有富勒、布鲁默、贝克尔等。这种取向强化了社会学家的主张，即作为社会学家，是没有价值偏见的，相反只是一个客观的社会观察者。但是，这一取向也存在三个问题：（1）没有一个复杂的社会理论或历史理论；（2）社会问题的定义在很大程度上仍然取决于给定的社会，与社会解组的取向在本质上有相同的偏见；（3）学生很少满足将社会问题课程重新定义为一个实质性的领域，学生期待社会问题课程会面向政策相关的社会学或应用社会学，他们希望从该课程中获得可以使用的知识。

3. 系统成本（systemic costs）取向。这一取向将社会问题定义为给定的社会成本，这种成本以真实的另类（alternative）社会的标准来衡量。这种取向所沾染的对现有秩序的保守主义和种族中心主义的偏见是最少的，是一种与结构性变迁的成因相关的社会问题取向。在这种取向之下，问题被定义为一个给定社会所表现出的特定形式的社会文化组织的成本。这种取向，就像社会解组的取向一样，将给定的社会概念化为一个有序的结构或系统。然而，与社会解组取向不同的是，这一理论取向不是将那些不符合或不适应给定秩序的现象定义为问题，而是将问题定义为给定秩序中不满足某些外部标准的性质或方面，即外部标准是问题的定义者。这种取向所提出的问题从根本上说，就是为了满足其所在社会的结构的要求，可以让给定的社会成员付出怎样的代价。这种取向所质疑的不是社会中的越轨行为或者功能失调部分，而是对社会本身提出了质疑，并询问一个人为了能在社会中生活下去必须放弃什么及其原因。这种取向中最有用的且与政策相关的形式是，评估成本（和定义问题）的标准是另一个现有的社会，或者至少是在某个时候已经存在的社会。对另类社会进行仔细和系统的比较分析，可以对自己的社会提出质疑，同时通过强制性的经验思考来防止不切实际的乌托邦式的责备。可以说，这也是一种比较社会学的取向。

表 8-1　社会问题社会学三种理论取向的案例分析比较

社会问题	社会解组取向	全民表决取向	系统成本取向
婚姻不稳	关于什么样的婚姻会成功或失败的研究；婚姻顾问的角色；新的性疗法	有过婚史者的世界，离婚者的标签；离婚法院的戏剧学分析	离婚率的跨文化分析，不同亲属关系组织视角的解释，婚姻关系的文化意义
校园骚乱	防暴；抗议者与非抗议者的人格特征	作为集体行为的学生抗议；校园情绪传染；学生激进派的亚文化	大学在不同社会中的不同角色、阶级构成、权力大小；滋生学生动员的条件的跨文化分析
吸毒	与吸毒相关的心理和背景因素；替代治疗方案的有效性	主脑、畸形者、海洛因成瘾者等的亚文化；吸毒者的群体结构与过程	对吸毒的角色、吸毒的社会阶层和生命周期的相关性、吸毒与权力的关联的跨文化分析
老年人	老年人的贫困、疾病和心理障碍；实验治疗方案	作为越轨者的退休者；死亡的社会意义；退休村的群体过程	不同社会中老年人的不同地位；工作和非工作角色的不同含义
身心健康	与生命周期相关的疾病及其对社会的影响和防治	病人角色；医患关系；作为一个总体性机构的精神病院	精神疾病的跨国发病率；各国医疗保健的组织

资料来源：Kenneth Westhues, "Social Problems as Systemic Costs", *Social Problems*, Vol. 20, Issue 4, Spring 1973, p. 427.

那么，面对这三种取向应该如何选择呢？韦斯特许斯给出的建议是："这个选择在很大程度上取决于人们对当前特定社会的看法以及社会学家在其中的角色。如果给定的社会被认为是好的，如果社会学家认为自己是一个'以保护社会作为第一责任'的人，那么社会解组的取向将被选择。如果无论对特定社会的评价如何，社会学家被视为远离了公共政策舞台的角色，那么就可以采取全民表决的取向。最后，如果社会被视为需要结构性变革，而社会学家被认为其专业知识可以用于这一目的，那么系统成本取向是合适的……用社会自身的意识形态的标准来评价给定的社会，可能确实揭示了严重的问题，但当社会学家有精彩多样的世界可供选择时，为什么要把他的标准限制在一个单一的社会呢？"① 同样，本书第五章所介绍的七种专有理论视角也可以由研究者根据自己的具体立场而做出相应的选择。

第三节　社会问题社会学的展望

作为全书的尾声，我们应当回顾前文，展望未来。通过七章的篇幅，本书较为全面地介绍了前人和今人对社会问题"是什么""为什么"和"怎么办"这三个基本问题的回答或思考，同时本书也尝试对社会问题的定义、分类、范式、方法和解决等方面的议题做出自己的思考。也许，这些思考未必尽善尽美，但也可谓笔者的"一家之言"，聊以参考。具体内容，前七章已有详细介绍，此处不再赘言。同时，在本书前七章的不少地方，笔者都提到了"社会问题社会学"这一概念，并在本章第二节做了进一步的延伸梳理，进一步丰富了我们对于社会问题社会学的理解。之所以如此，在于笔者对建构社会问题社会学这一社会学的分支学科抱有浓厚兴趣和热切期待。因此，为了推动建构社会问题社会学，本书从研究和教学两个方面提出一些初步的展望。

---

① Kenneth Westhues, "Social Problems as Systemic Costs", *Social Problems*, Vol. 20, Issue 4, Spring 1973, pp. 419–431.

社会问题导论

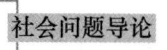

一 社会问题社会学的研究

我们说"迈向一种社会问题的社会学",那么社会问题社会学是什么呢?这是一个必须要回答的重要问题。通过梳理大量文献可以发现,虽然很少有学者对社会问题社会学做出明确定义,但是仍不乏一些学者对此进行过尝试。1973年,韦斯特许斯提出,"在美国社会学的历史上,明确社会问题社会学应该是什么的尝试并不少"[①]。而这些做出尝试的学者们,事实上更多的是在明确社会问题研究的领域归属,而非社会问题社会学这一分支学科的界定。1998年,亚当·詹姆罗齐克(Adam Jamrozik)和路易莎·诺切拉(Luisa Nocella)在合著的《社会问题社会学:理论视角和干预方法》(*The Sociology of Social Problems: Theoretical Perspectives and Methods of Intervention*)一书中提出,"本书是关于社会问题社会学的。它研究了社会问题是如何出现的,谁关心这些问题,谁受到这些问题的威胁,以及社会如何试图解决、削弱或者忽略它们"[②]。这一表述虽然没有对社会问题社会学给出明确的定义,但却给出了这一分支学科的具体研究内容,这其实也是许多社会问题研究者的关注点。如果一定要对社会问题社会学做出明确定义,我们可以仿照社会学其他分支学科的定义方法,将社会问题社会学定义为"运用社会学的原理、视角和方法,对社会问题进行研究的学科"。可以说,这是最为宽泛的定义。但是,这种定义不可避免地面临两个方面的分歧:一是如何选择特定的社会学的原理、视角和方法;二是如何定义社会问题。选择不同的社会学的原理、视角和方法,那么社会问题的定义也会有所不同,因而研究者的分析重点、分析路线和分析结果也会有所不同。进一步而言,这两个方面的分歧,反映出的正是当前在社会问题社会学中形成和不断发展的两条不同的分析路径:结构主义和建构主义。

(一)结构主义的社会问题社会学

结构主义的社会问题社会学将社会问题定义为一种"令人不满的状

[①] Kenneth Westhues, "Social Problems as Systemic Costs", *Social Problems*, Vol. 20, Issue 4, Spring 1973, pp. 419–431.

[②] Adam Jamrozik and Luisa Nocella, *The Sociology of Social Problems: Theoretical Perspectives and Methods of Intervention*, Cambridge: Cambridge University Press, 1998, p. xi.

况",更多地选用带有社会结构色彩的理论视角,比如本书所提到的社会病理学、社会解组论、越轨行为论、批判视角等,并往往结合相应的实证方法进行分析。所以,我们能看到相当多的社会问题教材或专著会用大量的数据资料呈现特定社会问题的现状、后果,梳理结构性成因,进而提出整体性或系统性的解决对策。正因如此,这种分析路径所面临的困境之一就是要不断更新数据资料,因为社会的情况总在变化。因此,"每隔几年,新版的社会问题教材就会出版,以便在市场中保持'潮流'(current)"[1]。但是,结构主义路径也遭到了建构主义者的批评:"大多数社会学家仍然不服气,继续使用'社会问题'来指代令人困扰的状况本身。然而,这个几乎可以指代任何事物的概念太模糊,也没有多大用处。"[2] 甚至,建构主义者不认可在此之前已经存在的关于社会问题研究的专门性的理论和方法。"总之,在对问题状况(problematic conditions)的研究中,一直没有一种有别于其他理论的社会学专业的理论和相应的方法论。"[3] 然而,我们仍然可以认为,尽管很多社会学学者没有给出结构主义的社会问题社会学的明确定义,但是他们却通过运用社会学的原理、视角和方法分析和研究社会问题,开辟和扩展了社会问题的研究领域,积累了丰富的社会问题研究成果。因此,从这个意义上说,社会问题社会学或许早就不是"新鲜事物",而是"经典议题"之一,并伴随社会学的发展经历了一百八十余年的时光。

(二) 建构主义的社会问题社会学

建构主义的社会问题社会学将社会问题定义为一种表达不满的"社会活动"或者"社会过程",更多地关注某一群体提出问题与对应的群体、机构、组织作出回应的活动,因而研究的核心不是那些"令人不满的状况",而是"提出不满与回应的过程"。这一过程也被视为建构主义的社

---

[1] Joseph W. Schneider and John I. Kitsuse (ed.), *Studies in the Sociology of Social Problems*, New Jersey: Ablex Publishing Corporation, 1984, p. 7.

[2] Joel Best, "*The Sociology of Social Problems: Theoretical Perspectives and Methods of Intervention* (Book)", *Contemporary Sociology*, Vol. 28, No. 4, July 1999, pp. 486–487.

[3] Joseph W. Schneider and John I. Kitsuse (ed.), *Studies in the Sociology of Social Problems*, New Jersey: Ablex Publishing Corporation, 1984, p. 7.

问题社会学的独特任务："我们提出了一个社会问题的定义，这个定义来自我们对功能主义和价值冲突方法的分析。它提出解释社会问题的主观要素——某些群体成功地将某种状况定义为其所身处的社会中的问题的过程——是社会问题社会学的独特任务。"[1] 或者说是建构主义的社会问题社会学"唯一可能的关注点"（the only possible focus）。[2] 同时，建构主义者也认为，社会问题社会学独特的研究主题是"社会不满（social and societal disapproval）的建构……这就是定义这个领域所需要的一切，即社会问题的社会建构"[3]，而其试图回答的问题则是"它们（社会问题）是什么，它们是如何发展的，以及它们会带来什么样的社会后果"[4]。此外，建构主义的社会问题社会学更多地选择关注社会行动者建构社会意义的理论视角，比如本书所提到的价值冲突论、标签理论等，或者是相关学者所提出的独特理论视角。比如，基特苏斯、斯柏科特就明确提出建构主义的社会问题社会学有三个重要的理论取向：（1）利益理论，因为参与定义过程的许多群体都是为了追求或保护社会的、政治的、经济的和其他方面的利益；（2）道义理论，一些群体之所以试图将某种状况定义为社会问题，是因为这种状况冒犯了他们的价值观；（3）自然史理论，因为社会问题不是静态的状况或瞬时的事件，而是可以经过不同阶段的一系列活动。[5] 当然，建构主义的社会问题社会学既面临诸如内部缺乏高度共识等困境，也被结构主义者批评存在陷入过度主观主义而忽视社会的客观现实状况的偏见。

回顾社会学中社会问题研究的发展历程，我们可以这样认为，结构主

---

[1] John I. Kitsuse and Malcolm Spector, "Toward A Sociology of Social Problems: Social Conditions, Value-Judgments, and Social Problems", *Social Problems*, Vol. 20, Issue 4, Spring 1973, pp. 407–419.

[2] Joel Best, "*The Sociology of Social Problems: Theoretical Perspectives and Methods of Intervention* (Book)", *Contemporary Sociology*, Vol. 28, No. 4, July 1999, pp. 486–487.

[3] Malcolm Spector, "*Constructing Social Problems* Forty Years Later", *The American Sociologist*, Vol. 50, No. 2, June 2019, pp. 175–181.

[4] Joseph W. Schneider and John I. Kitsuse (ed.), *Studies in the Sociology of Social Problems*, New Jersey: Ablex Publishing Corporation, 1984, p. 19.

[5] John I. Kitsuse and Malcolm Spector, "Toward A Sociology of Social Problems: Social Conditions, Value-Judgments, and Social Problems", *Social Problems*, Vol. 20, Issue 4, Spring 1973, pp. 407–419.

第八章
结语：迈向一种社会问题的社会学

义的社会问题社会学是从社会学经典时期就开始出现并延续至今的，大量的社会学学者常常对具体的社会问题开展研究，为具体的社会问题的解决建言献策，以期促进社会的健康发展。而建构主义的社会问题社会学则是20世纪70年代以后社会问题研究领域的新进展，是对既有的结构主义的社会问题社会学的反思和推进。相关学者试图基于新定义、新概念、新视角和新方法将其定位为一个独立的研究领域，在社会问题研究领域掀起了一股新的潮流。需要明确的是，虽然存在分歧，但是我们不能将这两种路径的社会问题社会学完全对立起来，因为它们让我们看到了社会世界的多样性和复杂性，也为社会问题研究提供了多元化的思路。简言之，结构主义和建构主义共同推动了社会问题社会学的发展。同时，本书在第二章尝试将社会问题定义为：相当数量的社会成员认为是非所欲求的，危害到社会成员正常生活且需要通过社会制度层面的行动加以应对和解决的社会状况。本书的这一定义，既是尝试兼顾社会问题的主观性和客观性，并将主观性置于更关键、更重要的位置，同时也是试图兼顾结构主义与建构主义。也许，仅仅提出一种初步的定义还远远不够，进一步的努力则是：通过更为深入、扎实的研究建立起完善的分析框架，以期对社会问题作出更为全面和深刻的分析。最后，我们也要对建立社会问题综合性理论（comprehensive theory）的雄心壮志保持足够的克制，因为"社会问题是千变万化的"[①]。因而，更为重要的是如何更好地运用现有的理论视角和分析方法，推动社会问题研究内容的多元化、理论视角的创新以及社会问题社会学的持续发展。正如闫志刚所言：

> 最后，需要指出的是，建构主义也只是一种理论视角，它使我们看到了被实证主义研究所遮蔽的东西，凸显了实证主义所隐喻的东西，但我们也不能因此全然抛开或代替实证主义所研究的问题和研究价值。实证主义研究了作为结果（事实）存在的社会问题，而建构主义则研究了作为过程展现的社会问题。正如布迪厄认为的，社会世界

---

① Joel Best, "The Sociology of Social Problems: Theoretical Perspectives and Methods of Intervention (Book)", *Contemporary Sociology*, Vol. 28, No. 4, July 1999, pp. 486 – 487.

就像"过着一种双重生活",它以"初级客观性"和"次级客观性"两种方式存在着(布迪厄、华康德,[1992]2004:6),由此对社会世界产生两种不同的解读:其一为社会物理学的解读,从外部把握世界,无视处于期间的人们各自的看法;其二为社会现象学的解读,侧重了解行动者内部构建其行动的各种知觉和评价图式,而无视外在结构的约束。建构主义无疑研究的是社会问题的"次级客观性",采取的是第二种解读方法,同时也带有突出主观建构性而忽视或有意回避客观制约性的不足。因而,一种理论视角的过分执着,往往会成为其自身的一个盲点。不同理论视角在相互整合中发展这也是社会问题理论自身建构的一个基本途径。①

二 社会问题社会学的教学

推动建构社会问题社会学的发展,开展有实质效果的社会问题教学也是重要的工作之一。就国外而言,社会问题课程的开设时间是比较早的。早在1858年,美国的奥伯林学院便开设了关于社会问题的课程。② 1971年,苏·提特斯·里德(Sue Titus Reid)和艾伦·P.贝茨(Alan P. Bates)基于美国的调查发现,开设社会问题课程的537所学校之间存在差异:(1)总体来看,开设了"社会问题"课程的学校占80.4%,位列第3位;(2)从学校的地理分布来看,新英格兰地区占68.1%、中部地区占74.2%、中北部地区占84.0%、西北地区占85.7%、南部地区占85.9%、西部地区占69.4%,各地区开设社会问题课程的百分比均排在所在地区的前3位;(3)从学校的隶属关系来看,州立的或市属的占88.8%,不是天主教的私人教派的占81.4%、罗马天主教会的占76.2%,与教会无关的私立学校占68.6%,开设社会问题课程的百分比均在前3位;(4)从学校提供的学位层次来看,有学士的占78.5%、有硕士的占79.7%、有博士的占87.8%,各项百分比分别排在第2位、第3位和第3位;(5)从学校的规

---

① 闫志刚:《社会建构论:社会问题理论研究的一种新视角》,《社会》2006年第1期。
② [美]乔治·瑞泽尔:《古典社会学理论》(第6版),王建民译,世界图书出版公司北京公司2014年版,第39页。

模来看，500 人以下的占 65.2%、501—999 人的占 76.5%、1000—1999 人的占 19.3%、2000—4999 人的占 81.1%、5000—7999 人的占 91.5%、8000—11999 人的占 89.3%、12000—17999 人的占 90.5%、18000—24999 人的占 92.9%、25000 人及以上的占 92.5%，可见规模越大的学校，开设社会问题课程的比例越高。①

在中国，社会问题课程是随着社会学被引入而逐步开设的。自 1897 年斯宾塞的《社会学研究》（The Study of Sociology）被近代思想家严复翻译为《群学肄言》以来，② 社会学作为"舶来品"在中国获得了长足的发展。在中国社会学的成长早期，近代一些社会学家相继开设了社会问题课程，也推动了社会问题研究。比如，孙本文在 20 世纪 20 年代回国后，相继在复旦大学、南京中央大学讲授社会问题等课程，并撰写了诸如《现代中国社会问题》等社会问题著作。③ 1979 年，社会学恢复重建后，社会问题课程逐步成为社会学类专业（社会学、社会工作）以及其他相关专业的重要课程之一。比如，国内某个高校的《社会学专业本科生培养方案》明确提出，"社会服务方向注重培养学生从事具体社会化服务方面的技能，使其能够运用相关理论、知识和方法对老年问题、青少年问题、家庭问题、环境问题等方面进行正确分析，并根据相关政策提出解决方案，同时，对解决某些个案、团体、社区问题等能够具备相应理论知识和实践操作能力"，同时开设了 2 个学分、36 学时的专业选修课《当代中国社会问题》。④ 再如，国内另一高校的《社会工作专业本科人才培养方案》明确将"能运用社会工作视角发现问题、分析问题和提出问题，具备从事社会调查与研究、政策研究与评估、社会管理与社会服务等方面的职业能力，以及运用社会学类专业知识开展创新创业活动、组织提供社会服务的能力"作为毕业要求，

---

① Sue Titus Reid and Alan P. Bates, "Undergraduate Sociology Programs in Accredited Colleges and Universities", *The American Sociologist*, Vol. 6, No. 2, May 1971, pp. 165–175.
② ［英］斯宾塞：《群学肄言　不分卷》，（清）严复译，文明编译书局 1903 年版。
③ 彭秀良：《中国社会工作名家小传》，中国社会出版社 2020 年版，第 37 页。《中国学术名著提要》编委会编：《中国学术名著提要（合订本）第六卷　民国编 下》，复旦大学出版社 2019 年版，第 1029 页。
④ 《社会学专业本科生培养方案》，http://shss.usth.edu.cn/info/1017/1642.htm，访问日期：2022 年 8 月 1 日。

并在第7学期开设了2个学分、32学时《社会问题》课程。① 因此，培养当代大学生发现、分析和解决社会问题的思维和能力已经成为社会学类专业建设和人才建设的重要任务之一。

经历百余年的发展，社会问题已经成为高等教育中的重要课程之一，但是其教学效果仍是一个有待解决的问题。早在20世纪80年代，就有学者进行了反思："多年来，大多数大学都开设了社会问题课程，因此有必要编写某种类型的教科书来教授学生，这一领域主要是由这一事实维系在一起的。无论是课程还是教材，都融合了讲授者的政治观点，借鉴了社会学和其他社会科学领域的理论，以及从不同来源收集的事实。课程内容在越轨、分层、少数民族等方面存在较多重叠。"② 而贝斯特的观点则更为深刻："我们都知道，这些社会问题的课程几乎都缺乏知识上的连贯性。它们以社会问题的某一定义开始，然后就开始调查各种社会问题，通常是按照每周一个问题/章节的标准速度进行，比如本周讲授犯罪，下周讲解贫困，等等。关于某个特定实质性问题的章节或讲座很少相互提及，更不用说被认为为随后一切内容提供基础的介绍了。一般来说，这些课程传达了关于特定社会问题的一些信息，而没有试图以分析框架的方式进行大量发展。"③ 当然，贝斯特所描述的教学方式在国内外的课堂中都有一定程度的存在，是社会问题的研究者和讲授者都必须反思的问题。此外，要扩大社会问题社会学的影响力，提升教学效果也是非常重要的，这一点对于建构主义者来说似乎显得尤为迫切。"对于社会学家和其他社会问题研究者而言，建构主义视角已经成为最重要的（leading）理论取向。然而，建构主义者对社会问题教学的影响力却远没有那么巨大。"④ 或者，如洛赛克所言："尽管社会问题的社会建构论取向在社会学、传播学、公共政策和犯罪学的学术研究者中比较流行，但是这一视角

---

① 《社会工作专业本科人才培养方案》，http://www.zf.ldu.edu.cn/info/1039/2198.htm，访问日期：2022年8月1日。
② Charles Lidz, "Studies in the Sociology of Social Problems", *Qualitative Sociology*, Vol. 9, No. 3, Fall 1986, pp. 309–311.
③ Joel Best, "Constructing the Sociology of Social Problems: Spector and Kitsuse Twenty-five Years Later", *Sociological Forum*, Vol. 17. No. 4, December 2002, pp. 699–706.
④ Donileen R. Loseke and Joel Best (eds.), *Social Problems: Constructionist Readings*, 2003, preface, p. 9.

却还没有充分地覆盖流行的社会问题教材。"① 可以说，当我们翻阅大量的社会问题教材时，所得到的印象也是如此。事实上，社会问题所面临的这种教学困难，直接反映出这一尴尬的现实：社会问题研究或相关教材缺少一个一以贯之的理论视角和分析框架。针对此，教师们从教学方法、教学目标上做了探索，② 而社会问题教材的编写者们则从教材的结构和内容上做出修订，以期更好地适应时代变化。③ 总体而言，目前结构主义的社会问题教学方式仍占据绝大多数的空间，结构主义社会问题社会学的教材占据了极大的份额，也形成了相对稳定的教学风格，而建构主义的社会问题社会学的教学则仍需不断发展。为了进一步推进社会问题社会学的发展，不断推动社会问题建构论的教学方法和提升教学效果是有必要的。对此，我们可以借鉴四十五年前斯柏科特和基特苏斯在《建构社会问题》的最后一章"讲授社会问题"（Teaching Social Problems）中所列举的一个例子来为我们的社会问题课程教学提供参考。

项目1：识别和定义社会问题④

第一个项目将社会问题作为一个技术术语和一类社会成员或者一种常识。学生们的文化工具——他们自己的价值观和世界观——是这项训练的基本资源。我们让他们在当前的报纸报道中确定五个社会问题。在以这种方式定位社会问题后，学生必须明确规定加入这一类的标准。

一些学生，将某一社会状况被报道的水平或程度作为识别社会问题的标准。其中一个例子是一篇非常短的文章，它报道了一个假日周末的交通死亡人数。为了使其成为一个社会问题，这名学生不得不补充说："这是一个问题，因为我觉得这样的死亡是对生命的悲惨浪费。"标准是

---

① Donileen R. Loseke, *Thinking About Social Problems: An Introduction to Constructionist Perspectives*, New York: Routledge, 2017, Preface to the Second Edition, p. 9.
② 王梅：《"当代中国社会问题"课程教学方法探索——以青海某高校为例》，《牡丹江大学学报》2022年第4期。李磊：《"社会问题"课程重在引导理性"问题观"》，《社会工作下半月》（理论）2009年第12期。
③ 许传新、祝建华、张翼编：《社会问题概论》（第2版），华中科技大学出版社2018年版，修订说明。
④ Malcolm Spector and John I. Kitsuse, *Constructing Social Problems*, New York: Routledge, 2017, pp. 212–213.

学生自己的价值观，这有助于选择或识别冒犯性的和令人反感的状况。

其他学生使用社会定义的方法，将那些被某些团体表达了反对、愤怒，或提出索赔、投诉、示威或抗议的新闻报道归类为社会问题。这包括抗议汽车安全标准较低或限速执行松懈而"导致高速公路上发生大屠杀"的团体。他们的标准聚焦于问题的定义的出现和持续的活动。其他人则指出，报纸可能会参与和报道作出宣称的活动。他们将呼吁改革的社论、调查报告和批评专栏作家归类为社会问题。

价值判断的作用也出现在学生认为对社会造成破坏的状况之中。高离婚率和无过错离婚的问题在这个项目被分配的那一周的新闻中得到了广泛讨论。一些学生认为婚姻失败率是一个社会问题，因为它削弱了核心家庭，从而威胁到美国人的生活方式。另一些人则认为，高婚姻失败率是基本制度薄弱的结果，而不是原因。这样的讨论证明了功能主义理论既是多么科学的、价值中立的理论，也是多么流行的概念。我们将学生对社会状况的诊断与对功能理论的批评联系起来，并询问如何将这些批评与他们自己对某些生活方式的偏好和判断区分开来。

这个入门课程不仅说明了价值判断在评估社会状况中的作用，而且还提出了一个难题，即建构社会问题的技术性定义，以便对学生提交的各种材料进行分类。我们建议这些读物作为项目 1 的补充阅读：莫里斯（1973）、克雷西（1967）以及莫洛奇和莱斯特（1974）。

时代在变化，我们的思路需要不断调整。在社会科学领域，社会问题研究早已不再是社会学独有的领域，而是多个学科共同关注的时代议题。同时，我们也必须承认：（1）社会学家们就社会问题社会学能否成长为一门独立的社会学的分支学科还未能达成完全共识，其地位也在"边缘领域"和"有用领域"之间徘徊，[1] 甚至被视为"学术社会学（academic sociology）家族中思维上的继子（intellectual stepchild）"[2]；

---

[1] Sevastian Blendea, "The Specific of Sociology Problems Social", *Annals of the Constantin Brancusi University of Targu Jiu-Letters & Social Sciences Series*, Supplement 2, 2015, pp. 126 – 134.

[2] Joseph W. Schneider and John I. Kitsuse (eds.), *Studies in the Sociology of Social Problems*, New Jersey: Ablex Publishing Corporation, 1984, p. 7.

(2) 社会学家在研究社会问题时面临理论、方法和道德等方面的问题;① (3) 我们更习惯于结构主义的社会问题研究和教学方式。然而，我们也要看到社会问题社会学的新发展使人们对社会问题研究重新产生了兴趣，并将其作为一项真正的知识和研究事业（intellectual and research enterprise）。② 同时，我们也乐观地相信，社会问题建构论可以成为推动社会问题社会学建设的重要力量，是值得开展进一步工作的研究方向。展望未来，这无疑会是一场有趣的学术历程。正如洛赛克在其出版的《思考社会问题：建构主义视角导论》（*Thinking about Social Problems: An Introduction to Constructionist Perspectives*）一书中第 2 版序言中所提出的：

> 马尔科姆·斯柏科特和约翰·基特苏斯在《建构社会问题》一书中关于社会问题建构主义这一视角的经典论述现在已经有 25 年之久了。它的例子似乎过时了，而激发他们论点的辩论现在似乎也过时了。更时新的文献在提供概述方面也没有太大帮助：实证文献中的案例研究如何相互联系以形成一个连贯的研究议程并不明显；这个角度的理论著作通常假设读者已经很熟悉这个视角……这就是为什么我想写这本书。在讲授《社会问题》《社会学导论》《家庭暴力》《越轨行为》和《妇女生活》等课程时，我越来越相信，社会建构论视角有助于我们理解我们的生活。建构主义的问题——人类如何创造、维持和改变意义——只是听起来很深奥。我相信社会建构主义的力量，我认为它鼓励了一种明显的社会学的思维方式，用一个流行的词来说，赋予那些使用它的人以权力。我还相信，建构主义的见解并不依赖于放弃所有的信念，即一个现实的世界存在于我们对它的理解之外。我不认为建构主义是其他理论框架的替代品；我认为它是一个重要的补充。不同的框架只是对生活的不同方面提出了问题——否认任何理论

---

① Joseph W. Schneider and John I. Kitsuse (eds.), *Studies in the Sociology of Social Problems*, New Jersey: Ablex Publishing Corporation, 1984, p. 7.
② Joseph W. Schneider and John I. Kitsuse (eds.), *Studies in the Sociology of Social Problems*, New Jersey: Ablex Publishing Corporation, 1984, p. 8.

框架的重要性就是限制我们的理解。如果我们想理解人类状况的困惑和复杂性,我们就不能这样做。我认为社会建构主义的观点可以帮助我们做到这一点。①

---

① Donileen R. Loseke, *Thinking About Social Problems: An Introduction to Constructionist Perspectives*, New York: Routledge, 2017, Preface to the Second Edition, pp. ix – x.

附录

20世纪20年代以来中外部分学者对社会问题的定义

1. 社会问题有广狭两种意义。广义的社会问题是关系社会全体底问题,狭义的社会问题,是产业制度下底劳动问题。([日]高畠素之:《社会问题总览》,李达译,1920年版,第1页)

2. A social problem is a problem which actually or potentially affects large numbers of people in a common way so that it may best be solved by some measure or measures applied to the problem as a whole rather than by dealing with each individual as an isolated case, or which requires concerted or organized human action. 社会问题是这样一个问题,它以一种共同的方式切实地或潜在地影响大量的人,因此最好是将这一问题作为一个整体而采取某一措施或某些措施加以解决,而不是作为一个孤立的个案进行逐一处理,或许也需要有协调的或有组织的人类行动。(Hart Hornell. "What is A Social Problem?" *American Journal of Sociology*, Vol. 29, No. 3, [Nov. 1923], pp. 345–352.)

3. 社会问题 Social Problems,以广义言,则举凡一切人群的组织和现状,——教育、政治、男女交际等等,均在研究范围之内;若以狭义言,则只包括两种问题,即经济问题,与交际问题是也。(高维昌:《社会问题讲演录》,商务印书馆1925年版,第3页;江亢虎主讲。高维昌编记:《社会问题讲演录》再版,商务印书馆1925年版,第3页)

4. 有许多种的状况，有时可以有影响社会的势力，人的行为有时可以改变全社会的情形。这种影响或改变的势力扩大，足以妨害我们人类共同生活的时候，就成为社会问题。（陶孟和编：《新学制高级中学教科书　社会问题》，商务印书馆1926年版，第12页）

5. 凡是社会上许多人，认明是必须调整的任何社会状况，都成为社会问题。（孙本文：《社会问题》，世界书局1927年版，第6页）

6. 社会问题，是指社会生活上所起的种种问题而言。社会生活上所起的问题是什么？简单明了地说，就是贫乏问题。（熊得山：《社会问题》第3版，北平：新北书局1927年版，第3页）

7. 由此观之，余所谓社会问题者，盖为近代有产者的社会之阶级争斗之问题。分析言之，即为经济，政治，思想三者之问题……此种观察法与普通广义或狭义解释社会问题者均有所不同。何以言之？广义解释论者之言曰：社会问题者，社会上所发生之一切问题，如狭义之劳动问题，农村问题，妇女问题，儿童问题，人口问题，中间阶级问题，宗教问题，思想问题，政治问题，法律问题，教育问题等等一切均包括在内……就狭义解释社会问题者之见解而言。其言曰：社会问题者，劳动问题也；劳动问题者，经济问题也。（王首春：《社会问题概论》，商务印书馆1927年版，第5—6页）

8. 社会问题一般的说来有广狭两种意义：一是广义的社会问题，就是关系社会制度全体的问题；一是狭义的社会问题，就是专关于产业制度的劳动问题。（杨剑秀编：《社会问题研究》，现代书局1929年版，第3页）

9. 在此变动不已的社会制度中，就自然发生种种失调现象，社会病态；这些因社会制度的变迁而引起的种种不安的状态；都叫作社会问题。（郑若谷：《社会学概论及现代社会问题研究大纲》，江湾国立劳动大学1929年版，第119—120页）

10. 若是广义地讲解起来，那末凡是浮沉于社会面上的一切问题，都可以叫作社会问题。但是，普通所谓的社会问题，只指那些以现存经济组织为根基的各种社会制度底误谬缺点所惹起的问题而言。（陈绶荪编著：《社会问题辞典》，民智书局1929年版，第377页）

11. 现今所称为社会问题的并不是单纯的理论上的问题，实在是由于理论与实际的斗争而生的问题。换言之，人们从社会之本来的性质来考察社会，便对于社会生活发生一种不得不如是的理想；同时转眼来看社会生活之实际状况的时候，却又觉得与他们心中所描画的理想相差太远；于是这种理想与现实的冲突便自然而然使人们发生一种新要求，他们便要根据自己的理想来批评现状，并且要进而改革现状使之与理想的状态合致；而这种批评和改革的要求便是社会问题的渊源。（［日］河回嗣郎：《社会问题体系》，阮有秋译，华通书局1930年版，第1—2页）

12. 社会问题是人们想解决由于社会的生产力发展到和生产关系不相容的时候所表现出来的种种问题。（张琴抚讲授，郭逸樵笔记：《社会问题大纲》，乐华图书公司1930年版，第50页；张琴抚讲授，郭逸樵笔记：《社会问题大纲》，乐华图书公司1932年版，第50页）

13. 社会问题是阶级社会制度下的人的生活问题。（柯柏年编：《社会问题大纲》，上海南强书局1930年版，第7—8页）

14. 社会问题是构成社会之各阶级间发生妨害社会发展的关系，因而酿成不能不讲求解决方策的人类生活问题。［郭真：《社会问题大纲》（上），平凡书局1930年版，第2页］

15. 社会问题就是社会的疾病。（卜愈之编著，吴泽霖校订：《社会学及社会问题》，世界书局1933年版，第135页）

16. 我们现在所要讨论的，就是因社会变迁所发生的问题。这种社会问题往往因时代而不同，因地位而不同。（毛起鵕编著：《社会学及社会问题》，民智书局1933年版，第133页）

17. 社会问题虽然不能离开人的社会生活而存在，但决不就是人类的社会生活的一切问题。社会问题是阶级的社会制度下的人的生活问题。（柯柏年编：《社会问题大纲》第2版，南强书局1933年版，第7—8页）

18. 所以我们可以说，凡事有了问题便是发生了困难之谓。社会有了问题，便是指着社会发生了困难而言的。社会里面若是发生了一种现象，或直接的或间接的，危害了社会幸福及其安宁，那末这种现象就变成为一种社会问题了。（朱亦松：《现代社会主要问题》，钟山书局1934年版，第1页）

19. 社会问题是构成社会的各阶级间，发生妨害社会发展的关系，因而酿成不能不讲求解决方策的人类生活问题。社会问题在一般的说来，可分广义和狭义二种意义：广义的社会问题，就是关系社会制度全体的问题；狭义的社会问题，就是专关于产业制度的劳动问题。（陈端志、中国文化建设协会主编：《抗战与社会问题》，商务印书馆1938年版，第1页）

20. 社会问题为社会变迁所引起之共同生活之失调。（应成一编：《社会问题大纲》，正中书局1938年版，第5页）

21. 社会问题，简单说，就是社会全体或一部分人的共同生活或进步，发生障碍的问题。（孙本文：《中国社会问题》，青年书店1939年版，第3页）

22. A social problem arises when there is an awareness among a given people that a particular social situation is a threat to certain group values which they cherish and that this situation can be removed or corrected only by collective action. 当某些人意识到某一特定的社会情况威胁到对他们所珍视的某些群体价值观，而且这种情况只能通过集体行动才能消除或纠正时，一个社会问题就出现了。（Richard C. Fuller. "Social Problems" In Robert E. Park, *An Outline of The Principles of Sociology*, New York：Barnes & Nob, Inc., 1939, p. 7.）

23. 人类都有密切的社会关系，既如前章所述。有许多种的状况，有时可以有影响社会的势力，人的行为有时可以改变全社会的情形。这种影响或改变社会的势力扩大，足以妨害我们人类共同生活的时候，就成为社会问题。（陶孟和编：《社会问题》，商务印书馆1941年版，第12页）

24. 社会问题就是社会全体或一部分人的共同生活或进步，发生障碍的问题。[孙本文：《现代中国社会问题》（第一册），商务印书馆1947年版，第5页]

25. A social problem is a condition which is defined by a considerable number of persons as a deviation from some social norm which they cherish. 社会问题是这样一种状况，相当多的人将其定义为背离了他们所珍视的某些社会规范。（Richard C. Fuller, Richard R. Myers. "The Natural History of A Social Problem." *American Sociological Review*, Vol. 6, No. 3, Jun 1941, pp. 320 – 329.）

26. Social problems are an integral part of social life. The term "social prob-

lem" applies to social conditions, processes, social arrangements or attitudes that are commonly perceived to undesirable, negative, and threatening certain values or interests such as social cohesion, maintenance of law and order, moral standards, stability of social institutions, economic prosperity or individual freedoms. A social problem may also be experienced as a feeling of collective guilt created through an awareness of collective neglect to remove or alleviate certain undesirable social conditions that negatively affect some sections of society. 社会问题是社会生活中不可分割的一部分。"社会问题"一词适用于这样的社会状况、社会过程、社会安排或态度，它们通常被认为是不受欢迎的、消极的和威胁某些价值观或利益的，如社会凝聚力、法律和秩序的维持、道德标准、社会制度的稳定、经济繁荣或个人自由。社会问题也可能是一种集体内疚感，这是由集体忽视意识造成的，以消除或减轻对社会某些部分产生负面影响的某些不受欢迎的社会状况。（Paul B. Horton and Gerald R. Leslie. *The Sociology of Social Problem Third Edition.* New York：Appleton-Century-Crofts Division of Mere Dith Corporation, 1955, p.1.）

27. A social problem is a way of behavior that is regarded by a substantial part of a social order as being in violation of one or more generally accepted or approved norms. 社会问题是一种行为方式，它被视为违反了一个或多个普遍认可或允许的规范。［Robert Merton, Robert Nisbet (ed.), *Contemporary Social Problems Third Edition*, Harcourt Brace Jovanovich, Inc., 1971, p.3.］

28. It is consistent with this basic interest to define a social problem as an undesirable condition in the social relationships among persons. In addition, either a fairly large cross-section of a society or a relatively small number of politically, economically, or socially powerful persons must believe that action is necessary to change the condition. 将社会问题定义为人们之间社会关系中不受欢迎的状况，与这种基本兴趣是一致的。此外，要么是社会中数量较多的成员，要么是在政治上、经济上和社会上有权力的少数人士相信有必要采取改变这一状况的行动。（Jon M. Shepard and Cyrus S. Stewart, *Sociology and Social Problems: A Conceptual Approach*, New Jersey：Prectice-Hall, Inc., Englewood Cliffs, 1976, p.1.）

29. 社会问题是社会关系或环境失调，致使社会全体成员或部分成员的正常生活乃至社会进步发生障碍，从而引起了人们的关注，并需要采取社会的力量加以解决的问题。(《社会学概论》编写组编：《社会学概论　试讲本》，天津人民出版社1984年版，第308页) 我们给社会问题的定义是：影响全部或部分社会成员正常社会生活，妨碍社会进步的公共问题。(《社会学概论》编写组编：《社会学概论》，新华出版社1993年版，第377页)

30. A social condition must have in order to be regarded as a social problem is that some segment of society feels it is morally offensive, harmful, or dangerously inefficient. But an additional sentiment must be present before we accept something as a social problem: we must feel able to change it. 一种社会状况能被视为社会问题，是因为社会的部分成员认为它在道德上是冒犯性的、有害或极其低效的。但在我们接受某件事作为一个社会问题之前，必须产生另一种情绪：我们必须感到能够改变它。(Vincent N. Parrillo, John Stimson and Ardyth Stimson, *Contemporary Social Problems*, New York: John Wiley & Sons, Inc., 1985, p. 1.)

31. 一个公共问题被称之为社会问题，必须具备两个基本条件：第一，大部分人必须认为是社会问题。如果多数人都感觉到一种普遍存在的状况是社会生活中不可避免的事实——有如前几个世纪里的贫穷——那就不是社会问题；第二，大部分人或者社会上一些重要成员必须相信这个问题可以通过社会行动加以解决。([美] 弗·斯卡皮蒂：《美国社会问题》，刘泰星、张世灏译，中国社会科学出版社1986年版，第2页)

32. 一个社会的大部分成员和这一社会一部分有影响的人物认为不理想、不可取，因而需要社会给予关注并设法加以改变的那些社会情况即为社会问题。([美] 乔恩·谢泼德、哈文·沃斯：《美国社会问题》，乔寿宁、刘云霞合译，山西人民出版社1987年版，第1—2页)

33. 社会问题指在社会变迁过程中，某些社会活动和社会关系发生了与现实的社会失调（即相异或发生矛盾），并引起人们的普遍注意，需要以社会的力量来解决的现象。(王康主编：《社会学词典》，山东人民出版社1988年版，第238页)

20世纪20年代以来中外部分学者对社会问题的定义

34. 社会问题就是社会上大多数成员或一部分重要人士认为不理想或有疑义，产生了认识上的差别和价值观的矛盾，因此需要社会给予关注，设法改变或进行深入研究，以有利于社会良性运转和价值观念趋于一致的那些社会现象。（姚新中：《困惑——当代社会问题的伦理思考》，中国城市经济社会出版社1989年版，第3页）

35. 我们认为，对社会问题含义的界定无论是从社会失调、社会病态、社会心理的角度，还是从社会关系、社会行为的角度着眼，凡称为社会问题的，必须包含着以下四个基本条件：第一，它作为一种社会现象，起码违背了某些公认的良好的社会规范和价值，触犯了很多人的利益。第二，这种社会现象的存在及其所发生的作用能给社会带来一定的影响，其严重性能持续相当长的一段时间。第三，这种社会现象首先被社会中的有识之士发现后，使大多数人认识到其危害，并有积极改善的愿望和想法。第四，要消除或减少这种社会现象的作用和影响，必须借助和发动社会团体与群众的力量，才有可能得到解决。严格地说，一个社会现象只要不具备上述四个条件中的任何一条，就很难称得上是社会问题了。（赵子祥：《中国社会问题评价》，辽宁人民出版社1989年版，第6页）

36. 社会中的一种综合现象，即社会环境失调，影响社会全体成员或部分成员的共同生活，破坏社会正常运行，妨碍社会协调发展的社会现象。（袁方主编：《社会学百科辞典》，中国广播电视出版社1990年版，第21页）

37. 综上所述，我们可以将社会问题定义为：凡是影响社会进步与发展，妨碍社会大部分或一部分成员的正常生活的公共问题就是社会问题。它是由社会结构本身的缺陷或社会变迁过程中社会结构内出现功能障碍、关系失调和整合错位等原因造成的它为社会上相当多的人所公认，需要运用社会力量才能消除和解。（陆学艺主编：《社会学》，知识出版社1991年版，第544页）

38. 社会问题是因为社会关系或环境失调，致使社会全体成员或部分成员的正常生活乃至社会进步发生障碍与偏差，从而引起了人们的关注，并需要采取社会的力量加以解决的问题。（《社会学》编写组编写：《社会学》，群众出版社1991年版，第213页）

39. 社会中如有很多人或有影响力的团体认为某种社会条件或状况是危害其身心康乐的或违反社会规范、价值观念或意识形态的，并认为此种不良社会条件或状况是可以而且应该经由集体努力而加以改善的。（杨国枢、叶启政：《台湾的社会问题 1991 版》，台北：巨流图书公司 1991 年版，第 5 页）

40. 大多数社会学家一致认为，所谓社会问题，指的是一种公认的状况，它在价值观念上偏离了引人注目的人的认识标准，这些人要求采取行动来改变这种状况。（［美］马丁·S. 温伯格、厄尔·鲁滨顿、苏·基弗·哈密尔史密斯：《解决社会问题：五种透视方法》，单爱民、李伟科译，吉林人民出版社 1992 年版，第 2 页）

41. 一个社会问题的构成必须同时具备以下五个条件：第一，这种社会情境属于一种超常状态。第二，这种超常状态对社会全体成员或相当一部分人有害或不利。第三，这种超常状态的危险性虽然首先由少数人发现，但已成为相当一批人的共识。第四，多数人具备了影响这种超常状态使之得到改善的愿望，并且这种愿望能够得到实现。第五，这种愿望的实现需要借助于社会和群众的力量。（童星：《世纪末的挑战——当代中国社会问题研究》，南京大学出版社 1995 年版，第 2—3 页）

42. 各种社会关系中的不协调和各种矛盾、冲突，从而危及广大社会成员的切身利益，需要依靠社会力量解决的社会现象。（朱力：《大转型——中国社会问题透视》，宁夏人民出版社 1997 年版，第 37 页）

43. 在一定时期和一定范围中产生和客观存在的，影响（或妨碍）社会生活和社会机能，引起社会普遍关注并期望予以解决，且需要和只有以社会力量解决的社会失调现象。（雷洪：《社会问题——社会学的一个中层理论》，社会科学文献出版社 1999 年版，第 30 页）

44. 社会问题就是因某些社会因素在运行过程中与整个社会系统发生脱节和失调，影响了社会成员的正常生活乃至阻碍了社会进步，需要依靠社会力量加以解决的公共问题。（章辉美等编著：《当今中国社会问题研究》，中南工业大学出版社 2000 年版，第 1 页）

45. 从社会学的角度来说，社会问题是被大多数社会成员视为违反社会规范的社会现象，它影响着社会的发展与进步，因此会引起社会成员的普遍关注，并迫切要求加以解决。（庄平、毕伟玉：《当代社会问题与青少年教育》，山东教育出版社 2001 年版，第 2 页）

46. 广义的社会问题是指与社会有关的一切问题，我们通常所说的社会问题是指狭义的社会问题。狭义的社会问题就是指社会关系或社会环境失调，影响社会全体成员或部分成员的共同生活，破坏社会正常运行，引起人们广泛关注，需要采取社会力量加以解决的社会现象，它是社会学研究的特有区域。（张向东编著：《当代社会问题》，中国审计出版社、中国社会出版社 2001 年版，第 2、4 页）

47. 社会问题可以从广义与狭义的论域界定。广义的社会问题是指导致某些社会关系失调从而影响了正常社会活动并引起社会关注的社会现象或社会事件。狭义的社会问题是指社会学研究的社会现象或社会事件。（黄忠晶、李弘毅主编：《当代中国社会问题研究》，宁夏人民出版社 2001 年版，第 1—2 页）

48. 公认的社会问题一般具备以下 4 个要素：（1）它们对个人或社会造成物质或精神损害；（2）它们触犯了社会里一些群体集团的价值观或准则；（3）它们持续很长时间；（4）由于处于不同社会地位的群体会做出不同评判，对它们的解决方案也往往多种多样，因而在如何解决问题上难以达成一致。（［美］文森特·帕里罗等：《当代社会问题》，周兵等译，华夏出版社 2002 年版，第 6—7 页）

49. 社会问题是影响社会成员健康生活，妨碍社会协调发展，引起社会大众普遍关注的一种社会失调现象。（朱力等：《社会问题概论》，社会科学文献出版社 2002 年版，第 7 页；朱力：《当代中国社会问题》，社会科学文献出版社 2008 年版，第 6 页）社会问题是违背社会主导价值、干扰社会成员健康生活、妨碍社会协调发展、引起社会大众普遍关注的一种公众问题。（朱力：《社会问题》，社会科学文献出版社 2018 年版，第 7 页）

50. A problem is a social problem, then, to the degree that its causes are social, to the extent that large numbers of people are affected, and to the extent that conditions threaten society as we know and accept it. 一个问题之所以是一个社会问题，是因为在某种程度上它是社会性的，大量的人受到一定程度的影响，以及在某种程度上这些状况威胁到我们所熟知和接受的社会。

[［美］J. M. 卡龙：*An Introduction to the Study of Social Problems*，载 J. M. 卡龙编《社会问题读本》（Social Problems Readings with Four Questions）影印版，北京大学出版社 2005 年版，第 4 页］

51. 所谓社会问题是指某种社会现象影响或妨碍了多数社会成员的生活，而且必须以社会整体力量和群体行动的方式才能得到改进和解决的问题。社会问题是人类社会中普遍存在的社会事实，是社会发展过程中不可避免的一种社会现象，同时也是受到普遍关注的公共问题，是多种因素交互作用的结果。（魏曼华等：《当代社会问题与青少年成长》，福建教育出版社 2005 年版，第 23—24 页）

52. 社会问题是影响社会成员健康生活，妨碍社会协调发展，引起社会大众普遍关注的一种社会失调现象。（张福运、马亚静编著：《当代中国社会问题》，中国矿业大学出版社 2005 年版，第 3 页）

53. 社会问题是指各种社会关系中的不协调和各种矛盾、冲突，从而危及广大社会成员的切身利益，需要依靠社会群体力量解决的社会现象。（王尚银主编，吴玉宗、任丽萍副主编：《中国社会问题研究引论》，浙江大学出版社 2005 年版，第 2—3 页）

54. 偏离社会主流价值所公认的正常状态，影响到社会成员的正常生活，并需要在整个社会制度层面予以回应的一种社会状态。（何雪松：《社会问题导论：以转型为视角》，华东理工大学出版社 2007 年版，第 5 页）

55. 从社会学的角度看，我们所碰到的社会问题，是由于社会关系或社会环境失调，使社会全体或部分成员的共同生活受到不良影响，社会进步发生障碍的社会现象。（樊新民编著：《当代中国社会问题》，中国社会出版社 2007 年版，第 1 页）

56. A social problem is a condition that undermines the well-being of some or all members of a society and is usually a matter of public controversy. 社会问题是破坏社会中某些成员或所有成员福祉的一种状况，这通常是一个引起公众争议的问题。（John J. Macionis. *Social Problems Fourth Edition*, *Census Update*, Massachusetts: Prentice Hall Pearson, 2010, p. 3）

57. 所谓社会问题，就是妨碍相当一部分社会成员的正常生活乃至影响整个社会的有序发展，进而引起人们广泛关注并需要动用社会力量加以

解决的社会现象。（苟君厉：《中国视点——当代中国社会问题研究》，西苑出版社2010年版，第4页）

58. A social problem is a social condition that a segment of society views as harmful to members of society and in need of remedy. 社会问题是这样指一种社会状况，一部分社会成员认为这一社会状况对社会成员是有害的且需要纠正的。（Linda A. Mooney, David Knox and Caroline Schacht, *Understanding Social Problem Seventh Edition*, Massachusetts: Wadsworth, Cengage Learning, 2011, p. 3）

59. When enough people in a society agree that a condition exists that threatens the quality of their lives and their most cherished values, and they also agree that something should be done to remedy that condition, sociologists say that the society has defined that condition as a social problem. 当一个社会中有足够多的人都同意存在一种威胁到他们的生活质量和他们最珍视的价值观的状况，并且他们也同意应该采取一些措施来补救这种状况时，社会学家认为社会已经将这种状况定义为一个社会问题。（William Kornblum, Joseph Julian and Carolyn D. Smith. *Social Problems 14th Edition*, New Jersey: Prentice Hall, 2011, p. 5）

60. 社会问题是指在社会中存在的人与自然、人与社会以及人与人之间关系的严重失调或冲突现象。（向德平主编：《社会问题》（第2版），中国人民大学出版社2015年版，第2页）

61. 社会问题有广义与狭义之分。广义的社会问题是指人类社会在各个发展阶段都可能遇到的困扰或危机。狭义的社会问题则特指现代社会发展过程中的障碍、失调现象。社会学侧重从狭义来理解社会问题的内涵。也可以说，社会学意义上的社会问题，是指现代社会的运行和发展过程中出现的种种障碍和失调现象。（《社会学概论》编写组编：《社会学概论》，人民出版社、高等教育出版社2011年版，第284页；《社会学概论》编写组编：《社会学概论》第2版，人民出版社2021年版，第325页）

62. Human beings create or construct social problems when they give a particular meaning or "spin" to potentially troublesome conditions…. Social problems are subjective interpretations rather than objective conditions. It is the

process of calling attention to a troubling condition, not the condition itself, that makes something a social problem. For a social problem to exist, at least one person has to (1) notice a situation, (2) interpret it as bothersome, and (3) tell other people about it. 当人类给潜在的麻烦状况赋予一个特定的意义时，社会问题就被创造或建构出来了……社会问题是一种主观的解释，而不是客观的状况。正是让人们关注一种令人不安的状况的过程，而不是这一状况本身，使得某事物成为一个社会问题。一个社会问题要存在，至少有人必须（1）注意到一个情况，（2）把它解释为麻烦，（3）把它告诉其他人。（Joel Best and Scott R. Harris（ed.）. *Making Sense of Social Problems*：*New Images*，*New Issues*，Boulder，CO and London：Lynne Reinner，2013，pp. 3－4）

63. 社会问题是指对社会成员生活状态产生负面影响的问题。（［美］约翰·D. 卡尔：《社会问题：关注身边的　了解当下的》，刘仲翔、吴军译，中国人民大学出版社 2014 年版，第 4 页）

64. 张镜予：一般观念认为，凡是危害社会秩序的事件，扰乱大众生活的行动，就是社会问题。（东波、方伟明：《当代社会问题研究》，哈尔滨工程大学出版社 2016 年版，第 3 页）

65. 社会问题是由社会结构本身的缺陷或社会变迁过程中社会结构内出现功能障碍、关系失调和调和错位等原因造成的，影响社会大部分成员的正常生活，妨碍社会协调发展，引起社会大众普遍关注的一种社会失调现象与公共问题。（东波、方伟明：《当代社会问题研究》，哈尔滨工程大学出版社 2016 年版，第 5 页）

66. 此书研究两种主要的社会问题类型：（1）违反社会规范和价值观的行为和环境，（2）造成精神或物质痛苦的社会环境。（［美］D. 斯坦利·艾兹恩、玛克辛·巴卡津恩、凯利·艾岑·史密斯：《美国社会问题　全彩版》，电子工业出版社 2016 年版，第 10 页）

67. 在我们的日常生活中，我们倾向于使用社会问题这个术语来归类那些我们认为是麻烦的、普遍的、可以改变的、应该改变的状况。（Donileen R. Loseke. *Thinking about Social Problems*：*An Introduction to Constructionist Perspectives*，New York：Routledge，2017，p. 7. ）

68. 在一定历史时期存在的影响多数社会成员的共同生活，妨碍社会良性运行与协调发展，引起了社会多数成员的共同关注，需要并且只有运用社会力量才能加以解决或消除的社会失调现象。［许传新、祝建华、张翼编：《社会问题概论》（第 2 版），华中科技大学出版社 2018 年版，第 2 页］

69. 总的来说，社会问题有广义与狭义之分。广义的社会问题，泛指一切与社会生活有关的问题；狭义的社会问题特指社会的病态或失调现象。社会学一般研究狭义的社会问题。本书认为，社会问题是指在社会运行过程中，由于存在某些使社会结构和社会环境失调的障碍因素，影响社会全体成员或部分成员共同生活，对社会正常秩序甚至社会运行安全构成一定威胁，需要动员社会力量进行干预的社会现象。［郑杭生主编：《社会学概论新修》（第 1 版），中国人民大学出版社 1994 年版，第 412 页］总的来说，社会问题有广义与狭义之分。广义的社会问题，泛指一切与社会生活有关的问题；狭义的社会问题，特指社会的病态或失调现象。这里所说的狭义的社会问题，指的是在社会运行过程中，由于存在某些使社会结构和社会环境失调的障碍因素，影响社会全体成员或部分成员共同生活，对社会正常秩序甚至社会运行安全构成一定威胁，需要动员社会力量进行干预的社会现象。［郑杭生主编：《社会学概论新修》（第 5 版），中国人民大学出版社 2019 年版，第 416 页］

70. 社会问题，即引起大量人们关注并需要改变的社会方面。（［美］詹姆斯·M. 汉斯林：《社会学与人类生活：社会问题解析》第 11 版，风笑天等译，电子工业出版社 2019 年版，第 5 页）

71. 社会问题是指对社会成员生活状态产生负面影响的问题。（［美］约翰·D. 卡尔：《美国社会问题》，刘仲翔、吴军译，中国人民大学出版社 2020 年版，第 3 页）

参考文献

一　中文文献

［澳］马尔科姆·沃特斯：《现代社会学理论》，杨善华等译，华夏出版社2000年版。

［德］彼得·阿特斯兰德：《经验性社会研究方法》，李路路、林克雷译，中央文献出版社1995年版。

［德］汉斯·约阿斯、沃尔夫冈·克诺伯：《社会理论二十讲》，郑作彧译，上海人民出版社2021年版。

［法］阿兰·图尔纳：《我们能否共同生存？——既彼此平等又互有差异》，狄玉明、李平沤译，商务印书馆2003年版。

［法］E. 迪尔凯姆：《社会学方法的准则》，狄玉明译，商务印书馆2007年版。

［法］雷蒙·阿隆：《社会学主要思潮》，葛志强等译，华夏出版社1999年版。

［法］西蒙娜·德·波伏娃：《第二性　全译本》，陶铁柱译，中国书籍出版社1998年版。

［美］艾略特·列堡：《泰利的街角——一项街角黑人的研究》，李文茂、邹小艳译，重庆大学出版社2010年版。

［美］艾尔·巴比：《社会研究方法》，李银河编译，四川人民出版社1987年版。

［美］艾尔·巴比：《社会研究方法基础》（第8版），邱泽奇译，华夏出版

社 2002 年版，第 233 页。

[美] 艾尔·巴比：《社会研究方法》（第 11 版），邱泽奇译，华夏出版社 2018 年版。

[美] C. A. 埃尔伍德：《社会问题：改造的分析》，王造时、赵廷为译，商务印书馆 1922 年版。

[美] 查尔斯·赖特·米尔斯：《社会学的想象力》（第 4 版），陈强、张永强译，生活·读书·新知三联书店 2016 年版。

[美] D. 斯坦利·艾兹恩、玛克辛·巴卡津恩、凯利·艾岑·史密斯：《美国社会问题 全彩版》，电子工业出版社 2016 年版。

[美] 弗·斯卡皮蒂：《美国社会问题》，刘泰星、张世灏译，中国社会科学出版社 1986 年版。

[美] 霍华德·S. 贝克尔：《局外人：越轨的社会学研究》，张默雪译，南京大学出版社 2011 年版。

[美] J. M. 卡龙编：《社会问题读本》（*Social Problems Readings with Four Questions*）影印版，北京大学出版社 2005 年版。

[美] 杰弗里·亚历山大：《是什么造成了社会危机？——社会问题的社会化》，陈雪梅译，江苏人民出版社 2022 年版。

[美] 劳伦斯·纽曼：《社会研究方法——定性和定量的取向》（第 5 版），郝大海译，中国人民大学出版社 2007 年版。

[美] 里斯本小组：《竞争的极限：经济全球化与人类未来》，张世鹏译，中央编译出版社 2000 年版。

[美] 鲁滨顿、温伯格：《社会问题导论：五种视角》，陈慧娟译，台北：巨流图书公司 1988 年版。

[美] 罗伯特·金·默顿：《论理论社会学》，何凡兴、李卫红、王丽娟译，华夏出版社 1990 年版。

[美] 罗伯特·金·默顿：《社会理论和社会结构》（第 2 版），唐少杰、齐心等，译林出版社 2015 年版。

[美] 罗伯特·金·默顿：《社会研究与社会政策》，林聚任等译，生活·读书·新知三联书店 2001 年版。

[美] 马丁·S. 温伯格、厄尔·鲁滨顿、苏·基弗·哈密尔史密斯：《解决

社会问题：五种透视方法》，单爱民、李伟科译，吉林人民出版社 1992 年版。

［美］纳迪亚·奥里阿特、周叶谦：《社会政策与社会研究：重启讨论》，《国际社会科学杂志》（中文版）1999 年第 2 期。

［美］欧文·戈夫曼：《污名——受损身份管理札记》，宋立宏译，商务印书馆 2009 年版。

［美］乔纳森·H. 特纳：《社会学理论的结构》（第 7 版），邱泽奇、张茂元等译，华夏出版社 2006 年版。

［美］乔恩·谢泼德、哈文·沃斯：《美国社会问题》，乔寿宁、刘云霞合译，山西人民出版社 1987 年版。

［美］乔治·瑞泽尔：《古典社会学理论》（第 6 版），王建民译，世界图书出版公司北京公司 2014 年版。

［美］托马斯·S. 库恩：《科学革命的结构》（第 4 版），金吾伦、胡新和译，北京大学出版社 2003 年版。

［美］文森特·帕里罗等：《当代社会问题》（第 4 版），周兵等译，华夏出版社 2002 年版。

［美］威廉·费尔丁·奥格本：《社会变迁——关于文化和先天的本质》，王晓毅、陈育国译，浙江人民出版社 1989 年版。

［美］威廉·富特·怀特：《街角社会：一个意大利人贫民区的社会结构》，黄育馥译，商务印书馆 2017 年版。

［美］亚历克斯·英格尔斯：《社会学是什么？——对这门学科和职业的介绍》，陈观胜、李培茱译，中国社会科学出版社 1982 年版。

［美］殷克勒斯：《社会学是什么》修订版，黄瑞祺译，台北：巨流图书公司 1985 年版，第 1 页。

［美］詹姆斯·M. 汉斯林：《社会学与人类生活：社会问题解析》（第 11 版），风笑天等译，电子工业出版社 2019 年版。

［美］詹姆斯·马奇、［美］马丁·舒尔茨、周雪光：《规则的动态演变——成文组织规则的变化》，童根兴译，上海人民出版社 2005 年版。

［日］高畠素之：《社会问题总览》，李达译，1920 年版。

［英］查尔斯·狄更斯：《双城记》，马小弥译，四川文艺出版社 1986

年版。

［英］齐格蒙·鲍曼：《立法者与阐释者：论现代性、后现代性与知识分子》，洪涛译，上海人民出版社2000年版。

［英］斯宾塞：《群学肄言 不分卷》，（清）严复译，文明编译书局1903年版。

曹凤：《第五次高峰——当代中国的犯罪问题》，今日中国出版社1997年版。

陈路、华峰林、尹志超等：《中国社会问题研究主题的历史回顾——对10030篇社会学论文的文献研究》，中国社会学会学术年会，2009年。

陈新华：《留美生与中国社会学》，南开大学出版社2009年版。

成伯清：《"风险社会"视角下的社会问题》，《南京大学学报》（哲学·人文科学·社会科学版）2007年第2期。

程继隆主编：《社会学大辞典》，中国人事出版社1995年版。

邓伟志主编：《社会学新视野》，上海社会科学院出版社2007年版。

范伟达：《现代社会研究方法》，复旦大学出版社2001年版。

费孝通：《试谈扩展社会学的传统界限》，《北京大学学报》（哲学社会科学版）2003年第3期。

风笑天主编：《社会学导论》（第2版），华中科技大学出版社2008年版。

风笑天：《社会学研究方法》（第3版），中国人民大学出版社2009年版。

苟君厉：《中国视点——当代中国社会问题研究》，西苑出版社2010年版。

何雪松：《社会问题导论：以转型为视角》，华东理工大学出版社2007年版。

侯均生主编：《西方社会学理论教程》（第4版），南开大学出版社2017年版。

黄忠晶、李弘毅主编：《当代中国社会问题研究》，宁夏人民出版社2001年版。

《婚姻登记管理条例》，《四川政报》1994年第9期。

《婚姻登记条例》，《人民日报》2003年8月19日。

江毓中：《关于社会问题的研究》，《无锡学会会刊》1931年（创刊号）。

雷洪：《社会问题——社会学的一个中层理论》，社会科学文献出版社1999

年版。

雷洪、郑丹丹：《社会问题的分类研究及类型》，《社会科学研究》1998年第1期。

雷洁琼：《社会学的任务就是分析和解决社会问题》，《中南民族大学学报》（哲学社会科学版）1994年第5期。

李磊：《"社会问题"课程重在引导理性"问题观"》，《社会工作下半月》（理论）2009年第12期。

李芹主编：《社会学概论》，山东人民出版社2012年版。

李强：《我国正在形成"土"字形社会》，《北京日报》2015年5月25日第18版。

《联合国官员认为21世纪人类将面临五大挑战》，《领导决策信息》1998年第34期。

梁瑞明编著：《社会学基础》，中山大学出版社2019年版。

刘世宁、丁元竹编：《走向21世纪的中国社会问题》，四川人民出版社1997年版。

陆学艺主编：《社会学》，知识出版社1991年版。

陆学艺、景天魁主编：《转型中的中国社会》，黑龙江人民出版社1994年版。

马洪、孙尚清主编：《经济社会管理知识全书》第4卷，经济管理出版社1988年版。

《马克思恩格斯全集》第4卷，人民出版社1958年版。

马寅初：《新人口论》，广东经济出版社1998年版。

彭怀真：《社会问题》，台北：洪业文化事业有限公司2013年版。

彭秀良：《中国社会工作名家小传》，中国社会出版社2020年版。

卜愈之编著，吴泽霖校订：《社会学及社会问题》，世界书局1933年版。

青连斌：《社会问题的界定和成因》，《中共中央党校学报》2002年第3期。

瞿海源、张苙云主编：《台湾的社会问题2005》，台北：巨流图书公司2005年版。

瞿海源、张苙云主编：《台湾的社会问题》（第2版），台北：巨流图书公司 2010 年版。

《全国已打掉涉黑组织 3120 个，涉恶犯罪集团 9888 个》，http://www.gov.cn/xinwen/2020-05/19/content_5513085.htm，访问日期：2022 年 8 月 1 日。

《社会工作专业本科人才培养方案》，http://www.zf.ldu.edu.cn/info/1039/2198.htm，访问日期：2022 年 8 月 1 日。

《社会问题》杂志官网，https://academic.oup.com/socpro/pages/About，访问日期：2022 年 8 月 1 日。

《社会学专业本科生培养方案》，http://shss.usth.edu.cn/info/1017/1642.htm，访问日期：2022 年 8 月 1 日。

沈兵：《新疆昌吉地区农民季节性失业现状分析》，《合作经济与科技》2016 年第 9 期。

孙本文：《孙本文文集　第 6 卷　现代中国社会问题　结论　家族问题　人口问题》，社会科学文献出版社 2012 年版。

孙本文：《社会问题》，世界书局 1927 年版。

孙本文：《现代中国社会问题》（第一册），商务印书馆 1941 年版。

孙本文：《中国社会问题》，青年书店 1939 年版。

孙志建：《模糊性治理：中国城市摊贩监管中的政府行为模式》，复旦大学出版社 2016 年版。

谭全万主编：《法律社会学》，西南交通大学出版社 2017 年版。

陶孟和编：《新学制高级中学教科书　社会问题》，商务印书馆 1926 年版。

童星：《世纪末的挑战——当代中国社会问题研究》，南京大学出版社 1995 年版。

童星：《四步递进——社会问题的研究方法》，《南京师大学报》（社会科学版）1997 年第 4 期。

涂敏霞、邱服兵主编：《广州青年发展状况研究报告 2009—2010》，广东人民出版社 2010 年版。

王宁：《代表性还是典型性？——个案的属性与个案研究方法的逻辑基础》，《社会学研究》2002 年第 5 期。

王瑞荪等主编、实用百科全书编委会编：《实用百科全书》，开明出版社

1993年版。

王尚银主编：《中国社会问题研究引论》，浙江大学出版社2005年版。

王梅：《"当代中国社会问题"课程教学方法探索——以青海某高校为例》，《牡丹江大学学报》2022年第4期。

魏曼华等：《当代社会问题与青少年成长》，福建教育出版社2005年版。

吴承明：《经济史：历史观与方法论》，商务印书馆2017年版。

向德平主编：《社会问题》（第2版），中国人民大学出版社2015年版。

徐安琪、叶文振：《父母离婚对子女的影响及其制约因素——来自上海的调查》，《中国社会科学》2001年第6期。

许婷：《政策问题界定和政策议程建立——以美国底特律拖车事件为例》，《法制博览》2019年第20期。

许传新、祝建华、张翼编：《社会问题概论》，华中科技大学出版社2011年版。

许传新、祝建华、张翼编：《社会问题概论》（第2版），华中科技大学出版社2018年版。

《亚洲国家会议关于社会问题的会议》，《科学通报》1955年第5期。

闫志刚：《社会建构论：社会问题理论研究的一种新视角》，《社会》2006年第1期。

闫志刚：《社会建构论视角下的社会问题研究：农民工问题的社会建构过程》，中国社会科学出版社2010年版。

杨国枢、叶启政：《台湾的社会问题1991版》，台北：巨流图书公司1991年版。

姚新中：《困惑——当代社会问题的伦理思考》，中国城市经济社会出版社1989年版。

易富贤：《大国空巢：反思中国计划生育政策》，中国发展出版社2013年版。

游正林：《社会统计学：对问卷调查数据的统计分析》，社会科学文献出版社2010年版。

袁方主编：《社会学百科辞典》，中国广播电视出版社1990年版。

袁方主编：《社会研究方法教程》，北京大学出版社1997年版。

章辉美等编著：《当今中国社会问题研究》，中南工业大学出版社 2000 年版。

张琴抚讲授，郭逸樵笔记：《社会问题大纲》，乐华图书公司 1930 年版。

张蓉编著：《社会调查研究方法》，知识产权出版社 2014 年版。

张荣洁：《社会问题消解方式初探》，《广西大学学报》（哲学社会科学版）2001 年第 1 期。

张威：《改革开放以来我国犯罪问题的宏观分析》，中国政法大学出版社 2018 年版。

张向东编著：《当代社会问题》，中国审计出版社、中国社会出版社 2001 年版。

赵子祥：《中国社会问题评价》，辽宁人民出版社 1989 年版。

郑杭生主编：《民族社会学概论》（第 2 版），中国人民大学出版社 2011 年版。

郑杭生主编：《社会学概论新修》（第 5 版），中国人民大学出版社 2019 年版。

郑杭生主编：《中国社会转型中的社会问题》，中国人民大学出版社 1996 年版。

郑杭生、李强、李路路等：《当代中国社会结构和社会关系研究》，首都师范大学出版社 1997 年版。

郑凯亮：《中国社会学社研究》，硕士学位论文，河北大学，2018 年。

郑若谷：《社会学概论及现代社会问题研究大纲》，1929 年版。

《中办 国办印发〈关于常态化开展扫黑除恶斗争巩固专项斗争成果的意见〉（附解读）》，https://m.thepaper.cn/baijiahao_12828008，访问日期：2022 年 8 月 1 日。

《中国学术名著提要》编委会编：《中国学术名著提要（合订本）第六卷 民国编 下》，复旦大学出版社 2019 年版。

中国大百科全书总编辑委员会：《中国大百科全书·社会学》，中国大百科全书出版社 2002 年版。

中国大百科全书总编辑委员会《社会学》编辑委员会、中国大百科全书出版社编辑部：《中国大百科全书·社会学》，中国大百科全书出版社 1991

年版。

中国社会科学院社会学所编：《中国社会学》第2卷，上海人民出版社2003年版。

中国社会科学院社会学研究所编：《中国社会学年鉴1979—1989》，中国大百科全书出版社1989年版。

《中共中央 国务院发出〈关于开展扫黑除恶专项斗争的通知〉》，http://news.china.com.cn/2018-01/24/content_50293318.htm，访问日期：2022年8月1日。

《中国社会学会分支机构及负责人（2018）》，http://csa.cass.cn/gyxh/zzjg/zywyh/201204/t20120405_1966817.shtml，访问日期：2022年8月1日。

《中华人民共和国婚姻法》，《陕西政报》1950年第2期。

《中华人民共和国婚姻法》，《中华人民共和国国务院公报》1980年第13期。

《中华人民共和国民法典》，《中华人民共和国全国人民代表大会常务委员会公报》2020年第S1期。

周明、刘茵：《旋转的中国——社会问题报告文学集》，作家出版社1988年版。

周晓虹：《国家、市场与社会：秦淮河污染治理的多维动因》，《社会学研究》2008年第1期。

周晓虹：《西方社会学历史与体系 第1卷 经典贡献》，上海人民出版社2002年版。

朱力：《变迁之痛——转型期的社会失范研究》，社会科学文献出版社2006年版。

朱力：《大转型——中国社会问题透视》，宁夏人民出版社1997年版。

朱力：《当代中国社会问题》，社会科学文献出版社2008年版。

朱力：《社会结构转轨与社会问题突现》，《南京大学学报》（哲学社会科学版）1994年第1期。

朱力：《社会问题》，社会科学文献出版社2018年版。

朱力等：《社会问题概论》，社会科学文献出版社2002年版。

二 英文文献

"A Grave Social Problem." *The British Medical Journal*, Vol. 2, No. 1092, December 1881, pp. 904 – 905.

Alexander, Jeffrey, C.. "The Societalization of Social Problems: Church Pedophilia, Phone Hacking, and the Financial Crisis." *American Sociological Review*, Vol. 83, No. 6, October 2018, pp. 1049 – 1078.

Ansgen, Ruth, Nanda (ed.). *The Family, Its Function And Destiny*, New York: Harper & Brothers Publishers, 1959.

Becker, Howard, S. (ed.). *Social Problems: A Modern Approach*, New York: John Wiley & Sons, Inc., Wiley, 1966.

Best, Joel. "Constructing the Sociology of Social Problems: Spector and Kitsuse Twenty-five Years Later." *Sociological Forum*, Vol. 17. No. 4, December 2002, pp. 699 – 706.

Best, Joel. *Images of Issues: Typifying Contemporary Social Problems Second Edition*, New York: Routledge, 2017.

Best, Joel. "*The Sociology of Social Problems: Theoretical Perspectives and Methods of Intervention* (Book)." *Contemporary Sociology*, Vol. 28, No. 4, July 1999, pp. 486 – 487.

Best, Joel and Scott R. Harris (ed.). *Making Sense of Social Problems: New Images, New Issues*, Boulder, CO and London: Lynne Reinner, 2013.

Blendea, Sevastian. "The Specific of Sociology Problems Social." *Annals of the Constantin Brancusi University of Targu Jiu-Letters & Social Sciences Series*, Supplement 2, 2015, pp. 126 – 134.

Blumer, Herbert. "Social Problems As Collective Behavior." *Social Problems*, Vol. 18, Issue. 3, Winter 1971, pp. 298 – 306.

Blumer, Herbert. *Symbolic Interactionism: Perspective and Method*, Englewood New Jersey: Pentice-Hall, 1969.

Bossard, James H. S.. "Comment." *American Sociological Review*, Vol. 6, No. 3, June 1941, pp. 328 – 329.

Bossard, James, H. S.. *Social Change and Social Problems*, New York: Harper & Brothers, 1938.

Burgess, Ernest, W.. "The Aims of the Society for the Study of Social Problems." *Social Problems*, Vol. 1, Issue 1, June 1953, pp. 2 – 3.

Case, Clarence, Marsh. *Outlines of Introductory Sociology*, New York: Harcourt, Brace and Company, Inc. , 1924.

Case, Clarence, Marsh. "What Is a Social Problem." *Journal of Applied Sociology*, Vol. 8, No. 5, 1924, pp. 268 – 273.

Charlton, T. J.. "Some Social Problems and Their Solution." *Educational Weekly*, Vol. 2, Issue 9, March 1884, pp. 4 – 5.

Frank, Lawrence, K.. "Social Problems." *American Journal of Sociology*, Vol. 30, No. 4, January 1925, pp. 462 – 473.

Fuller, Richard, C.. "The Problem of Teaching Social Problems." *American Journal of Sociology*, Vol. 44, No. 3, November 1938, pp. 415 – 435.

Fuller, Richard, C. and Richard R. Myers. "Some Aspects of A Theory of Social Problems." *American Sociological Review*, Vol. 6, No. 1, February 1941, pp. 24 – 32.

Fuller, Richard, C. and Richard R. Myers. "The Natural History of A Social Problem." *American Sociological Review*, Vol. 6, No. 3, June 1941, pp. 320 – 329.

Gillin, John, Lewis and Clarence G. Dittmer and Roy J. Colbert. *Social Problems*, The Century Co. , 1928.

Gillin, John, Lewis and John Philip Gillin. *Cultural Sociology: A Revision of An Introduction to Sociology*, New York: The Macmillan Company, 1948.

Gove, Walter, R. (ed.) . *The Labelling of Deviance: Evaluating A Perspective*, Washington: Halsted Press, 1975.

Han, Guel, Jung. *The Rise and Fall of Social Problems: Alcohol and Tobacco in Oberlin*, Doctoral dissertation, Oberlin College, 2014.

Harris, Scott R. (ed.) . *Making Sense of Social Problems: New Images, New Issues*, Boulder, CO and London: Lynne Reinner, 2013.

Hartjen Clayton A.. *Possible Trouble: An Analysis of Social Problems*, New York: Praeger Publishers, 1977.

Hart, Hornell. "What is a Social Problem?" *American Journal of Sociology*, Vol. 29, No. 3, November 1923, pp. 345 – 352.

Herman, Abbott, P.. "The Disproportionate Emphasis on Description in Social Problem Texts." *Social Problems*, Vol. 1, No. 3, January 1954, pp. 105 – 109.

Hilgartner, Stephen and Charles L. Bosk. "The Rise and Fall of Social Problems: A Public Arenas Model." *American Journal of Sociology*, Vol. 94, No. 1, July 1988, pp. 53 – 78.

Hime, Maurice C.. "The Grave Social Problem." *The British Medical Journal*, Vol. 1, No. 1101, February 1882, pp. 175 – 176.

Horton, Paul, B. and Gerald R. Leslie. *The Sociology of Social Problem Third Edition*, New York: Appleton-Century-Crofts Division of Mere Dith Corporation, 1955.

James, Davis, Floyd. *Social Problems: Enduring Major Issues and Social Change*, New York: The Free Press, 1976.

Jamrozik, Adam and Luisa Nocella. *The Sociology of Social Problems: Theoretical Perspectives and Methods of Intervention*, Cambridge: Cambridge University Press, 1998.

Kitsuse, John, I. and Malcolm Spector. "Toward A Sociology of Social Problems: Social Conditions, Value-Judgments, and Social Problems." *Social Problems*, Vol. 20, Issue 4, Spring 1973, pp. 407 – 419.

Kornblum, William and Joseph Julian and Carolyn D. Smith. *Social Problems 14th Edition*, New Jersey: Prentice Hall, 2011.

Lemert, Edwin, M.. *Social Pathology: A Systematic Approach to the Theory of Sociopathic Behavior*, New York: McGraw-Hill Book Company, Inc., 1951.

Lemert, Edwin, M.. "Is There A Natural History of Social Problems?" *American Sociological Review*, Vol. 16, No. 2, April 1951, pp. 217 – 223.

Lidz, Charles. "Studies in the Sociology of Social Problems (Book)." *Quali-*

tative Sociology, Vol. 9, No. 3, Fall 1986, pp. 309 – 311.

Loseke, Donileen, R.. *Thinking About Social Problems: An Introduction to Constructionist Perspectives*, New York: Routledge, 2017.

Loseke, Donileen R. and Joel Best (ed.). *Social Problems: Constructionist Readings*, 2003.

Macionis, John, J.. *Social Problems Fourth Edition*, Census Update, Massachusetts: Prentice Hall Pearson, 2010.

Manis, Jerome, G.. "The Concept of Social Problems: Vox Populi and Sociological Analysis." *Social Problems*, Vol. 21, No. 3, January 1974, pp. 305 – 315.

Maratea, Ray. "The E-rise and Fall of Social Problems: The Blogosphere as A Public Arena." *Social Problems*, Vol. 55, No. 1, February 2008, pp. 139 – 160.

Merton, Robert, K.. "Social Structure and Anomie." *American Sociological Review*, Vol. 3, No. 5, October 1938, pp. 672 – 682.

Merton, Robert, K. and Robert Nisbet (ed.). *Contemporary Social Problems Third Edition*, Harcourt Brace Jovanovich, Inc., 1971.

Merton, Robert, K. and Robert Nisbet (ed.). *Contemporary Social Problems Fourth Edition*, Harcourt Brace Jovanovich, Inc., 1976.

Mooney, Linda, A., David Knox and Caroline Schacht, *Understanding Social Problem Seventh Edition*, Massachusetts: Wadsworth, Cengage Learning, 2011.

Ong, Andy, S. J. and Colleen A. Ward. "The Effects of Sex and Power Schemas, Attitudes Toward Women, and Victim Resistance on Rape Attributions." *Journal of Applied Social Psychology*, Vol. 29, No. 2, February 1999, pp. 362 – 376.

Reinhardt, James, M.. "Trends in the Teaching of 'Social Problems' in Colleges and Universities in the United States." *Social Forces*, Vol. 7, No. 3, March 1929, pp. 379 – 384.

Park, Robert, E. (ed.). *An Outline of The Principles of Sociology*, New

York: Barnes & Nobl, Inc., 1939.

Reid, Sue, Titus and Alan P. Bates. "Undergraduate Sociology Programs in Accredited Colleges and Universities." *The American Sociologist*, Vol. 6, No. 2, May 1971, pp. 165 – 175.

Ritzer, George. "Sociology: A Multiple Paradigm Science." *The American Sociologist*, Vol. 10, No. 3, August 1975, pp. 156 – 167.

Ritzer, George (ed.). *Handbook of Social Problems: A Comparative, International Perspective*, Thousand Oaks, Calif.: Sage Publications, 2004.

Rubington, Earl and Martin S. Weinberg (ed.). *The Study of Social Problems: Seven Perspectives Sixth Edition*, New York Oxford: Oxford University Press, 2003.

Scheff, Thomas J. *Being Mentally Ill: A Sociological Theory*, Chicago: Aldine Publishing Company, 1966.

Schneider, Joseph W.. "Social Problems Theory: The Constructionist View." *Annual Review of Sociology*, Vol. 11, No. 1, 1985, pp. 209 – 229.

Schneider, Joseph W. and John I. Kitsuse (ed.). *Studies in the Sociology of Social Problems*, New Jersey: Ablex Publishing Corporation, 1984.

Shepard, Jon, M. and Cyrus S. Stewart. *Sociology and Social Problems: A Conceptual Approach*. New Jersey: Prectice-Hall, Inc., Englewood Cliffs, 1976.

Spector, Malcolm. "*Constructing Social Problems* Forty Years Later." *The American Sociologist*, Vol. 50, No. 2, June 2019, pp. 175 – 181.

Spector, Malcolm and John I. Kitsuse. *Constructing Social Problems*, New York: Routledge, 2017.

Spector, Malcolm and John I. Kitsuse. "Social Problems: A Re-Formulation." *Social Problems*, Vol. 21, Issue 2, Autumn 1973, pp. 145 – 159.

Truman, David B.. *The Governmental Process*, New York: Alfred Knopf, 1951.

Wallace, Walter L.. *The Logic of Science in Sociology*, New York: Routledge, 2017.

Waller, Willard. "Social Problems and the Mores." *American Sociological Review*, Vol. 1, No. 6, December 1936, pp. 922 –933.

Westhues, Kenneth. "Social Problems as Systemic Costs." *Social Problems*, Vol. 20, Issue 4, Spring 1973, pp. 419 –431.

后　　记

　　能够有机会编写这部教材,对我而言是幸运的。2020年,我们学院在周晓虹、周怡二位特聘教授的帮助下启动了"花溪社会学文库"和"花溪社会学教程"的出版工作。之所以选择撰写这本《社会问题导论》,最主要的原因是在南京大学社会学院度过的六年时光里所形成的对社会问题的认知和兴趣。六年的时光里,在导师朱力教授的教育和培养下,我对社会问题、社会矛盾、社会治理等问题有了深刻的理性认识,尤其是对社会问题有了极大的兴趣,只是碍于自身能力和精力所限,未能深入。但是,那时已经萌生了日后将社会问题作为自己的研究方向之一的想法。2019年6月,我从南京大学博士毕业,进入贵州民族大学,成了社会学系的普通一员。在2019—2020学年的第二学期,我承担了社会工作专业的《社会问题概论》课程。在备课、教学的过程中,我对社会问题有了深入的认识和理解。在学院的大力支持下,借着"花溪社会学教程"的东风,在经历过前期的讨论和思考后,我终于在2021年的3月启动了本书的写作。在搭建好基本框架后,采取边写边思考、边写边改的方法,经历一年多的努力,终于将这本《社会问题导论》呈现在各位读者面前。

　　本书能够得以出版,首先要感谢学校和学院的大力支持。其次要感谢周晓虹、周怡、包智明三位教授的帮助,三位教授对本书的写作、修改和出版都倾注了大量的心血。尤其是周怡教授一针见血的意见和细致入微的批注,让我受益良多。最后,还要感谢中国社会科学出版社王茵副总编辑的大力支持;张潜编辑认真、负责、仔细的工作态度为本书的顺利出版提供了大量的帮助。此外，在搜集相关文献资料的过程中，我得到了同门师妹刘玢的大力帮助，在此表示感谢。虽然已经竭尽全力，但是也难免有所缺憾。希望读者和学界同人能够体谅，并多做批评、指正。同时，对于本书中所借鉴、引用的其他学者的成果，在此一并表示感谢。

最后，本书能够顺利完成，离不开家人的支持。感谢我的父母，感谢他们的辛劳付出，在他们的细心照顾下，我的女儿芷文正在茁壮成长。感谢我的妻子，在我写作的过程中，为我解决后顾之忧，鼓励我的前行之路。学术，是一条艰辛的路。在"内卷"不断强化的时代，能够坚定地走下去，已经是一种难得的勇气。希望，我可以将这份勇气一直保持下去。

袁迎春
2022 年 8 月 30 日